GAIA REISEN

Wanderführer mit 75 Touren

Schwäbische Alb

AUTOR

Walter Theil • aufgewachsen am Hochrhein, hat in Freiburg studiert und lebt seit vielen Jahren im Chiemgauer Voralpenland. Er kennt den Süden Deutschlands von vielen Rad- und Wandertouren.

Der aktive Radfahrer und Bergsteiger ist seit mehreren Jahrzehnten im touristischen Verlagsbereich tätig und Autor diverser Wander- und Fahrradführer, darunter Wanderführer Schluchtensteig, Berchtesgadener Land, Chiemgau, Kaisergebirge, Fahrradführer Bodensee-Königssee, Rheinradweg, vom Bodensee bis Mannheim und Rheinradweg, von Mannheim bis Köln.

VORWORT

Die sich diagonal durch Süddeutschland ziehende Schwäbische Alb ist durch ihre landschaftliche Vielfalt ein Wanderparadies vom Feinsten. Zwischen dem steil abfallenden Albtrauf am Nordrand und den schroffen Felswänden im südlich angrenzenden Donautal erstreckt sich ein durch Höhlen, Wacholderheiden und Trockentäler geprägtes Hochplateau und eines der größten zusammenhängenden Karstgebiete Deutschlands.

Der raue und herbe Charakter dieser Landschaft hat schon früh Menschen angezogen, vorchristliche Siedlungsstätten belegen dies ebenso wie der römische Alblimes und die vielen mittelalterlichen Burgen, nicht nur im ehemaligen Herrschaftsgebiet der Staufer.

Als „Europäischer GeoPark“ und als „Biosphärenreservat“ durch die UNESCO ausgezeichnet, bietet die Schwäbische Alb dem Wanderer einen grandiosen Natur- und Kulturraum, der durch viele gut angelegte und prämierte Wanderwege erschlossen ist.

Der Schwäbische Albverein, einer der größten Wandervereine Deutschlands, sorgt seit 1888 mit einem hervorragend ausgebauten Hütten- und Wegenetz für eine wanderfreundliche Infrastruktur, die gerade auch die Bedürfnisse von Familien und Kindern berücksichtigt. Nutzen Sie das vielfältige Angebot und lernen Sie die „Alb“ kennen.

INHALT UND TOURENÜBERSICHT

AUFTAKT

Die Hängebrücke kurz nach der Ruine Oberhohenberg.

ANHANG

km	h	hm	hm								
14,5	4:15	220	220	✓	✓		✓				✓
8,75	3:00	171	171	✓	✓						
11,5	4:15	286	286	✓			✓				✓
10	3:45	332	332	✓	✓		✓				✓
9,25	2:45	207	207	✓	✓						
11,5	4:00	316	316	✓				✓			
6,5	1:45	101	101	✓	✓		✓				
15,5	4:45	377	377	✓	✓			✓			
9,25	3:30	293	293	✓	✓		✓				
16	5:45	557	557	✓	✓		✓				✓

Blick hinab ins Donautal und hinüber zur Ruine Kallenberg.

INHALT UND TOURENÜBERSICHT

km	h	hm	hm	P							
12,5	4:15	293	293	✓	✓		✓				✓
13	4:15	380	380	✓			✓				✓
13,25	4:00	248	248	✓							
8,75	3:00	59	59	✓						✓	
10	3:00	170	170	✓	✓		✓				
10,5	3:15	231	231	✓	✓						
13,5	4:30	331	331	✓	✓		✓				✓
13	4:30	286	286	✓	✓						
13	4:15	154	154	✓	✓						
9,75	3:15	270	270	✓	✓		✓				
6,5	2:15	250	250	✓	✓		✓				✓
12,75	4:30	288	288	✓	✓		✓				✓
13,25	4:30	365	365	✓	✓			✓			
14,5	4:45	264	264	✓	✓		✓				✓
7	2:30	180	180	✓	✓						
10,5	3:30	260	260	✓	✓			✓			
14	5:00	464	464	✓	✓						
13,5	4:30	448	448	✓	✓		✓				
8,25	2:45	355	355	✓	✓			✓			
8,75	2:30	282	282	✓			✓				
6,5	2:15	247	247	✓	✓		✓				✓
14,75	3:45	216	216	✓	✓		✓				
16,25	4:15	180	180	✓	✓						
13,5	4:30	290	290	✓	✓		✓				✓
8	2:30	231	231	✓	✓		✓	✓			✓

INHALT UND TOURENÜBERSICHT

Originelles und nicht zu übersehendes Wegschild zum Augstbergturm.

km	h	hm	hm								
10,25	2:45	222	222	✓	✓						
12,25	3:30	183	183	✓	✓		✓				
10,75	3:30	204	204	✓			✓	✓		✓	✓
16,75	4:30	320	320	✓	✓						
18,25	5:00	322	322	✓	✓		✓				
8	2:15	244	244	✓	✓		✓	✓			
16	4:30	219	219	✓	✓						
8,5	3:00	328	328	✓	✓		✓				
7,5	2:30	291	291	✓	✓						
8,25	3:00	296	296	✓	✓		✓				
12,5	4:00	345	345	✓	✓		✓	✓			✓
14	4:00	446	446	✓	✓						
16	4:45	188	188	✓	✓						
6,5	2:00	160	160	✓	✓						
15,75	4:30	423	423	✓	✓		✓				

Herrlicher Weitblick über Mössingen auf dem Weg zur Olgahöhe.

INHALT UND TOURENÜBERSICHT

km	h	hm	hm								
8,75	3:00	125	125	✓	✓						
12	3:15	230	230	✓	✓		✓				
9,25	3:00	162	162	✓						✓	
13,75	3:30	184	184	✓	✓		✓				
9,75	3:30	220	220	✓	✓		✓				
15,5	3:45	151	151	✓	✓		✓				✓
12	3:00	115	115	✓	✓		✓				✓
14	4:30	390	390	✓	✓						
10,75	3:30	513	513	✓	✓		✓	✓			
5,5	2:00	262	262	✓	✓		✓	✓			
5,75	2:15	222	222	✓	✓			✓			
7,75	2:30	338	338	✓	✓						
13,25	3:45	277	277	✓	✓		✓				
13	3:45	127	127	✓	✓						
9,75	2:30	73	73	✓	✓						
8,5	2:30	90	90	✓	✓		✓				
16,5	4:15	130	130	✓	✓		✓				
15	4:00	152	152	✓	✓		✓				
13,25	3:15	79	79	✓	✓						
12,5	3:30	197	197	✓	✓		✓				
8,5	2:45	256	256	✓	✓		✓				
8,25	2:30	56	56	✓	✓						
12,75	3:15	132	132	✓	✓						
12	3:00	146	146	✓	✓		✓				
7	2:30	228	228	✓	✓			✓			

GEBIETSÜBERSICHTSKARTE

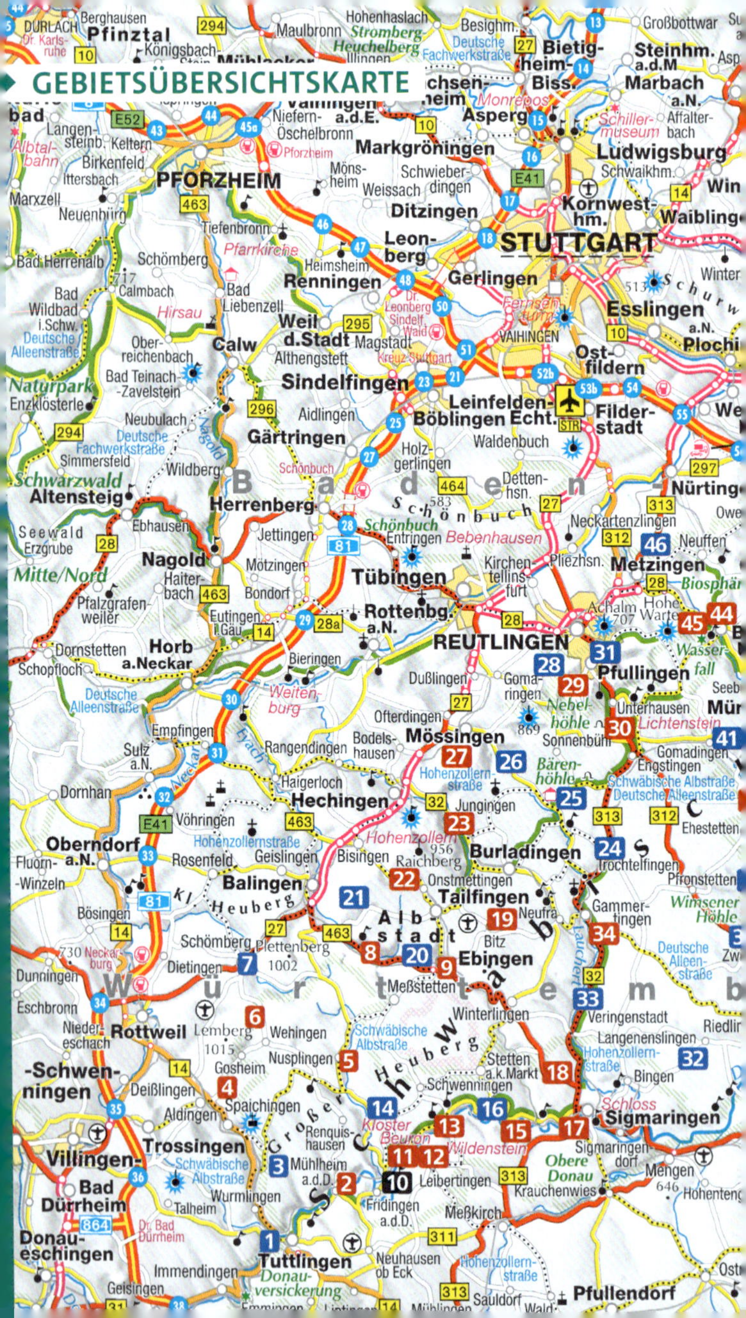

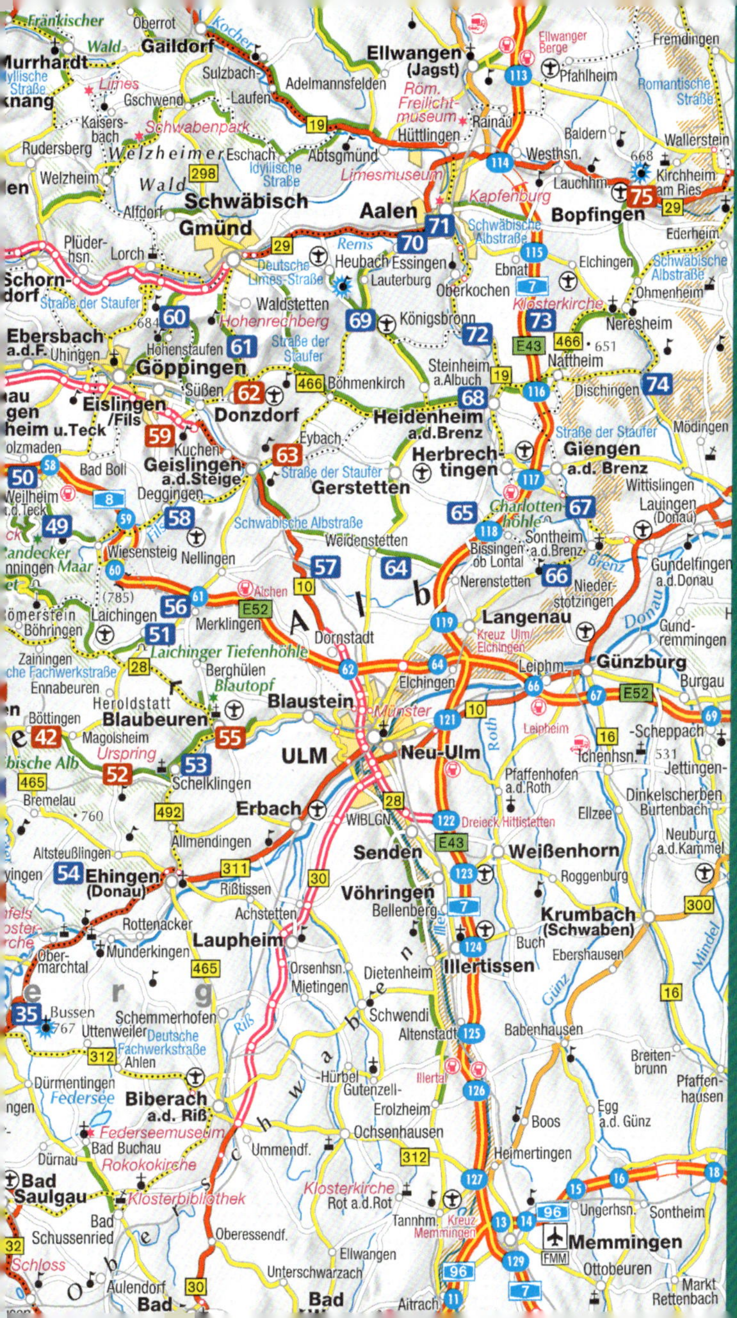

Fränkischer Wald
Oberrot
Gaildorf
Murrhardt
Kocher
Ellwangen (Jagst)
Ellwanger Berge
Fremdingen
Pfahlheim
Sulzbach-Laufen
Adelmannsfelden
Röm. Freilicht-museum
Rainau
Romantische Straße
Limes
Gschwend
Kaisersbach
Schwabenpark
Hüttlingen
Baldern
Wallerstein
Rudersberg
Welzheimer Wald
Eschach
Idyllische Straße
Abtsgmünd
Westhsn.
Kirchheim am Ries
Welzheim
Limesmuseum
Lauchhm.
Kapfenburg
Schwäbisch Gmünd
Aalen
Alfdorf
Bopfingen
Schwäbische Albstraße
Ederheim
Plüderhsn.
Lorch
Rems
Heubach
Essingen
Deutsche Limes-Straße
Lauterburg
Oberkochen
Ebnat
Elchingen
Schwäbische Albstraße
Ohmenheim
Schorndorf
Straße der Staufer
Waldstetten
Hohenrechberg
Königsbronn
Klosterkirche
Neresheim
Ebersbach a.d.F.
Uhingen
Hohenstaufen
Straße der Staufer
Steinheim a.Albuch
Nattheim
Göppingen
Süßen
Böhmenkirch
Dischingen
Eislingen /Fils
Donzdorf
Heidenheim a.d.Brenz
Straße der Staufer
Mödingen
Kuchen
Eybach
Giengen a.d. Brenz
Geislingen a.d.Steige
Herbrechtingen
Bad Boll
Straße der Staufer
Gerstetten
Wittislingen
Weilheim a.d.Teck
Deggingen
Lauingen (Donau)
Charlottenhöhle
Fils
Schwäbische Albstraße
Sontheim a.d.Brenz
Weidenstetten
Bissingen ob Lontal
Brenz
Gundelfingen a.d.Donau
Wiesensteig
Nellingen
Nerenstetten
Niederstotzingen
Aichen
Donau
(785)
Laichingen
Langenau
Merklingen
Kreuz Ulm/ Elchingen
Gundremmingen
Böhringen
Dornstadt
Alb
Zainingen
Laichinger Tiefenhöhle
Leiphm.
Günzburg
Berghülen
Elchingen
Burgau
Ennabeuren
Blautopf
Heroldstatt
Blaustein
Münster
Böttingen
Blaubeuren
Leipheim
Scheppach
Magolsheim
ULM
Neu-Ulm
Ichenhsn.
Urspring
Roth
531
Schelklingen
Pfaffenhofen a.d.Roth
Jettingen-Scheppach
Bremelau
760
Erbach
WIBLGN.
Dreieck Hittistetten
Ellzee
Dinkelscherben
Burtenbach
Allmendingen
Neuburg a.d.Kammel
Altsteußlingen
Senden
Weißenhorn
Ehingen (Donau)
Rißtissen
Vöhringen
Roggenburg
Bellenberg
Krumbach (Schwaben)
Achstetten
Rottenacker
Iller
Buch
Ober-marchtal
Munderkingen
Laupheim
Illertissen
Ebershausen
Orsenhsn.
Dietenheim
Mietingen
Mindel
Günz
Bussen
767
Schemmerhofen
Schwendi
Uttenweiler
Deutsche Fachwerkstraße
Riß
Altenstadt
Babenhausen
Ahlen
Breitenbrunn
Dürmentingen
Federsee
Hürbel
Gutenzell-Hürbel
Illertal
Pfaffenhausen
Biberach a.d. Riß
Erolzheim
Boos
Egg a.d. Günz
Federseemuseum
Bad Buchau
Ochsenhausen
Ummendf.
Dürnau
Rokokokirche
Heimertingen
Bad Saulgau
Klosterbibliothek
Klosterkirche
Rot a.d.Rot
Ungerhsn.
Sontheim
Bad Schussenried
Tannhm.
Kreuz Memmingen
Memmingen
FMM
Oberessendf.
Ellwangen
Ottobeuren
Schloss
Aulendorf
Unterschwarzach
Bad
Aitrach
Markt Rettenbach

DAS GEBIET

Die Schwäbische Alb für Wanderer
Wirft man einen Blick auf eine der Wanderkarten des Schwäbischen Albvereins, gehen einem fast die Augen über. Was für eine Auswahl an Wegen und was für ein gescheit ausgetüfteltes Markierungssystem! Bestens bewährt über viele Jahrzehnte. In diesem Zusammenhang müssen wir alle den unermüdlichen Wegebetreuern des SAV ein ganz besonderes Lob aussprechen.

Wer einmal auf der Autobahn von Stuttgart nach Ulm die Alb überquert hat, dem hat sich für immer eingeprägt, wie in diesem Mittelgebirge die Anforderungen an den Wanderer verteilt sind. Während man sich die Stirn der Alb, die so genannte „blaue Mauer", ähnlich wie die Region des Großen Heubergs aus dem Tal der Oberen Donau stets erkämpfen muss, wartet die Donauseite der Mittleren Alb und Ostalb mit weitaus gemächlicheren Touren auf. Die Hochflächen selbst sind meist reines Spaziergelände, wo es auf ein paar Kilometer hin oder her mehr oder weniger nicht ankommt.

Es wäre ungerecht, einzelne ohnehin weitgehend bekannte Natursehenswürdigkeiten anzupreisen und die unzähligen weniger besuchten, aber nicht minder lohnenswerten Ecken und Winkel unerwähnt zu lassen. Dafür soll ein kleiner Überblick über die einzelnen Wandergebiete die Orientierung etwas erleichtern. Gelegentlich findet man in der Literatur eine Dreiteilung der Alb, die unseren Vorstellungen entgegen kommt und an deren Grobgerüst wir uns gerne orientieren wollen.

Beginnen wir im Südwesten. Dort gelten die kaum bekannte Baaralb und die ehemaligen Vulkankegel des Hegaus als Ausläufer der Schwäbischen Alb. Zwischen den Tälern der Prim und der Schlichem bei Schömberg steigt das Gebirge am Trauf rasch zur verhältnismäßig kleinräumigen und im Vergleich zu sonstigen Albregionen weitgehend mit Nadelwald überzogenen Hohen Schwabenalb an mit dem höchsten Gipfel, dem Lemberg (1015 m).

Es folgen am nun besonders zerrissenen Nordrand über die Einschnitte von Eyach und Schmiecha zum Starzeltal hin die charaktervollen Balinger Berge und die wegen ihrer Erdrutsche bekannte Zollernalb. Geprägt von den Hauptattraktionen der Westalb erstreckt sich zwischen

Dolinen

Diese Erdfälle oder Erdtrichter, wie man die meist kreisrunden Geländevertiefungen auch nennt, sind entstanden durch das Einstürzen der Decken unterirdischer Hohlräume in verkarsteten Gebieten. Man unterscheidet zwischen offenen und geschlossenen Einsturzdolinen. Oft findet der Wanderer ganze Dolinenfelder. Wenn mehrere Dolinen zusammenwachsen, bilden sich Karstwannen, auch Schüsseldolinen oder Uvalas genannt.

der Starzel und der Echaz die Reutlinger Alb. Hier entspringt etwa in der Mitte die Lauchert. Den südlichen Teil der Westalb bestimmt von Spaichingen bis zur Schmeie bei Winterlingen das stille Hochland des durch die Bära zweigeteilten Großen Heubergs und von Tuttlingen bis Sigmaringen der einzigartige Naturpark Obere Donau, wo die mächtigsten

Blick vom Aussichtspunkt Enzenbarn ins Laucherttal.

Felswände und die meisten Höhlen der Alb begeistern. Zur Fehla und unteren Lauchert hin schließt die Ebinger Alb die Westalb ab.

Die beliebte Neuffener Alb zwischen dem Ermstal bei Metzingen und der Lenninger Lauter kennzeichnet den westlichsten Traufbereich der Mittleren Alb. Südlich davon schließt sich ab St. Johann die rings um Bad Urach bezaubernd mannigfaltige Uracher Alb an und ab der jungen Lauter bis Wiesensteig die Schopflocher Alb, wo sich nochmals Sehenswertes auf engstem Raum drängt. Jenseits der A 8 hat die Fils durch das reizvolle „Goißetäle" einen Teil der Göppinger Alb und das Helfensteiner Land von der spannenden Geislinger Alb abgelöst.

Das Zentrum der Mittleren Alb nimmt die vom verträumten, burgenreichen Tal der Großen Lauter geteilte Hochfläche der Münsinger Alb ein. Donauseitig haben wir zwischen dem Laucherttal bei Hettingen und dem im unteren Teil verkehrsfreien Großen Lautertal noch die wenig bewegte und nur bescheiden mit

Wacholderheiden

Was wäre die Alb ohne ihre charakteristischen Wacholderheiden? Gut, man würde sie natürlich trotzdem schätzen. Aber die struppigen Gestalten der versteppten Hanglagen verleihen dieser Landschaft eben doch oft eine ganz besondere Note. Leider sind die Wacholderheiden stark vom Aussterben bedroht. Seit dem Rückgang der Schafzucht gewinnt der Wald auf nicht mehr beweideten Heiden die Oberhand. Nur Dank der sorgsamen Pflege von Arbeitstrupps bleiben manche dieser alten Kulturflächen für die Nachwelt erhalten. In mühevoller Kleinarbeit lichten fleißige Hände viele Heideflächen von Zeit zu Zeit aus, für die „natürliche Rasenmäher" nicht mehr vorgesehen sind, säubern sie von den Sämlingen der Nadelbäume und gebieten dem Breitwuchs Einhalt.

Entstanden sind die Wacholderheiden ganz einfach durch die Abneigung der Schafe gegenüber stacheligen Gewächsen. In so genannten Pferchnächten lieferten die Wollträger früher für die Albäcker einen unersetzlichen Dünger. Zwischen Martini (11. November) und Georgi (23. April) weiden die Haufen, die Herden der Wanderschäfer, auf den Winterweiden in klimatisch begünstigteren Gebieten.

Durchquert man an einem heißen Sommertag ein Heidegebiet, fühlt man sich in der fremdländisch anmutenden Umgebung mit dem herben ausströmenden Duft eher in ein Mittelmeerland versetzt als in die sonst so wohlgeordnete Heimat. Wer heute noch das Glück hat, einem Wanderschäfer zu begegnen, der widme sich für eine Weile diesem vertrauten Bild längst vergangener Zeiten. Der Schäfer weiß manch Wissenswertes zu erzählen.

Trockentäler

Oftmals durchwandert man in der Alb eine einsame Talfurche, die alles hat, was zu einem ursprünglichen Tal gehört – bis auf eines: den Bach. Diese Trockentäler fallen unter die typischen Erscheinungen unseres Wandergebietes. Sie sind nach dem Fallen des Karstwasserspiegels entstanden. Die vormals geflossene Wasserader versickerte im Kalkgestein. Die Entstehung reicht bis ins Zeitalter des Pleistozän zurück. Nach starken Niederschlägen, bei gefrorenem Boden oder während der Schneeschmelze führen die Trockentäler gelegentlich Wasser.

Wanderwegen beglückte Zwiefalter Alb. Von Riedlingen nach Merklingen geben sich das Geleit die recht individuellen Kleingebiete Tautschbuch, Landgericht, Lutherische Berge und Blaubeurer Alb.

Südlich der letztgenannten Gegend trennen die Schmiech und die Blau das Hochsträß von der eigentlichen Alb. Eine, auch wenn es so klingen mag, alles andere als stressige Ausflugsregion. Der überwiegende Verlauf des Donautals ab Mengen zeigt im Vergleich zur Oberen Donau ein ziemlich braves Gesicht. Die bis auf die Randzone bei Blaustein ziemlich nüchterne Ulmer Alb ist zur Hälfte der Ostalb zuzurechnen.

Diese beginnt am Trauf mit der östlichen Göppinger Alb und den

Die Irndorfer Heide.

Donautal

Atemberaubende Felsenklippen – leuchtende Kalktürme mit kecken Spitznasen und zum Teil fast unmittelbar in den jungen Fluss stürzende, protzige Wandbäuche – gestalten das schluchtartige obere Donautal in der südlichen Westalb zu einem der spannungsgeladensten Wanderreiche des gesamten Mittelgebirges. Das gewaltige Durchbruchstal ist unbenommen eine der schönsten deutschen Flusslandschaften.

In den Felszonen wachsen einige Pflanzenarten, die es sonst nur in den Alpen gibt. Der Botaniker Dr. Herter hat hier während seiner im Auftrag der Landesregierung durchgeführten Untersuchungen beispielsweise das Rau- und Federgras, den Österreichischen Ehrenpreis und Milchweißen Mannsschild, die Dickblättrige Fetthenne und Österreichische Rauke, das Niedrige Habichtskraut und den Rosmarin-Seidelbast gefunden.

Unter anderem wegen der Schutzwürdigkeit dieser Reliktpflanzen, aber beispielsweise auch wegen der Brutplätze seltener Vogelarten verdienen die Felsen des Donautals unseren besonderen Schutz.

Im Donau-Durchbruchstal am Amalienfelsen bei Inzigkofen.

berühmten, isoliert dastehenden Kaiserbergen, dem ehemaligen Reich der Staufer. Weiter geht es von Lauterstein mit dem Hochland des waldreichen Albuchs. Nochmals zeigt das Gebirge seine stolze Stirn, bevor ab Aalen der Albtrauf allmählich an Wirkung verliert.

Das im Brenztal beginnende und am Riesrand endende Härtsfeld ist die letzte Wanderregion der gegen die Grenze zu Bayern ovalförmig auslaufenden Schwäbischen Alb. In der Südhälfte sind noch zu nennen vom oberen Lonetal nach Gerstetten die einsame Stubersheimer Alb und zwischen Altheim und dem Donaumoos die unbedeutende Niedere Alb. Die Lücke zu den Sonnenseiten von Albuch und Härtsfeld schließt die Heidenheimer Alb mit der spannenden Brenzschleife bei Eselsburg.

In der Rote-Brunnen-Höhle (Maurushöhle) wurden Steinwerkzeuge von Rentierjägern aus der Zeit vor 15.000 Jahren gefunden.

Höhlen

Einige der etwa 2500 bekannten Albhöhlen sind als Schauhöhlen der Öffentlichkeit zugänglich und vermitteln einen nachhaltigen Einblick in eine der höhlenreichsten Landschaften Deutschlands. Überwiegend handelt es sich um Karsthöhlen, Auswaschungen des kalkhaltigen Gesteins. Die Schwäbische Alb ist eines der größten zusammenhängenden Karstgebiete in Deutschland und die Palette der Höhlen reicht von schmalen Gängen über Wasserhöhlen bis zu weitverzweigten Höhlenlabyrinthen, die teils mit fantastischen Tropfsteinbildungen versehen sind.
Mehrere Höhlen können im Rahmen der nachfolgend beschriebenen Touren aufgesucht werden, u. a. die Petershöhle bei Beuron, die mit einem Boot befahrbare Wimsener Höhle der Gemeinde Hayingen, die Jägerhaushöhle nahe des Schlosses Bronnen oder die riesige Hallenhöhle „Hohle Fels“ bei Schelklingen.

ALLGEMEINE TOURENHINWEISE

HINWEIS

Gehzeiten und Schwierigkeitsbewertungen können nur Richtwerte sein. Objektive Faktoren wie das Wetter und individuelle Voraussetzungen gilt es zu berücksichtigen!

HÖHENPROFIL

Das Meter-Zeit-Diagramm gibt im Wesentlichen nur die absoluten Höhen an, die innerhalb einer bestimmten Zeitspanne zu überwinden sind und vermittelt daher nur einen ungefähren Eindruck vom tatsächlichen Verlauf der Wanderung.

ORIENTIERUNG

Führer nutz wenig, wenn die nötige Sorgfalt fehlt. Kluge studieren ihre Hilfsmittel nicht nur vor der Tour ganz genau, sie bleiben auch unterwegs stets „am Ball", vergleichen laufend ihre Unterlagen mit den Gegebenheiten. Nur so fällt ein Fehler sofort auf, nur so ist man vor Irrwegen sicher. Die gute Hütten-Infrastruktur gibt zusätzlich die Möglichkeit, sich immer wieder Informationen vor Ort zu verschaffen.

Touristische Information

Schwäbische Alb Tourismusverband
Marktplatz 1, 72574 Bad Urach,
Tel. 07125/948106, Fax. 948108,
www.schwaebischealb.de

Schwäbischer Albverein e. V.
Hauptgeschäftsstelle,
Hospitalstr. 21 b, 70174 Stuttgart,
Tel. 0711/225850, Fax. 2258593

Die meisten Touren sind ausgezeichnet beschildert.

SCHWIERIGKEITSGRADE

Wanderungen in eine Schwierigkeitsskala zu zwängen, erweist sich immer wieder als problematisch. Was der eine als Vergnügungsspaziergang bezeichnet, kann dem anderen Probleme und Ängste bereiten. Dennoch sollen die einzelnen Vorschläge durch eine grobe Farbeinteilung gegliedert werden. Die Bewertung bezieht sich wohlgemerkt auf trockene Wege in unbeschädigtem Zustand. Mut zur Selbstkritik kann gegebenenfalls vor Unfällen bewahren. Weitere Angaben zum Charakter einer Wanderung beinhalten die Tourensteckbriefe. So findet jeder seinen Neigungen entsprechend das Treffende.

■ LEICHT

Hierbei handelt es sich um leichte Touren, die auch bei Nässe relativ gefahrlos begangen werden können. Die Forst-Wirtschafts- und Wanderwege sowie einfache Pfade ohne ausgesetzte Passagen sind meistens gut beschildert und markiert. Maximal mittelsteile Anstiege können steilere Aufschwünge beinhalten. Abwechslungsreiche Touren sind auch für Kinder geeignet.

■ MITTEL

In dieser Rubrik sind mittelschwere Touren für geübte Wanderer zusammengefasst, die auch mal Trittsicherheit und bei Nässe Achtsamkeit erfordern können. Sie eignen sich bei entsprechender Vorsicht auch für Kinder. Längere steile Wanderwege und Pfade setzen eine gewisse Kondition voraus.

■ SCHWER

Anspruchsvolle Touren aufgrund der Streckenlänge und/oder der zu bewältigenden Höhenmeter. Wege können streckenweise schmal und felsig und bei Nässe rutschig sein.

MEINE LIEBLINGSTOUR

Bad Uracher und Gütersteiner Wasserfall (Tour 45)

Die Tour durch das Maisental zum höchsten Wasserfall der Schwäbischen Alb wäre für sich allein schon ein Erlebnis. Der Aufstieg zur Wasserfallhütte und weiter zur Hangkante der Rutschenfelsen mit fantastischen Weitblicken steigert den Erlebniswert noch zusätzlich – und der anschließende Abstieg über den wildromantischen Gütersteiner Wasserfall machen diese Rundtour zu einem ganz außergewöhnlichen und nachhaltigen Erlebnis.

MEINE HIGHLIGHTS

1

2

3

1: Panoramablick garantiert: der begehbare Aussichtsturm auf dem Lemberg → Tour 06

2: Die steinerne Teufelsbrücke ist eines der Highlights auf dem spektakulären Kloster-Felsenweg → Tour 17

3: Der sagenumwobene Blautopf fasziniert mit seinen schillernden Blautönen und ist ein beliebtes Ausflugsziel → Tour 55

4: Die Ruine Kallenberg ist nur eine von mehreren Attraktionen auf der Knopfmacherfelsentour → Tour 10

5: Grandiose Fernsicht vom Hohenstaufen, dem Stammsitz des Staufergeschlechts → Tour 60

4

5

WITTHOH • 865 m

Panorama bis in die Berner Alpen

14,5 km | 4:15 h | 220 hm | 220 hm

START | Tuttlingen, Bahnhof am Südwestrand der Stadt (Parkplatz), 645 m.
[GPS: UTM Zone 32 x: 484.960 m y: 5.314.050 m]
CHARAKTER | Mäßig steile Steigung durchs Duttental. Gut bezeichnete Forstwege und Wirtschaftssträßchen.

Das Schild zum Donauweg weist am südlichen Bahnhof von **Tuttlingen** 01 in die Eisenbahnstraße. Wir gehen durch die Unterführung der Bundesstraße und am Flussufer abwärts bis zur holzgedeckten Brücke. Dort zeigt ein hübscher Wegweiser den Beginn der mit blauem Dreieck bezeichneten Wanderroute durchs Duttental. Wir schlendern weiter durch den Stadtgarten und auf dem Radweg der Kaiserstraße bergwärts. An dessen Ende geht's rechts und über eine Ampelkreuzung zu einem Siedlungssträßchen Richtung Duttentalquelle. Nach kurzem Wanderweg beginnt am Gasthaus Waldheim ein Forstweg durch das wenig ausgeprägte Tal. Gleich nach dem **Duttentalbrünnele** 02 passiert man einen Unterstand und hält sich Richtung Windegg.

Am vorläufigen Steigungsende schwenkt man rechts in die querlaufende Route ein und gelangt bald nach dem nächsten Wegdreieck zu einem Unterstand mit Grillplatz. Dort stößt man auf die Hochstraße, ein Wirtschaftssträßchen, dem man nun durch eine riesige Wiege folgt. Parallel dazu gibt es wahlweise auch einen

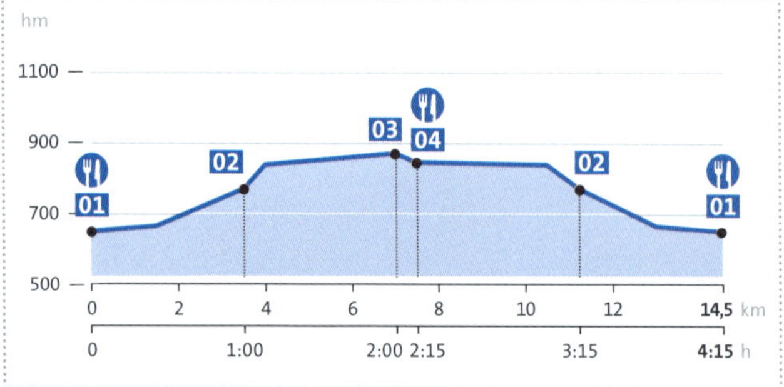

01 Tuttlingen, 645 m; 02 Duttentalbrünnele, 765 m; 03 Witthoh, 865 m; 04 Berggasthaus Windegg-Witthoh, 840 m

Wanderweg. Auf dieser früheren Alten Poststraße verkehrten die „Schauberwagen". So hießen in Tuttlingen die Pferdefuhrwerke zwischen Stuttgart und Schaffhausen.

Erst geht's mal durch den Tuttlinger Stadtpark.

Hinter dem Lohhof kommen wir am „Lachenden Stein" vorbei, der einst drei Grafschaften trennte: Hohenberg, Fürstenberg und Nellenburg. Der zweite, kreuzgeschmückte Stein erinnert an den 1794 an dieser Stelle ausgeraubten und ermordeten Müller Storz aus Rosenfeld. Beim Sendemast auf dem **Witthoh** 03 überwältigt an klaren Tagen hinter einem milchigen Streifen Bodensee und den ehemaligen Hegau-Vulkankegeln eine weit gespannte Alpenkette. Kurz darauf folgt die kleine Aussichtsplattform Windegg.

Den schönsten Rückweg vom nahen **Berggasthaus Windegg-Witthoh** 04 hat das bekannte Duttental zu bieten.

Blick auf die Groß Bruck Tuttlingen.

GELBER FELS

Pfiffige Runde im Naturpark Obere Donau

8,75 km | 3:00 h | 171 hm | 171 hm

START | Mühlheim a. d. Donau, Bahnhof (Parkplatz), 635 m. [GPS: UTM Zone 32 x: 491.480 m y: 5.319.530 m]
CHARAKTER | Längerer deutlicher Anstieg zur Felsenhöhle. Meist gut bezeichnete Pfade, Wald- und Wirtschaftswege.

Eine abwechslungsreiche und einprägsame Erlebnisroute verläuft von Mühlheim an der Oberen Donau über die Felsenhöhle ins urweltlich belassene Hintelestal. Die Höhle mit bemerkenswerten Tropfstein- und Sinterbildungen wurde nicht als typische Besucherhöhle ausgebaut. Sie darf nur in Begleitung eines Höhlenführers betreten werden (1. April bis 31. Oktober).

▶ Beim hypermodernen Turm der evangelischen Kirche von **Mühlheim** 01 mit seiner historischen Oberstadt queren wir nahe dem Bahnhof die Geleise und den Lipbach. Am Ortsende lenkt der Wegweiser „Mühlheimer Felsenhöhle" auf ein Sträßchen, das uns bei einem Weiher über den Wulfbach leitet. Nach dem Friedhof steigt der mit gelber Raute bezeichnete, anfangs von einer kleinen Wacholderheide gesäumte Waldpfad bergan durch ein Naturschutzgebiet. In ein paar engen Kehren geht's am zirka 2,5 Meter hohen Eingangsportal der verschlossenen **Mühlheimer Felsenhöhle** 02 vorbei. Wenig später erreicht man die Albhöhe. Nur noch ein kurzer Abstecher ist es auf dem Wanderweg 3 zum vorspringenden, etwas abgesenkten Aussichtspunkt namens **Gelber Fels** 03. Dieser gewährt eine hervorragende

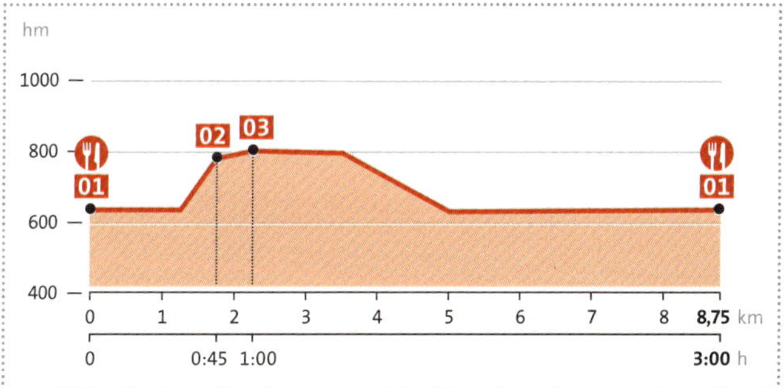

01 Mühlheim, 635 m; 02 Mühlheimer Felsenhöhle, 780 m;
03 Gelber Fels, 801 m

Romantische Obere Donau bei Mühlheim.

Schau auf das von der Donau geteilte Städtchen.

Zurück auf der Hauptroute folgt man in gemütlicher Manier, zwischendurch auf einem Waldweg, weiter der gelben Raute und quert dabei einen Forstweg. Ein Stück nachdem der Kurs zu fallen beginnt, betritt man bei einer Kreuzung das Naturschutzgebiet Hündlestal, auch Hintelestal genannt. Das urweltliche Felsentälchen, ein spannender und verschwiegener Abschnitt, führt bergab ins anmutig geschwungene Wiesental der Donau.

Zwischen dicht bewaldeten Höhen beschließt ein Komfort-Spaziergang auf asphaltiertem Wirtschaftsweg, erst an der Bahn flussaufwärts, später am Wulfbach entlang nach **Mühlheim** 01, die kleine Runde. Man genießt dabei einen eindrucksvollen Rückblick zum Gelben Fels.

RISIBERG – KRAFTSTEIN

Auf den Spuren verschollener Burgen

11,5 km | 4:15 h | 286 hm | 286 hm

START | Dürbheim/Risiberg, Waldparkplatz Mittlerer Platz; an der Abzweigung Risiberg vorbei noch ca. 300 m weiter links neben der Straße. [GPS: UTM Zone 32 x: 485.680 m y: 5.322.000 m]
CHARAKTER | Schöne Wald- und Forstwege sowie gut zu gehende Waldpfade; die beiden steileren Anstiege sind relativ kurz und schattig.

Auch wenn die hier erwähnten Burgen nur noch in Form von Infotafeln bzw. Mauerresten existieren, so bietet diese ruhige und erholsame Rundtour doch eine gute Mischung historischer Eindrücke und naturschöner Erlebnisse. Heidelandschaft und weites Wiesengelände wechseln ab mit schattigen Waldpassagen und zum Schluss belohnt die Einkehr im Landgasthof Waldeck.

▶ Vom **Waldparkplatz Mittlerer Platz** 01 folgen wir den Markierungen des Donauwellensymbols Richtung Burg Altrietheim. Am Waldrand entlang bis zu einem Kiesweg, dann rechts bis zu einem Asphaltsträßchen und wenig später auf einem Wiesenpfad bis zum nächsten Forstweg, dem wir, am Waldrand entlang, rechts folgen. Nach einem Linksknick stoßen wir kurz vor der Autostraße auf den **Parkplatz Wallenburg** 02, wo wir scharf links in den Wald hinein abbiegen. Am Waldende halten wir uns zunächst links auf

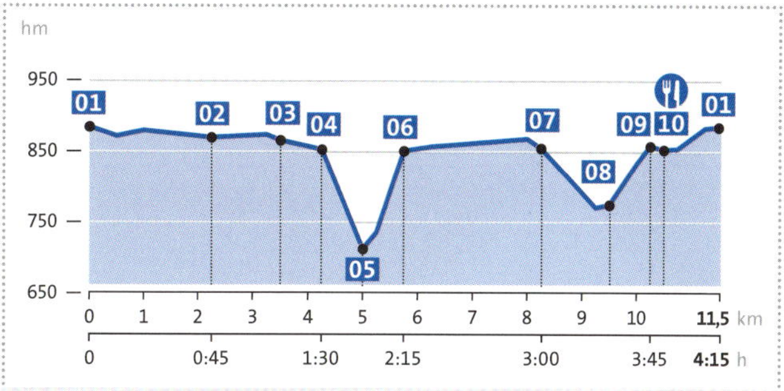

01 Parkplatz Mittlerer Platz, 882 m; 02 Parkplatz Wallenburg, 867 m; 03 Altrietheim, 863 m; 04 Wallenburg, 850 m; 05 Ursental, 710 m; 06 Bräunisburg, 848 m; 07 Kraftstein, 852 m; 08 Jellenbrunnen, 772 m; 09 Marienkapelle, 855 m; 10 Waldeck, 850 m

einem Wiesenweg am Waldrand entlang, passieren die Position der ehem. **Burg Altrietheim** 03 und – mit einem kurzen Abstecher nach rechts – den Rastplatz bei der Position **Wallenburg** 04.

Ein sehr schöner Waldpfad führt dann bald stärker abfallend durch den Wald und bringt uns linkshaltend hinab ins **Ursental** 05. Wir folgen der Forststraße rechts, schwenken aber kurz darauf nach links in einen schmalen Pfad ein, der uns in engen Kehren ordentlich steil zu einem Absatz hochführt und dort nochmals ansteigt, bis eine Markierung rechts, die wir nicht übersehen dürfen, uns scharf abbiegen lässt. Auf der Hochfläche ist dann der ehemalige Standort der **Bräunisburg** 06 erreicht.

Es folgt ein breiter, flacher Waldweg, dann eine querende Forststraße, auf der wir nach links weitergehen. Bald öffnet sich der Blick auf die beeindruckende Kraftsteiner Heide und bei einem NSG-Schild biegen wir links ab und wandern mit etwas Abstand an der Hangkante entlang. Immer wieder mit schönen Talblicken. Geradeaus verlassen wir das NSG-Gebiet und gehen auf einem breiten Forstweg am Waldrand entlang auf einen kreuzenden Kiesweg zu. Bei einer Rastbank führt links ein schmaler Pfad hinab zu den tiefer liegenden Ruinen der Burg **Kraftstein** 07.

Zurück auf dem Kiesweg halten wir uns links und wandern hinab ins Tal, immer den „Donauwellen“ folgend. Nach einem Schwenk rechts zum Rastplatz **Jellenbrunnen** 08 kommen wir wieder auf den Hauptweg und steigen hoch zu den bald sichtbaren Häusern von Risiberg. Auf Asphalt geht es in den Ort hinein, kurz darauf ist nach rechts die aussichtsreiche **Marienkapelle** 09 ausgeschildert, der wir einen kurzen Besuch abstatten.

Die aussichtsreiche Marienkapelle bei Risiberg.

Osterberg
880
Schementtal
Hohe Egerten
900
Baneck
904
Brand
Schleifensteige
Wachtbühl
881
ürbheim
727
NSG
Risiberg
Waldeck
01
10
09
08
Jellenbrunnen
Risiberg
Ruine Kraftstein
07
Kraftstein
Gäubahn
Schwäbische Albstr.
Brunnenziel
Lerchen-
bühl
3
Waltershart
Lerchenbühl
886
Höfle
880
NSG
Schmidten
02
04
ehem. Wallenburg
03
Rose
Rußberg
ehem. Burg Altrietheim
Stierjörgenfels
05
06
ehem. Bräunisburg
Burg
Winterhalde
Faulenbach
Pfingsteck
Burgsteig
ehem. Burg Fürstenstein
Allmend
Ghai
805
Hillstein
Bettelmanns-
keller
Scharinweg
Furtbühl
809
Altenburg
Schalkenbe
Eichen
Bleiche
Nonnenhöhle
Kleine Reutelen
Papiermühle
Oberte Museum
Traube
Steinbruch
Kapf
858
Kesselgrube
Tiergarten
Ruine Was
Ludwig
Berken
TUTTLINGEN
645
754
Schwäbische Albstr.
23
Stammen-
brunnen
Eichbühl
0
500 m
Leu

Auf der Ortsstraße geht es dann am **Landgasthof Waldeck** 10 vorbei und auf der Straße aus dem Ort hinaus weiter, bis uns die Markierungen nach links zum Wald hoch leiten. Durch den schattigen Wald stets rechtshaltend erreichen wir wieder unseren Ausgangsort.

Im Naturschutzgebiet der Kraftsteiner Heide.

DREIFALTIGKEITSBERG – KLIPPENECK

Über den Kapellenweg zum aussichtsreichen Panoramaweg

10 km | 3:45 h | 332 hm | 332 hm

START | Denkingen, Wanderparkplatz an der Klippeneckstraße, unterhalb der Wassertretanlage, Bushaltestelle in Denkingen, Bahnhofstraße. [GPS: UTM Zone 32 x: 480.720 m y: 5.327.680 m]
CHARAKTER | Wald- und Höhenwanderung auf Forstwegen und schmalen Wanderpfaden, der Anstieg zum Dreifaltigkeitsberg über den Kapellenweg ist recht anstrengend und verläuft über viele steile, geländergesicherte Treppen, auch der Abstieg vom Klippeneck geht ordentlich in die Knie.

Während der erste Teil relativ aussichtslos durch den Wald verläuft, bietet der an der Hangkante entlang verlaufende Weg vom Dreifaltigkeitsberg zum Klippeneck herrliche Ausblicke über Spaichingen hinweg bis zur Baar und zum Schwarzwald und bietet am Anfang und am Ende willkommene Einkehrmöglichkeiten.

▶ Vom **Wanderparkplatz** 01 starten wir auf Asphalt Richtung Kapellenweg, sind aber bald auf einem breiten Kiesweg und im Wald unterwegs. Wir treffen auf den Studentenweg, dem wir linkshaltend, leicht steigend folgen. Bei einer Abzweigung (Mark. Donauwellen) verlassen wir den Studentenweg nach rechts und

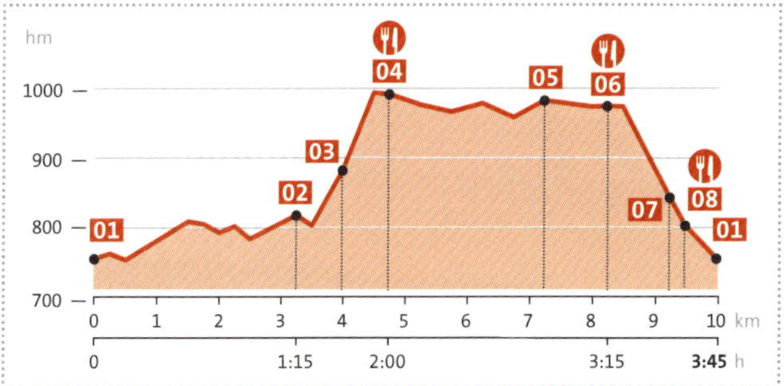

01 Wanderparkplatz Denkingen, 753 m; 02 Pos. Bleiche, 815 m; 03 Amerikanerkapelle, 879 m; 04 Dreifaltigkeitsberg, 988 m; 05 Pos. Kreuzsteige, 979 m; 06 Klippeneck, 971 m; 07 Nothelferkapelle, 840 m; 08 Schützenhaus, 800 m

wandern zum Waldrand hinab, dort links bis zu einer Rastbank, wo uns ein schmaler Pfad in den Wald hinein leitet. Wieder am Waldrand angekommen, steigen wir über eine offene Wiese leicht an und treten wieder in den Wald ein, der Pfad wird teilweise etwas steiler.

Kurz nach der Pos. **Bleiche** 02 stoßen wir auf die Autostraße, die hier eine scharfe Kurve macht. Wir gehen rechts an der Straße entlang leicht abwärts, überqueren die Straße aber bald und folgen ihr auf der linken Seite etwas oberhalb auf einem schmalen Pfad. Bei der nächsten scharfen Straßenkehre biegen wir links ab Richtung Dreifaltigkeitsberg; hier beginnt der steile Kapellenweg. Nach der dritten Kapelle erreichen wir rechts die zwischen 2008 und 2010 erbaute Treppenanlage. Bei einem großen Kreuz (nach der 9. Kapelle) führt uns die Markierung kurzzeitig auf einen schmalen, kehrenreichen Pfad nach links, bis wir wieder auf den Kapellenweg treffen. Wir überqueren die Autostraße bei der Pos. **Amerikanerkapelle** 03 und steigen weiter auf breiten Holzstufen durch den Wald hoch. Wir überqueren nochmals die Autostraße, passieren im Aufstieg die letzten Kapellen und sehen am Ende der Stufen die Dreifaltigkeitskirche vor uns. Die Aussicht vom **Dreifaltigkeitsberg** 04 ist fantastisch, es gibt Einkehrmöglichkeiten, frei zugängliche Toiletten und interessante historische Gebäude zu besichtigen.

Von der Kirche folgen wir der Markierung und gehen linkerhand in Richtung Waldrand. Dort leitet uns ein schmaler Pfad in den Wald hinein und in einem Linksbogen auf einen breiten Forstweg bei der Pos. Drachenflugplatz; links ist ein Parkplatz, wo die Zufahrtsstraße zum Dreifaltigkeitsberg endet. Wir bleiben zunächst auf dem Forstweg, bis uns ein schmälerer Wald-

Panoramablick vom Dreifaltigkeitsberg über Spaichingen.

weg näher an die Hangkante führt und herrliche Aussichten bietet. Bei einer freiflächigen Grillstelle, mit großem Kreuz (Pos. **Kreuzsteige** 05), geht es weiter ziemlich direkt am Abbruch entlang, der aussichtsreiche Weg ist unterwegs an exponierten Stellen immer wieder mit Geländer gesichert.

Zuletzt rechtshaltend gelangen wir ans Waldende zur Pos. Heuberger Wasen und sehen vor uns in 200 Meter Entfernung das **Klippeneck** 06, Deutschland höchstgelegenes Segelfluggelände; leider ist das Hotel-Restaurant zur Zeit geschlossen. Von der Pos. Heuberger Wasen führt der markierte Weg scharf links hinab in den Wald. Zunächst über einen gerölligen Kiesweg, dann auf einem schönen Waldweg geht es ziemlich steil bergab. Vorbei an der Pos. Katzenbrunnen, stoßen wir kurz darauf in einer Kurve auf die Fahrstraße, bleiben aber links auf dem Waldweg und erreichen weiter bergab gehend die **Nothelferkapelle** 07. Nach der Kapelle biegen wir scharf links ab und folgen einem schmalen Pfad (Stationenweg). Bei der Gaststätte **Schützenhaus** 08 stoßen wir wieder auf die Fahrstraße, halten uns links und am Bogenschießplatz und der Wassertretanlage vorbei wandern wir leicht abwärts zum bereits sichtbaren Parkplatz und unserem Ausgangspunkt.

WESTERBERG • 925 m

Wo sich einst Krokodile tummelten

9,25 km 2:45 h 207 hm 207 hm

START | Nusplingen, Bushaltestelle am Marktplatz (Parkplatz), 723 m. [GPS: UTM Zone 32 x: 491.820 m y: 5.330.970 m]
CHARAKTER | Längerer mittelsteiler Aufstieg zur Albhöhe. Meist gut bezeichnete Wald- und Feldwege sowie Fahrspuren, kurze Pfade und Sträßchen.

Bevor unsere geologische Exkursion beginnt, müssen wir vom Marktplatz in **Nusplingen** 01 erst mal die Höhe des Großen Heubergs erkämpfen. Der Wanderwegweiser „Reichenbach" leitet durch den Ort bergan. An dessen Ende weist der gelbe Dreiblock auf eine steile Fahrspur, die den unteren Bereich eines Waldhangs überlistet. Sie geht bald in einen Waldweg über, der wenig später in einen angenehmen Pfad wechselt.

Auf der Albhöhe nimmt uns der nur noch sanft steigende, zum Westerberg beschilderte geologische Lehrpfad auf. Dieser passiert, anfangs als geteerter Forstweg, nach der ersten Lichtung eine Miniaturhöhle. Gleich darauf geht's Richtung Tannenfelsen auf einem Feldweg über die Hochfläche des Naturschutzgebietes **Westerberg** 02 mit seinen Kräuterwiesen sowie eingestreuten Hecken- und Gebüschreihen.

Wir folgen stets dem ausgeschilderten Rundwanderweg über Lichtungen zu einem Aussichtspunkt auf einem Riff-Felsen. Dort genießt man einen prächtigen Tiefblick auf das Dorf im Tal der oberen Bära.

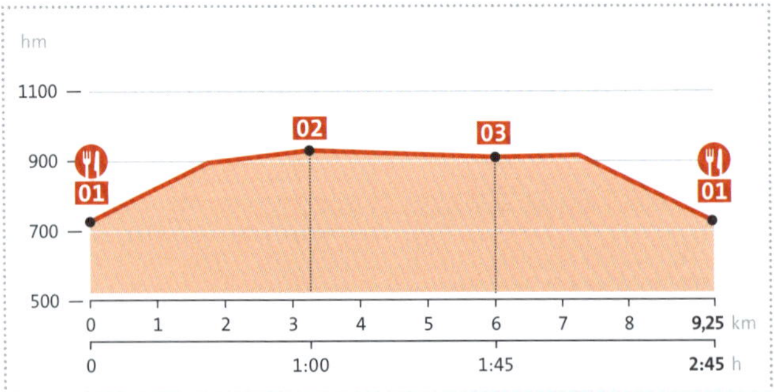

01 Nusplingen, 723 m; 02 Westerberg, 925 m; 03 Geologischer Steinbruch, 905 m

Wer mag, kann einen kleinen Abstecher hinunter zum Bergsporn des Tannenfelsens einlegen.

Ein leicht fallender Waldweg führt nun am Hochrand entlang. Bald nach dem etwas abseits liegenden geologischen Klopfplatz mündet der Entdeckungskurs im Laisental in ein asphaltiertes Sträßchen. **Geologischer Steinbruch** 03 nennt sich die nächste Station, zu der uns ein Feldweg bringt. Man folgt daraufhin der Fahrspur hinter dieser Erdwunde vorbei zum Westrand der einstigen Lagune, bevor sich auf wieder deutlichem Weg der geologische Rundgang schließt. Auf bekannter Route wandern wir zurück nach **Nusplingen** 01.

Wald und Wiesen begleiten uns.

Im Reich der Meerengel

Der geologische Lehrpfad „Ins Reich der Meerengel" auf dem Westerberg führt durch die ehemalige Insellandschaft um die Nusplinger Plattenkalklagune, die den Seychellen oder Malediven der heutigen Tropen glich. Vor 150 Millionen Jahren begegneten sich in dieser von Palmen geschmückten Inselwelt Haifische und rochenartige Meerengel, Krebse und Tintenfische.

Der geologische Steinbruch des „Staatlichen Museums für Naturkunde Stuttgart" zeigt ein Zeitfenster der Erdgeschichte. Hier kommen Versteinerungen vor, die es sonst auf der Schwäbischen Alb nicht gibt. Unter anderem entdeckte man ein Meereskrokodil und einen Flugsaurier.

Nusplingen vom Westerberg (Großer Heuberg).

OBERHOHENBERG – LEMBERG

Auf den höchsten Berg der Schwäbischen Alb

11,5 km | 4:00 h | 316 hm | 316 hm

START | Schömberg/Schörzingen, Wanderparkplatz Oberhohenberg, Zufahrt über Deilingen-Reuthof, Bushalt in Schörzingen und Deilingen. [GPS: UTM Zone 32 x: 482.290 m y: 5.334.920 m]
CHARAKTER | Wald- und Forstwege, passagenweise schmale Waldpfade mit steileren Anstiegen zum Oberhohenberg und zum Lemberg; der Abstieg vom Lemberg verläuft über den ebenfalls recht steilen, gekiesten Emil-Koch-Weg.

Auf dieser abwechslungsreichen Rundtour stehen die zwei höchsten Erhebungen der Schwäbischen Alb auf dem Programm, und bieten dem Wanderer zusätzliche Erlebnisse: eine Hängebrücke am Oberhohenberg und einen 33 m hohen Aussichtsturm am Lemberg.

▶ Vom **Wanderparkplatz Oberhohenberg** 01 gehen wir zum wenige Meter entfernten Rastplatz, der mit Hütte, Grillstelle und Rutschen als Erlebnispark aufwartet. Bei der Pos. Rastplatz Oberhohenberg biegen wir links ab, der Kiesweg geht in einen Waldweg über, der sich verengt und teilweise ordentlich steil, mitunter über Holzstufen ansteigt. Nach strammem Waldaufstieg erreichen wir die Pos. Ruine **Oberhohenberg** 02.

Links ist eine achteckige, geländergesicherte Aussichtsplattform zu besichtigen, die auf Infotafeln die Geschichte der Burg erklärt.

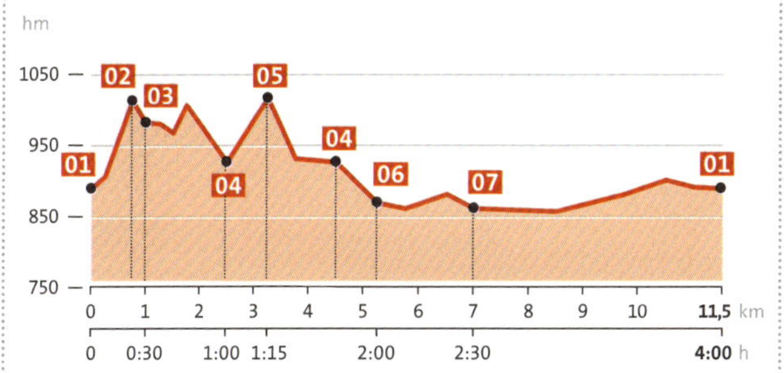

01 Wanderparkplatz Oberhohenberg, 888 m; 02 Oberhohenberg, 1011 m; 03 Hängebrücke, 980 m; 04 Lembergsattel, 925 m; 05 Lemberg, 1015 m; 06 Wunderfichte, 868 m; 07 Parkplatz Bürgle, 860 m

Links an der Plattform vorbei geht es über eine Serpentine abwärts und auf schönem Pfad rechtshaltend am Hang entlang. Wir folgen dem Schild Hängebrücke nach rechts und überqueren nach ein paar Metern die leicht schwankende, aber gut gesicherte **Hängebrücke** 03, die über den ehem. Burggraben hinweg führt. Wir folgen weiter dem Pfad, der zunächst etwas abfällt, dann ansteigt und meist an der Hangkante entlang leitet und schöne Talblicke ermöglicht.

Nach der Pos. Hochberg Süd halten wir uns rechts, der Weg fällt wieder ab und teilt sich zweimal. Beide Varianten vereinen sich aber bald wieder und gemeinsam führt der Weg zu einem kreuzenden Kiesweg hinab, über den wir nach links wenig später den **Lembergsattel** 04 erreichen. Bei dieser Wegespinne folgen wir der Markierung Richtung Lemberg und steigen in weit ausholenden Kehren auf einem schmalen Fußpfad teils ordentlich steil an. Zum Schluss wandern wir durch eine

Aussichtsturm auf dem Lemberg, rechts die Lemberghütte.

wunderbare Baumallee direkt auf den hoch aufragenden Aussichtsturm auf dem **Lemberg** 05 zu. Eine grandiose Aussicht genießt, wer die Besteigung des luftigen Turms wagt. Etliche Tische und Bänke laden bei der Lemberghütte (die nur bei schönem Wetter Sa/So bewirtet ist) zur Rast ein.

Der Abstieg verläuft Richtung Parkplatz Lemberg über eine recht steile und kiesige Fahrstraße, die an der steilsten Stelle sogar gepflastert ist. Bei einer Schranke links und weiter bergab, erreichen wir am Ende des Emil-Koch-Wegs Asphalt und eine Verzweigung, bei der wir scharf links abbiegen und der Markierung zur Wunderfichte folgen. Der Kiesweg bringt uns wieder zum **Lembergsattel** 04 zurück, wo wir jetzt rechts abbiegen und leicht bergab Richtung Wunderfichte weitergehen. Bei der Pos. Kohlenbrünnele schwenken wir links ab und über einen stark geschotterten Weg gelangen wir bald darauf zur Pos. Ehem. **Wunderfichte** 06 (das über 200 Jahre alte und ca. 35 m hohe Naturdenkmal fiel 2005 einem Sturm zum Opfer).

Links hoch ist der Wanderparkplatz Oberhohenberg ausgeschildert, wir treffen auf eine Kiesstraße, der wir links weiter ansteigend folgen. Beim nächsten Querweg rechts und wir erreichen schließlich wieder leicht abwärts wandernd Asphalt und den **Parkplatz Bürgle** 07 (mit großer Wanderwege-Tafel). Vom Parkplatz auf Asphalt links weg, bei einer Rechtskurve geradeaus und dann wieder auf gekiestem Waldweg weiter.

Bei der Pos. Roßreute wieder links dem Kiesweg folgen und geradeaus auf dem schattigen Waldweg bleiben. Vorbei an einer Hütte mit Grillstelle und Weiher gehen wir leicht ansteigend hoch, passieren links eine Sagentafel (Wie Delkingen entstand) und gelangen zur Pos. Oberhohenberg Nord, von wo aus wir schon den nahen **Parkplatz** 01 und Startpunkt sehen können.

SCHÖMBERGER KINDERLEHRPFAD

Hier haben nicht nur Kinder Spaß

6,5 km · 1:45 h · 101 hm · 101 hm

START | Schömberg, Bushaltestelle am Marktplatz (Parkplatz), 676 m. [GPS: UTM Zone 32 x: 482.200 m y: 5.339.830 m]
CHARAKTER | Leichte Steigungen. Meist bezeichnete Fußgänger-, Wald- und Forstwege, kurze ruhige Sträßchen.

Ein großer Badesee mit Bootsverleih, eine einfallsreiche Miniatur-Eisenbahn, ein Kinderspielplatz unter Obstbäumen und dazu noch ein unterhaltsamer Kinderlehrpfad, nicht zu lange und ohne Steilaufstiege – dies alles zusammen ergibt im Schlichemtal, am nordwestlichen Fuß der Schwäbischen Alb, die ideale Kinder-Rundwanderung.

▶ Der Wegweiser „Staudamm“ zeigt uns am Marktplatz in **Schömberg** 01 den Kurs. Wir passieren auf der Alten Hauptstraße das Rathaus und bummeln steil bergab zum **Gasthof Staudamm** 02 im Taleinschnitt der Schlichem. Dort leitet uns ein kurzer Pfad bergan zum Damm des meist von Wald umschlossenen Stausees. Schön ist der Rückblick zu den auf einer Anhöhe versammelten Häusern des Städtchens.

Nun geht's bequem ein Stück am beliebten Badeufer entlang. Beim Bootsverleih folgen wir dem mit blauem Dreieck bezeichneten Wanderweg hinauf zum Stausee-Bähnle. Nahe der **Waldschenke** 03 erfreut diese Miniaturbahn für Kinder auch den erwachsenen Besucher mit recht gelungenen Fachwerk-Nachbildungen.

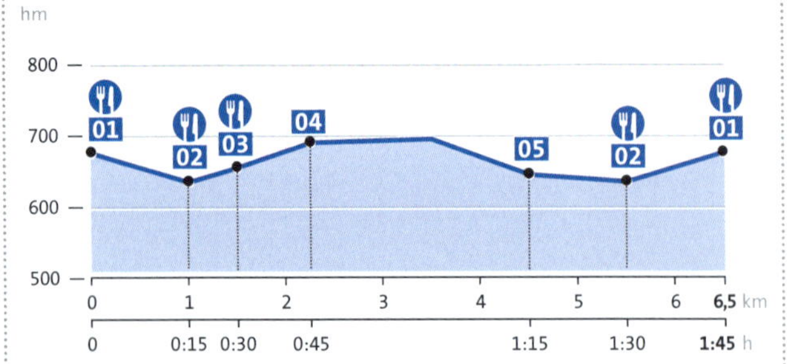

01 Schömberg, 676 m; 02 Gasthof Staudamm, 635 m; 03 Waldschenke, 655 m; 04 Kinderspielplatz, 690 m; 05 Stausee, 645 m

Anschließend leitet das kurze Zufahrtssträßchen am Campingplatz vorbei. Wo dieses in eine Vorfahrtsstraße mündet, quert man die Güterbahnlinie und nimmt den Fußweg zum Parkplatz des weitläufigen Bade- und Erholungszentrums. Bei der Einfahrt wählt man den steigenden, geteerten Forstweg und über dem in einer Streuobstwiese befindlichen **Kinderspielplatz** **04** den als Naturlehrpfad angelegten Feldweg.

Die auch als Kinderlehrpfad ausgewiesene, aufschlussreiche Route verflacht sich am Waldsaum unter dem Palmbühl bald zu einem beruhigenden Waldweg. In einem weit ausholenden Bogen bringt uns ein Forstweg, später fallend, zurück zur Promenade am Ostende des **Stausees** **05**. Dort schlagen wir den bekannten Weg nach **Schömberg** **01** ein.

Stauseen wie hier nahe Schömberg, am Westrand der Zollernalb, sind in der Alb selten.

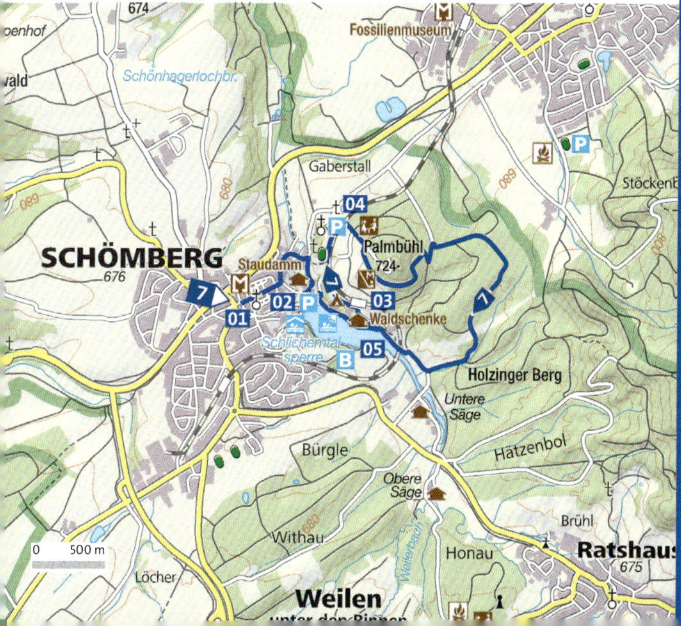

GRÄBELESBERG • 915 m
HÖRNLE • 956 m

Spannende Zollernalb-Trauftour

15,5 km | 4:45 h | 377 hm | 377 hm

START | Albstadt/Laufen, Bahnhalt (Parkplatz), 614 m.
[GPS: UTM Zone 32 x: 493.860 m y: 5.341.090 m]
CHARAKTER | Langer, überwiegend anstrengender Aufstieg zum Gräbelesberg. Teilweise spärlich bezeichnete Forst- und Waldwege, kurz ausgesetzte und mitunter schmierige Pfade und Pfadspuren, ruhige Sträßchen. Trittsicherheit und Orientierungssinn erforderlich.

Beim Bahnhalt in **Laufen** **01** die Geleise querend richten wir uns nach dem Schild „Gräbelesberg“. Ab dem Dorfrand haben wir uns mit einem zum Teil unter wilden Felswänden spürbar steigenden Forstweg (rote Raute) anzulegen. Weiter oben schwenkt der Kurs auf einen knackigen Waldweg ab. Wo der **Gräbelesberg** **02** mit einem Hals von der Hössinger Alb getrennt ist, geht's auf einem bequemen Forstweg durch zwei Wälle zu dem früher von Natur aus fast unzugänglichen Spornplateau auf dem Aussichtsfelsen. Von der Bergnase mit nahe gelegener Höhle erfreut uns ein erhebender Tiefblick auf das Eyachtal. Zurück am Berghals gehen wir Richtung Hossingen und biegen beim Waldende rechts auf den anfangs mit der Nr. 1 markierten Pfad ab, der bald am Trauf entlang leitet. Später ist der abschnittsweise schmierige Höhenkurs wieder kümmerlich mit roter Raute ausgewiesen. Nach kleinem Abschnitt auf einer Pfadspur am Waldrand stößt man auf einen

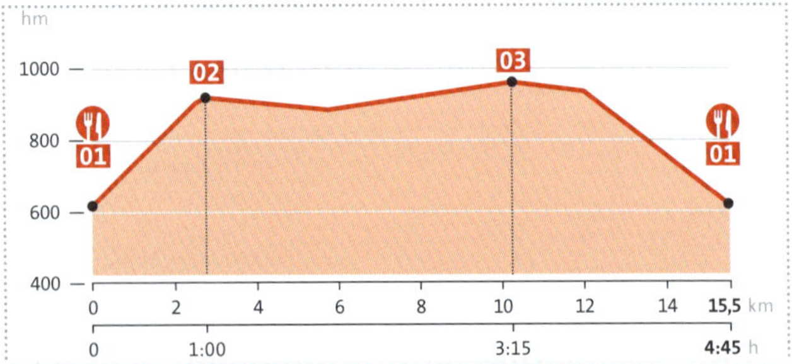

01 Laufen, 614 m; **02** Gräbelesberg, 915 m; **03** Hörnle, 956 m

guten Waldweg, von dem in einer Wiesensenke die Abzweigung eines Traufpfades zu beachten ist. Dieser mündet nach kurzem überwachsenem Stück in die ruhige, nach Tieringen führende Kreisstraße.
Hinter dem Sportplatz zweigt man auf das leicht steigende Sträßchen Richtung Hörnle ab. Am Beginn des Schutzgebietes Untereck lenkt der gewohnte Wegweiser auf eine Wiesenspur, die am Trauf von einem Pfad abgelöst wird. Man passiert die Hülenbuchwiesen (NSG) und kommt bald darauf zum Aussichtsberg **Hörnle** 03, einer ansehnlichen Felsbastion.

Nun wählen wir den Pfad über die Hülenbuchwiesen Richtung Tieringen. Auf einem Wirtschaftsweg und zuletzt auf einem Sträßchen gelangen wir wieder zur bekannten Abzweigung. Das Schild „Untereck“ weist auf einen erst ausgesetzten und ein wenig abdrängenden Pfad. Das wilde Finale durch Bannwald bergab über den Traufhang wechselt in einen Waldweg. Vom Sportplatz bringt uns ein Wanderweg nach Laufen.

Schmucke Laufener Hausfassade.

SCHLOSSFELSENTURM • 953 m

Schwellende Bergeshöhen in der Ebinger Alb

9,25 km | 3:30 h | 293 hm ↗ | 293 hm ↘

START | Albstadt, Bahnhof Ebingen, 720 m; Parkhaus beim Bahnhof. [GPS: UTM Zone 32 x: 501.790 m y: 5.339.710 m]
CHARAKTER | Längerer etwas anstrengender Aufstieg zum Schlossfelsen. Gut bezeichnete Wanderwege, Forstwege und Pfade.

Der kreislauffördernde Aufstieg zu einem der faszinierendsten Aussichtspunkte der Schwäbischen Alb startet am Bahnhof Ebingen in **Albstadt** 01. Wir gehen durch die Fußgänger-Unterführung und wählen rechts die Gartenstraße. Von dieser zweigen wir Richtung Bitz ab. In einer Kehre lenkt der Wegweiser „Schlossfelsenturm" zu einer mit rotem Dreiblock markierten Steintreppenreihe. Ab dem Ortsrand nimmt uns ein Waldpfad auf. Kraftsparende Serpentinen winden sich bergan zu einer wilden Felsszenerie: leuchtende Stotzen mit kühnen Spitznasen, dralle Bäuche und Überhänge.

Nach einer kleinen Höhle kommen wir zum **Schlossfelsenturm** 02. Seine Spitze schafft tatsächlich die beeindruckende Höhe von 1001 Meter. Bis zur zweiten Plattform sind jetzt „nur" noch insgesamt 119 Stufen zu überwinden. Dann können wir endlich die Alpenpanoramatafel studieren: die kantige Zugspitze, die Lechtaler und Allgäuer Alpen, das Lechquellengebirge, dahinter die leuchtenden Silvrettagipfel, der Rätikon und die Schweizer Berge bis zum Tödi und Eiger... In der Talbiegung der Schmiecha reihen sich die Albstadter Ortsteile aneinander.

Wir lustwandeln nun am aus-

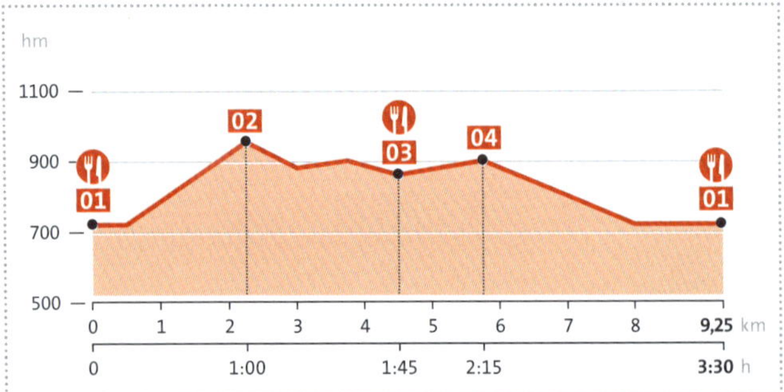

01 Albstadt, 720 m; 02 Schlossfelsenturm, 953 m; 03 Gasthof Zum Süßen Grund, 860 m; 04 Schleicherhütte, 900 m

sichtsreichen Hochrand entlang Richtung Schleicherhütte. Ein Waldlehrpfad führt alsbald ein Stück bergab ins Leizentäle und folgt, später als Forstweg, weiterhin der Abbruchkante. Bei ein paar Douglasien stoßen wir auf das Obere Waldheimsträßchen, das uns talwärts zum **Gasthof „Zum Süßen Grund“** 03 bringt.

Dort wechselt man vorsichtig die Seite der nach Gammertingen führenden Landstraße und begibt sich rechts zu dem mit roter Raute bezeichneten Wanderweg. Dieser leitet jetzt mit einer Forstwegquerung erneut am Hochrand bergan und am Öschlesfels kurz bergab zu der auf einen Felsriegel gebauten **Schleicherhütte** 04, einem Unterstand. Wir halten uns danach in Richtung Fohlenweide und nehmen dann auf einer Lichtung die Hukelturensteige, einen Forstweg, bergab zum Bahnhof Ebingen in **Albstadt** 01.

Der Aufstieg zum Schlossfelsen passiert so manch verwegene Felsgestalt.

10

KNOPFMACHERFELSEN – RUINE KALLENBERG – SCHLOSS BRONNEN

Lange, abwechslungsreiche Rundtour links und rechts der Donau

16 km 5:45 h 557 hm 557 hm

START | Fridingen, Berghaus Knopfmacher, Knopfmacherfelsen 1, großer Parkplatz, Bushaltestelle.
[GPS: UTM Zone 32 x: 496.320 m y: 5.319.590 m]
CHARAKTER | Lange und anstrengende Tour mit zwei großen und vielen kleinen Auf- und Abstiegen; meist auf Wald- und Forstwegen und schmalen Pfaden, nur kurze Asphaltabschnitte.

Um bei dieser großen Rundtour keine Überraschung zu erleben, sollte man sich vorab im Berghaus Knopfmacher erkundigen, ob der Donausteg beim Gasthaus Jägerhaus passierbar ist. Bei hohem Wasserstand der Donau ist es möglich, dass der Übergang gesperrt ist und dann ein längerer Umweg (über Beuron) eingeplant werden muss. Im Mai 2015 war der Steg durch Hochwasser zerstört, allerdings war der Übergang über angeschwemmtes Treibholz ohne große Probleme möglich.

▶ Vom großen Parkplatz vor dem **Berghaus Knopfmacher** 01

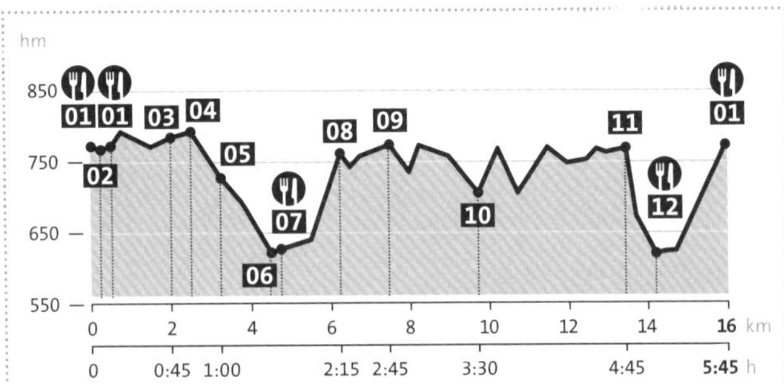

01 Berghaus Knopfmacher, 770 m; 02 Knopfmacherfelsen, 765 m; 03 Stiegelesfelsen, 782 m; 04 Kapelle, 790 m; 05 Laibfelsen, 725 m; 06 Donaubrücke/Ziegelsteg, 620 m; 07 Ziegelhütte, 625 m; 08 Ruine Kallenberg, 759 m; 09 Kaiserstand, 771 m; 10 Bachtal, 703 m; 11 Schloss Bronnen, 766 m; 12 Jägerhaus, 618 m

Eine imposante Felsformation baut sich hinter dem Jägerhaus auf.

folgen wir zunächst dem Schild „Aussichtspunkt **Knopfmacherfelsen 02**“. Ein geländergesicherter Pfad führt leicht abwärts zu einer herrlichen Aussichtskanzel mit Infotafeln und Sitzbänken. Links in der Ferne ist auch gut das Kloster Beuron zu erkennen.

Zurück beim Berghaus folgen wir bei einer Wanderweg-Infotafel der Beschilderung Richtung Stiegelesfels/Laibfels. Das Berghaus zur Linken gehen wir auf breitem Forstweg in den Wald hinein. Mit dem Donauwellensymbol wandern wir am Waldrand entlang. Bei der Pos. Otterntäle halten wir uns rechts auf einem deutlich schmäleren Kiespfad und tauchen kurz darauf wieder in den Wald ein. Wenig später ist links ein

Bei Hochwasser oft arg mitgenommen: der Donausteg beim Jägerhaus.

Aussichtsplatz kurz nach dem Stiegelesfelsen.

schöner Aussichtspunkt, der **Stiegelesfelsen 03**, erreicht. Rechtshaltend weiter an der Hangkante entlang, passieren wir nochmals eine Aussichtsstelle mit Bank und Blick ins Donautal hinab und kurz darauf stoßen wir auf eine kleine **Kapelle 04** (zu Ehren der Freifrau Anna von Höwen, Fridingens größte Wohltäterin).

Über eine lichte Wiese, links über dem Tal ist die Ruine Kallenberg zu sehen, geht es wieder in den Wald und nun permanent bergab, meist an der Hangkante entlang. Kurz vor dem **Laibfelsen 05**, ebenfalls ein fantastischer Aussichtspunkt, biegen wir scharf rechts ab, und der schmale Pfad führt abwärts zunächst durch den Wald, dann am Waldrand entlang und wieder in offenes Wiesengelände. Am Hertlekreuz, einem Steinkreuz am Wegesrand, vorbei geht es weiter abwärts, bis wir linkshaltend, nach einer steileren Passage, die Talsohle erreichen und auf ein Asphaltsträßchen treffen. Wir überqueren die Donau bei der Pos. **Ziegelsteg 06** und halten uns links Richtung Gasthaus **Ziegelhütte 07**.

Nach der Ziegelhütte endet der Asphalt und wir wandern parallel zur Donau auf einem breiten Kiesweg. Bei der Pos. Schänzle verlassen wir den breiten Weg und steigen über einen schmalen, steinigen Waldpfad ordentlich steil an, zum Schluss scharf links zur markierten **Ruine Kallenberg 08**. Nach der Ruine folgen wir links dem breiten Forstweg abwärts, vorbei an einer kleinen Kapelle und der Infotafel, die uns über ein ehem. Hofgebäude unterrichtet. Weiter linkshaltend gelangen wir zum Aussichtspunkt **Kaiserstand 09**. In stetem Auf und Ab, vorbei an mehreren herrlichen Aussichtsstellen, steigen wir schließlich über steilere Kehren ins **Bachtal 10** hinab, überqueren einen gekiesten Fahrweg und steigen auf der anderen Seite wieder in Serpentinen steil den Wald hinauf. Dem Donauwellenschild folgend, geht es bald wieder bergab, bis wir auf einen breiten Fahrweg treffen, uns links halten und ein paar Meter später in einer Linkskehre rechts hoch durch lichtes Gelände wieder steil ansteigen. Nach einer scharfen Linkskehre im Wald bietet sich am Rockenbuschfelsen wieder ein herrlicher Tiefblick ins Donautal und zum Berghaus Knopfmacher hinüber.

Bald taucht durch die Bäume vor uns **Schloss Bronnen 11** auf. Kurz vor dem fotogenen Schloss führt uns ein steiler, treppenartiger Steig in engen Kehren links hinab, an zwei Höhlen vorbei gelangen wir bei einem markanten Felsturm zur Pos. Jägerhaushöhle. Dort auf dem steini-

Die Höhlen unterhalb von Schloss Bronnen.

Schloss Bronnen.

gen Weg links weiter steil bergab zum Gasthaus **Jägerhaus 12**, das direkt an der Donau liegt. Wir überqueren den (im Mai 2015) beschädigten Steg, halten uns rechts und kürzen den breiten Fahrweg nach links über einen Wiesenhügel ab. Beim (privaten) Zeltplatzgebäude des Stadtjugendrings Stuttgart stoßen wir auf den Fahrweg und folgen ihm, bis uns die Markierungen nach rechts auf einen schmalen berghoch führenden Pfad leiten. Zum Schluss treffen wir wieder auf einen breiten Forstweg und steigen weiter an, bis das Berghaus Knopfmacher vor uns auftaucht.

BEURON – RAUHER STEIN – EICHFELSEN

Große Rundtour hoch über den Donauschleifen

12,5 km | 4:15 h | 293 hm | 293 hm

START | Beuron, Parkplätze beim Kloster; großer gebührenpflichtiger Parkplatz, Bushaltestelle, Bahnstation.
[GPS: UTM Zone 32 x: 497.600 m y: 5.322.150 m]
CHARAKTER | Wald- und Forstwege, schmale Wald- und Wiesenpfade und nur wenig Asphalt; der Anstieg zu Beginn und auch der Abstieg zum Donausteg verlaufen überwiegend im schattigen Wald.

Interessante Höhlen, steil aufragende Kletterfelsen, ein schön angelegter Felsengarten, ein hochgelegenes Wanderheim, fantastische Aussichtskanzeln links und rechts der Donau und ein berühmtes Kloster als Start- und Zielpunkt: eine Wanderrunde für alle Sinne.

▶ Vom **Parkplatz** 01 am Kloster Beuron halten wir uns auf die überdachte Holzbrücke zu, überqueren die Donau und gehen zur Autostraße vor. Hier kann man direkt die Straße überqueren und den Donauwellen-Markierungen Richtung Wald folgen. Wir halten uns jedoch rechts, überqueren die Straße erst bei der Pos. Sigmaringer Straße und wandern auf dem asphaltierten Edith-von-Stein-Weg nach **Maria Trost** 02 hinauf. Am Haus vorbei folgen wir einer scharfen Linkskehre (großes Kreuz) dem schottrigen

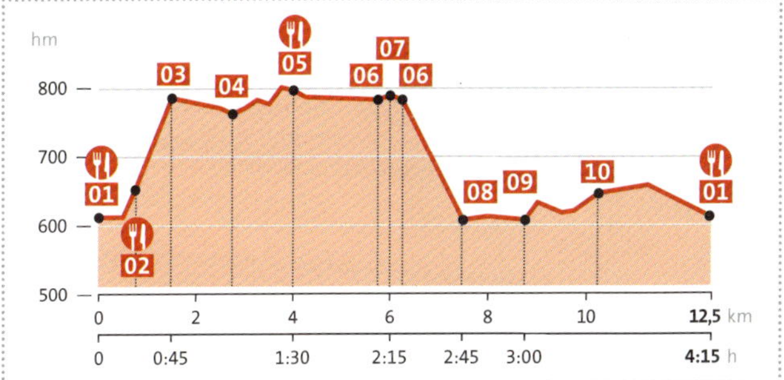

01 Klosterparkplatz, 610 m; 02 Maria Trost, 650 m; 03 Beuroner Steige, 783 m; 04 Spaltfelsen, 760 m; 05 Wanderheim Rauher Stein, 794 m; 06 Felsengarten, 780 m; 07 Eichfelsen, 786 m; 08 Donausteg, 605 m; 09 Maurushöhle, 605 m; 10 Unterm Altstadtfels, 643 m

Teerweg in den schattigen Wald hoch. Nach einem Gebäude rechts endet der Teerbelag und es beginnt ein kiesiger Forstweg. Weiter ansteigend stoßen wir auf eine Verzweigung, hier mündet von links der oben erwähnte Alternativweg ein. Wenig später ist die Pos. **Beuroner Steige** 03 erreicht, hier biegen wir scharf rechts ab Richtung Rauher Stein und folgen nun der Donauwellenmarkierung.

Leicht abwärts geht es zunächst aussichtslos bis zum Abzweig **Spaltfelsen** 04, wo wir einen Abstecher machen. Neue Tische und Bänke laden zu einer aussichtsreichen Rast ein, herrlicher Blick hinunter zum Kloster Beuron. Zurück zur Verzweigung – hier kann man auch den schmalen rechten Pfad nehmen, der später wieder auf den Hauptweg trifft – und rechts weiter, bis wir in einer Linkskurve den breiten Weg verlassen und der Beschilderung Wanderheim Rauher Stein nach rechts folgen. Abwärts gehend gelangen wir zu einem Asphaltsträßchen, das uns weiter bergab zur Pos. Hirschental bringt. Hier verlassen wir den Asphalt, biegen links auf einen schmalen Pfad und steigen in Kehren den Wald hinauf. Vorbei am Sportplatz erreichen wir wieder auf Asphalt kurz darauf das **Wanderheim Rauher Stein** 05.

Links am Wanderheim vorbei gelangen wir über Wiesen zu einer Verzweigung und zu einem ausgeschilderten Aussichtspunkt mit herrlichem Blick zur Burg Wildenstein hinüber. Bei der Verzweigung folgen wir den Schildern Richtung Felsengarten, über Wiesen, entlang der Hangkante. Wir treffen auf einen kreuzenden Forstweg, überqueren diesen und folgen weiter dem Wiesenpfad am Wald entlang. Dann die Abzweigung rechts nicht übersehen, die uns in den Wald hinein leitet, vorbei an einer Bank und schönen Aussichtsstelle, und uns schließlich zum **Schulfelsengarten** 06 der Grundschule Irndorf bringt. In wenigen Minuten ist geradeaus weiter der geländergesicherte Aussichtspunkt **Eichfelsen** 07 erreichbar.

Am Felsengarten zurück, steigen wir links vorbei steil bergab. Steilere Passagen wechseln mit flacheren ab, der schmale Pfad wird dann breiter und geht in einen Forstweg über und wir stoßen auf eine breite Kiesstraße, die wir aber bald wieder nach links verlassen. Der Markierung Vögelesruh folgend gelangen wir abwärts, an einer großen Wiesenfläche linkerhand vorbei, zur Autostraße. Kurz vor einem kleinen Tunnel rechts überqueren wir diese und biegen bei der nächsten Verzweigung links auf einen Naturweg ein, der links leicht ansteigt. Rechts führt das asphaltierte Sträßchen bergab über St. Maurus zum Donausteg.

Am Schulfelsengarten.

Blick hinab zum Kloster Beuron.

Gut in Form?

Der Aufstieg zur Petershöhle ist zwar nur kurz, aber recht steil. Im unteren Teil verläuft er über einen schmalen, teils wurzeligen Pfad, im letzten Abschnitt über geländergesicherte steile Holztreppen, die bei Nässe recht unangenehm sein können. Trittsicherheit und Schwindelfreiheit sind angebracht, sonst könnte der faszinierende Eindruck, den diese riesige, nach oben offene Höhle macht, etwas leiden.

Kurz darauf gelangen wir auf einem recht schmalen Pfad in den Wald, es geht bergab und wir stoßen unten auf die Asphaltstraße, der wir wenige Meter rechts folgen. Dann zweigen wir links ab und überqueren die Donau auf dem **Donausteg** 08. Direkt hinter der Brücke passieren wir eine Installation „Kunst am Fluss" mit schönem Rastplatz und wandern auf dem Teersträßchen zum Wald hinüber.

Bei der Pos. Donauhaus-Abzweig folgen wir der Donauwellenmarkierung nach rechts und wandern flach an der nahen Donau entlang. An der Rote-Brunnen- oder auch **Maurushöhle** 09 vorbei, dann zweigt der Weg links ab und steigt über steile, schmale Kehren in den Wald hoch an. Eine kurze geländergesicherte Felspassage folgt. Man hat Blick hinunter zur Eisenbahnbrücke über die Donau und hinüber zur Burg Wildenstein.

Wir treffen auf eine kreuzende Forststraße und folgen dieser im spitzen Winkel links bergauf. Ab der Pos. **Unterm Altstadtfels** 10 geht es zunächst flacher, dann leicht fallend an Kletterfelsen und dem Abstecher zur Petershöhle vorbei Richtung Beuron. Wir passieren links einen Aussichtspavillon und erreichen bei der Pos. Villa Hubertus die Autostraße. Nach rechts über die Donaubrücke und auf dem Gehweg entlang der Straße sind wir in wenigen Minuten am Kloster Beuron und am Ausgangspunkt.

Rastplatz mit einer „Kunst am Fluss"-Installation, direkt am Donausteg.

BURG WILDENSTEIN – SCHLOSS BRONNEN – PETERSHÖHLE

Abwechslungsreiche Burgen-, Felsen- und Höhlentour

13 km | 4:15 h | 380 hm | 380 hm

START | Burg Wildenstein, Wanderparkplatz vor der Schlosszufahrt; Bushaltestelle in Leibertingen.
[GPS: UTM Zone 32 x: 500.160 m y: 5.322.190 m]
CHARAKTER | Überwiegend breite Forstwege, beim Abstieg von Schloss Bronnen und bei der Petershöhle schmale, steile und kehrenreiche Waldpfade, teils Holztreppen.

Die Rundtour von Burg Wildenstein über Schloss Bronnen, das Liebfrauental hinab nach Bronnen und zurück über die Petershöhle ist eine wahre Panoramawanderung. Viele Aussichtspunkte und Sehenswürdigkeiten lassen es verschmerzen, dass Einkehrmöglichkeiten unterwegs nur durch kleine Abstecher (in Beuron und zum Jägerhaus) zu erreichen sind.

▶ Vom **Wanderparkplatz** 01 statten wir zunächst der **Burg Wildenstein** 02 und dem links ausgeschilderten Aussichtspunkt einen kurzen Besuch ab. Zurück über die asphaltierte, nur für Besucher offene Stichstraße, folgen wir beim Parkplatz dann der Beschilderung Richtung Beuron. Bei der Pos. Donausteige können wir zwischen dem linken (über Alpenblick) und rechten (über Petershöhle) Weg

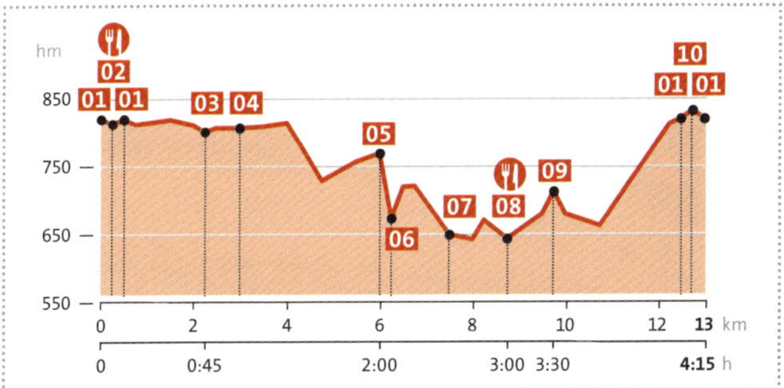

01 Wanderparkplatz, 817 m; 02 Burg Wildenstein, 810 m; 03 Altstadtfelsen, 798 m; 04 Jägeraussicht, 804 m; 05 Schloss Bronnen, 766 m; 06 Jägerhaushöhle, 671 m; 07 Lourdesgrotte, 647 m; 08 Villa Hubertus/Beuron, 641 m; 09 Petershöhle, 710 m; 10 Spielburg, 829 m

Alternative

Wer es sich zutraut, über genügend Zeit und Kondition verfügt, kann diese Tour mit den Touren 11 oder 10 verknüpfen und jeweils zu einer großen Rundtour verbinden.

wählen. Wir halten uns links, passieren einen Brunnen, später einen Kohlenmeiler (mit Infotafel) und – nach leichtem Auf und Ab – einen Grenzstein, der einst die Grenze zwischen Preußen und Baden markierte. Bei einem querenden Forstweg halten wir uns rechts, hier ist der **Altstadtfelsen** 03, eine vorgeschichtliche Befestigungsanlage aus der Keltenzeit, ausgeschildert. Von diesem sehr schönen Aussichtspunkt (hinab zum Kloster Beuron) gehen wir zur Verzweigung zurück und folgen dem Weiterweg Richtung Schloss Bronnen. Kurz danach ist rechts ein weiterer Ausblickspunkt erreicht, über eine kurze Holzleiter bietet die **Jägeraussicht** 04 ebenfalls schöne Tiefblicke nach Beuron.

Brücke zum Schloss Bronnen.

An einer großen Lichtung vorbei erreichen wir durch schattigen Wald die Pos. Ehemaliger Steighof. Geradeaus ist mit 800 m der Alpenblick markiert. Wir biegen aber links ab und wandern bis zur Autostraße vor, gehen vor ihr rechts und folgen einem Forstweg, dann geradeaus einem schmäleren Waldweg. Bergab stoßen wir wieder auf die Autostraße, überqueren diese in einer Rechtskurve und folgen linkshaltend dem Waldweg weiter bergab. Bei einer Forstwegkreuzung nehmen wir den Weg rechts, überqueren erneut die Autostraße und steigen auf dem nun asphaltierten Sträßchen leicht an. In einem Linksbogen öffnet sich der Blick, wir wandern links weiter ansteigend hoch am Waldrand entlang; in der Ferne ist bereits **Schloss Bronnen** 05 zu sehen.

Unmittelbar nach Unterqueren der Schlossbrücke führt ein schmaler, steiler und kehrenreicher Pfad nach rechts hinab. Über Holzstufen leitet uns der teils wurzelige Pfad vorbei an zwei Höhlen zur Pos. **Jägerhaushöhle** 06. Nach links ist ein Abstecher zur Einkehrmöglichkeit Jägerhaus möglich. Wir bleiben rechts, steigen an der Jägerhaushöhle vorbei auf einem gerölligen Weg leicht an und aus dem Wald heraus. Bei der Pos. Bronner Wiesen nehmen wir den Landwirtschaftsweg nach links und marschieren über freies Wiesengelände zwischen Pferden und Kühen wieder Richtung Wald. Es geht nun wieder leicht bergab und nach und nach bauen sich links und rechts des Weges Felsen auf.

Wir gelangen zur **Lourdesgrotte** 07, einer Wallfahrtskapelle, links und rechts ein übervoll geschmückter Felsen. Gesäumt von Kreuzwegstationen wandern wir leicht abwärts, bis es nach der Station 10 geradeaus wieder leicht hoch geht. Wir passieren einen Felskopf mit Statue und Kreuz und bald darauf ist die Autostraße nach Beuron erreicht. Wir gehen auf dem Gehweg entlang der Straße hinab, bis kurz vor der Donaubrücke, bei der Pos. **Villa Hubertus** 08, die Donauwellen-Markierung nach rechts hoch in den Wald zeigt. An einem Aussichtspavillon vorbei folgen wir der Markierung Richtung Burg Wildenstein. Der Kiesweg führt leicht aufwärts, vor uns taucht ein kreuzgeschmückter Felsturm auf und zurück bieten sich schöne Ausblicke über Beuron.

Direkt unterhalb des Felsturms, kurz nach einer leicht abfallenden Linkskurve, zweigt rechts ein schmaler, steiler Pfad ab, der – teils über Felsstufen – nach oben zur **Petershöhle** 09 führt. Die letzten Meter zu dieser riesigen Höhle verlaufen über steile, geländergesicherte Holztreppen. Wieder zurück am Hauptweg folgen wir dem schönen Hangweg, vorbei an markanten Kletterfelsen, bis zur Pos. Unterm Altstadtfels. Nun ansteigend rechts hoch zur Pos. Donausteige und nach wenigen Minuten zurück zum Ausgangspunkt. Vom Parkplatz aus lässt sich nach rechts ein kurzer Abstecher auf den Erlebnispfad und zur sichtbaren Holz- und **Spielburg** 10 machen.

SCHLOSS WERENWAG • 790 m

Kühne Festung über schluchtartigem Flusstal

13,25 km | 4:00 h | 248 hm | 248 hm

START | Beuron/Hausen im Tal, Bahnhof (Parkplatz), 600 m. [GPS: UTM Zone 32 x: 502.030 m y: 5.325.250 m]
CHARAKTER | Langer mäßig steiler Anstieg zum Schloss Hausen. Bestens ausgeschilderte Wander- und Wirtschaftswege sowie bezeichnete Pfade.

Der Bahnhof in **Hausen** 01 dient uns als Ausgangs- und Startpunkt zu einer der schönsten Rundwanderungen über dem schluchtartigen Durchbruchstal der Donau. Die Beschilderung „Schloss Hausen" lenkt durchs Flusstal ins Dorf und dirigiert uns dort auf einen kurzen Fußweg bergab zu einem verkehrsfreien Parallelsträßchen.

Vom Ortsende steigen wir unter beeindruckenden Felstürmen und in einer deutlich ausholenden Schleife die mit roter Raute markierte Schlosssteige bergauf. Der nur mäßig anstrengende Waldwanderweg, zu dem auch ein deutlich anstrengenderer, steilerer Alternativanstieg existiert, passiert das Ebinger Haus. Auf der Albhöhe lohnt der kaum nennenswerte Abzweiger zum runden **Wartturm** 02 des Schlosses Hausen. Und schon stehen wir erstaunt deutlich über dem Gipfelkreuz des Korneliusfelsens.

Das vorspringende Plateau nahe dem einstigen **Schloss Hausen** 03 betritt man nach dem Inneren Schlossgarten, einem hübschen

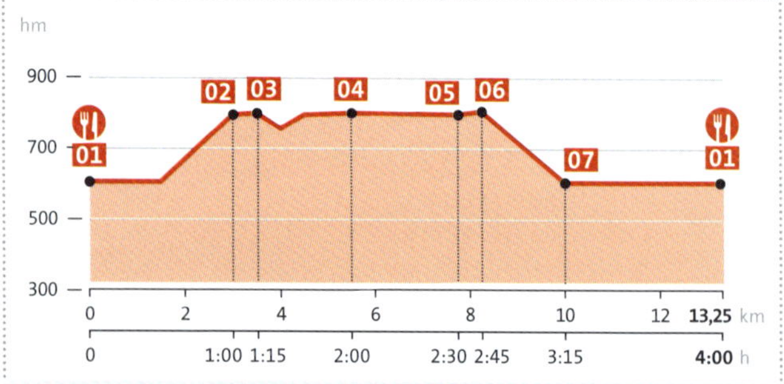

01 Hausen, 600 m; 02 Wartturm, 790 m; 03 Schloss Hausen, 794 m; 04 Glasträgerfels, 795 m; 05 Schloss Werenwag, 790 m; 06 Korbfelsen, 799 m; 07 Langenbrunn, 600 m

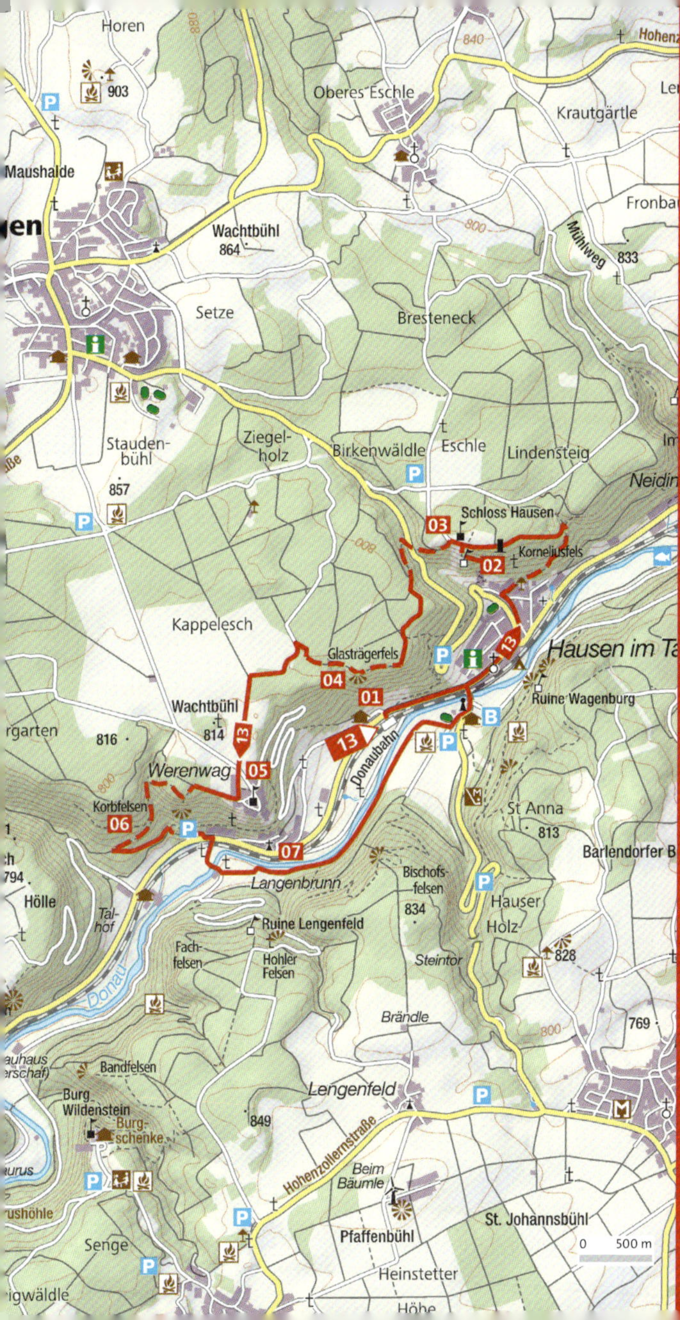
Horen
903
Oberes Eschle
Krautgärtle
Maushalde
Wachtbühl
864
Fronba
Mühlweg
833
Setze
Bresteneck
Stauden-
bühl
857
Ziegel-
holz
Birkenwäldle
Eschle
Lindensteig
Neidin
Schloss Hausen
03
Korneliusfels
02
Kappelesch
Glasträgerfels
04
01
13
Hausen im Ta
Ruine Wagenburg
Wachtbühl
814
816
rgarten
Werenwag
05
13
Donaubahn
Korbfelsen
06
07
St Anna
813
Barlendorfer B
794
Hölle
Langenbrunn
Bischofs-
felsen
834
Tal-
hof
Ruine Lengenfeld
Hauser
Holz
Fach-
felsen
Hohler
Felsen
Steintor
828
Donau
Brändle
769
Bandfelsen
Burg
Wildenstein
Burg-
Schenke
Lengenfeld
849
Hohenzollernstraße
Beim
Bäumle
Pfaffenbühl
St. Johannsbühl
Senge
Heinstetter
Höhe
0
500 m

Bauerngärtchen, über eine steinerne Bogenbrücke und ehemalige Zugbrücke.

Die nun fallende Route Richtung Werenwag verschmälert sich zum Pfad. Nach Queren der Schwenninger Landstraße geht's sanft bergan zu einem flachen Forstweg, der bald von einem mit rotem Dreiblock bezeichneten Pfad abgelöst wird. Dieser bringt uns schließlich zum **Glasträgerfels** 04, der uns mit einem senkrechten Tiefblick erfreut.

Eine ganz vorzügliche Ausschau ergibt sich auch hinüber zum **Schloss Werenwag** 05, das auf einem kühnen Felsenriff thront, und das wir mittels einer bequemen Wirtschaftsweg-Höhenbummelei erreichen. Das historische Bauwerk (privat) selbst ist allerdings vom Eingang aus nicht sichtbar.

Doch unmittelbar hinter dem Gebäudekomplex gewinnt man, sich in Richtung Wildenstein haltend, mit nur ganz kleinem Höhenverlust und über Holzstufen einen atemberaubenden Nahblick vom Echofelsen.

Der Schwäbische-Alb-Südrand-Weg passiert jetzt ein Damwildgehege und leitet kurze Zeit später zum **Korbfelsen** 06, einem Aussichtspunkt für Götter. Auf einem fallenden Pfad quert man als nächstes einen Tobel und wählt daraufhin den Talweg, einen Wanderweg, nach **Langenbrunn** 07. Der Donau-Radweg leitet zurück nach **Hausen** 01.

Kühn wie ein Adlernest: Schloss Werenwag über dem Durchbruchstal der Donau.

IRNDORFER HARDT

Aussichtsreiche Rundtour im Naturschutzgebiet

8,75 km | 3:00 h | 59 hm | 59 hm

START | Irndorf, Wanderparkplatz Irndorfer Hardt, an der Straßenkreuzung K5902 / K8213).
[GPS: UTM Zone 32 x: 496.550 m y: 5.326.040 m]
CHARAKTER | Leichte Wald- und Heidewanderung fast ohne Höhenunterschied, überwiegend (radtaugliche) Naturwege, nur kurze Passage auf asphaltiertem Nebensträßchen.

Wenig anstrengend, aber erholsam ist die Rundwanderung über das weite Heideland im Naturschutzgebiet Irndorfer Hardt.

▶ Am **Wanderparkplatz Irndorfer Hardt** 01 folgen wir dem nicht asphaltierten Landwirtschaftsweg am großen Wegkreuz vorbei in Richtung Wald. Wir passieren leicht ansteigend eine Abzweigung sowie die Jägerhütte rechts und erreichen kurz nach der Pos. **Wetterschutzhütte** 02 den Waldrand und das Naturschutzgebiet Irndorfer Hardt. Der Forstweg hört auf, ein sich bald verzweigender Wiesenpfad führt ins offene Gelände. Wir nehmen die linke Alternative, folgen dem Wiesenpfad in einem Rechtsknick an Baumgruppen (links) vorbei und bleiben bei der nächsten Pfadverzweigung rechts. Wir halten uns auf einen Jägerstand zu, durchqueren ein Waldstück (rechts mit einer Grillstelle) und bleiben dann auf dem Weg am Waldrand entlang. Wir erreichen die Pos. **Zufahrt Irndorfer Hardt** 03 und wenden uns auf dem kreuzenden

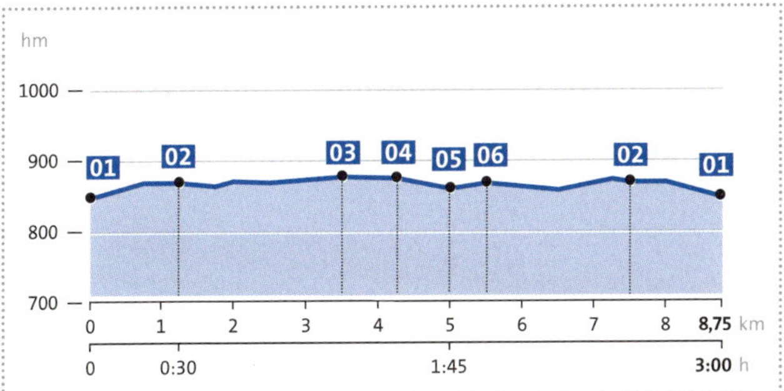

01 Wanderparkplatz Irndorfer Hardt, 847 m; 02 Pos. Wetterschutzhütte, 868 m; 03 Zufahrt Irndorfer Hardt, 876 m; 04 Irndorfer Hardt Nord, 874 m; 05 Irndorfer Hardt Mitte, 859 m; 06 Irndorfer Hardt Ost, 867 m

Mitten im Naturschutzgebiet Irndorfer Hardt.

Asphaltsträßchen scharf rechts. Bei der Pos. **Irndorfer Hardt Nord** 04 verlassen wir das geteerte Sträßchen und folgen rechts den mehr oder weniger gut sichtbaren Pfadspuren über die Wiesen bis zur Pos. **Irndorfer Hardt Mitte** 05. Dort biegen wir scharf link ab und halten uns Richtung Wald bis zur Pos. **Irndorfer Hardt Ost** 06. Wir biegen rechts ab und gehen auf dem breiten, nicht markierten Forstweg, zunächst am Waldrand entlang, dann in den Wald hinein. Bei der Pos. Langestrangen schwenken wir rechts ab, kurz darauf nochmals scharf rechts und steigen leicht bergan und in einem großen Linksbogen zurück zur Verzweigung an der Pos. **Wetterschutzhütte** 02. Nach links wandern wir auf dem breiten Kiesweg zurück zum Parkplatz und zum Ausgangspunkt.

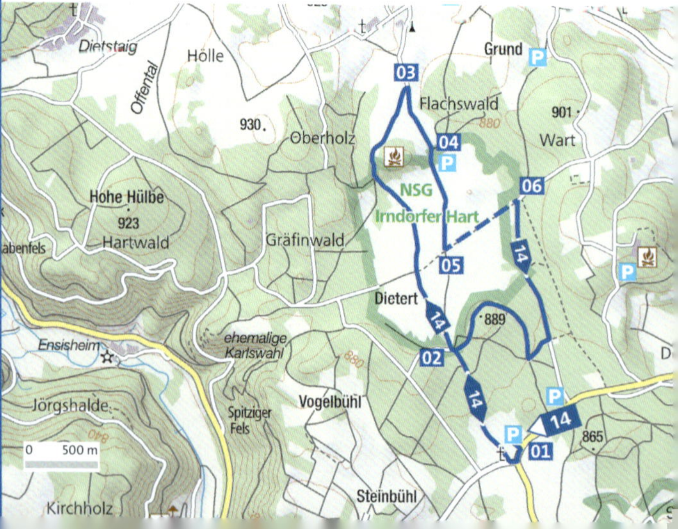

RABENFELSEN • 680 m
TEUFELSLOCHFELSEN • 670 m

Wo die gewaltigsten Riffe der Alb fesseln

10 km | 3:00 h | 170 hm | 170 hm

START | Sigmaringen/Thiergarten, Bushaltestelle am nördlichen Ortsrand, 590 m; Parkplatz Richtung Albstadt.
[GPS: UTM Zone 32 x: 507.300 m y: 5.326.220 m]
CHARAKTER | Längerer mäßig steiler Anstieg zum Rabenfelsen. Gut bezeichnete Wander-, Wald- und Wirtschaftswege, Pfade. Der Rabenfelsen erfordert Trittsicherheit und Schwindelfreiheit.

Der Rabenfelsen ist einer der gewaltigsten und formenschönsten Albfelsen. Vor 140 Millionen Jahren im warmen Jurameer als Schwammriff gewachsen, in der Folgezeit mit hartem Massenkalk ausgekleidet und von anderen Schichten überdeckt, wurde er wie seine Nachbarfelsen später von der Ur-Donau freigelegt.

▶ Wir beginnen unsere hinreißende Aussichtsrunde am nördlichen Ortsrand von **Thiergarten** 01. Ganz kurz halten wir uns Richtung Sigmaringen, bis die Beschilderung „HW 2 – Rabenfelsen“ auf einen mit rotem Dreieck bezeichneten, mäßig steil ansteigenden Wanderweg lenkt. Dieser wird im weiteren Verlauf von einem Waldweg abgelöst. Später dirigiert der Richtungsweiser abermals auf einen Wanderweg.

Nach dem Flachstück über einem Tobel beginnt der Kurs, bald auf einem Pfad, vorläufig zu fallen. In der

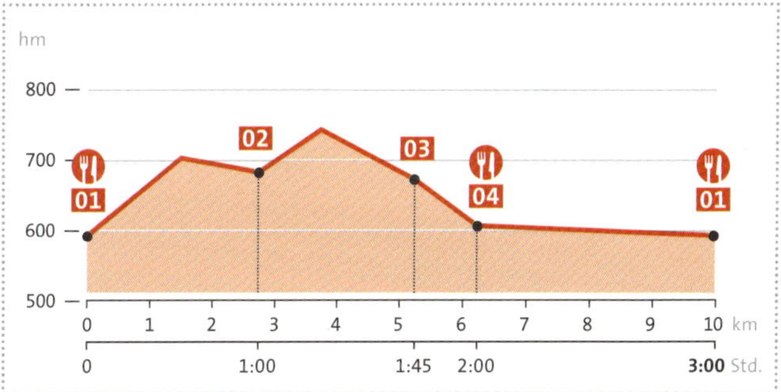

01 Thiergarten, 590 m; 02 Rabenfelsen, 680 m; 03 Teufelslochfelsen, 670 m; 04 Gutenstein, 604 m

ersten Linkskurve fasziniert von einem luftigen Aussichtspunkt der Tiefblick zu einer Donauschleife. Es folgt ein kleiner Gegenanstieg, dann schlägt uns die scheinbar aalglatte und lotrecht abstürzende Riesenwand **Rabenfelsen** 02 in ihren Bann. Ihr Betreten setzt Trittsicherheit und Schwindelfreiheit voraus.

Der nun wieder flache Südrand-Weg leitet, zwischendurch als Waldweg, Richtung Teufelslochfelsen. Auf der Albhochfläche schaltet sich kurz ein stilles Sträßchen ein. Später führt ein Forstweg zu einer Schutzhütte. Nur noch ein Katzensprung ist es dann auf einem Wanderweg bergab zum **Teufelslochfelsen** 03. Unterhalb einer weiteren Donauschleife zeigt sich die Burg Dietfurt, im Hintergrund das hochgelegene Inzigkofen.

Bald darauf kommen wir nach **Gutenstein** 04, wo uns der Donau-Radwanderweg Richtung Beuron aufnimmt. Am Ortsende trägt uns eine ehrwürdige Holzbrücke über die Donau. Auch wo sich ein Stück vor **Thiergarten** 01 der Rabenfelsen in den Fluten spiegelt, ist nochmals das Ufer zu wechseln.

Donauschleife zwischen Gutenstein und Dietfurt vom Teufelslochfelsen.

GUTENSTEIN – BETTELKÜCHENFÄHRTE

Übers aussichtsreiche Känzele ins wilde Raintal

10,5 km | 3:15 h | 231 hm | 231 hm

START | Gutenstein, Parkplatz am Ende des Grimmerriedweg (mit Infotafel); alternativ Parkplätze am Bürgerhaus oder an der Donaubrücke; Bushaltestelle Gutenstein Ort.
[GPS: UTM Zone 32 x: 508.300 m y: 5.324.950 m]
CHARAKTER | Anfangs kurz auf Asphalt, dann Wald- und Forstwege, mit einigen schmäleren Pfadpassagen.

Eine ruhige Waldwanderung an der Hangkante entlang, mit einigen schönen Aussichtsstellen ins Donautal, die durch das urwüchsige Raintal bis ans Ufer der Donau hinab führt und an den Flussschleifen entlang zurück nach Gutenstein.

▶ Am Ende des Grimmerriedweges, bei einem kleinen **Parkplatz** 01 mit Infotafel zur Bettelküchenfährte, starten wir unsere Tour auf dem Asphaltsträßchen, wandern in einer Rechtskehre leicht ansteigend aus dem Dorf hinaus Richtung Wald und bleiben linkshaltend am Waldrand, bis wir bei der Pos. Tellenen den Asphalt verlassen und nach rechts auf einen schmalen Pfad in den Wald hinein abbiegen. Ansteigend erreichen wir bei einer freien Wiesenfläche den rechts ausgeschilderten **Aussichtspunkt Donaubogen** 02. Wieder ein paar Meter zurück und dann am Waldrand entlang dem Wiesenpfad folgen. Wir überqueren einen Kiesweg und bleiben weiter geradeaus am

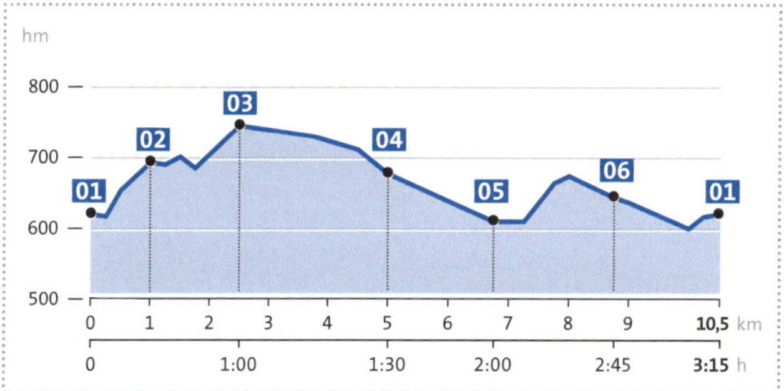

01 Parkplatz Grimmerriedweg, 620 m; 02 Aussicht Donaubogen, 693 m; 03 Känzele, 745 m; 04 Raintal, 677 m; 05 Rainbrunnen, 610 m; 06 Aussicht Thiergarten, 644 m

Waldrand. Bei der Pos. Grashalde verlassen wir den Weg nach rechts und folgen einem breiten Waldweg zunächst leicht fallend. Der Weg wird steiniger und steigt dann deutlich an. Die Aussicht ist generell spärlich, an einer lichten Stelle bietet sich aber ein schöner Blick hinüber zur Ruine Oberfalkenstein.

Etwas später ist auch nach rechts der Aussichtspunkt **Känzele** 03 ausgeschildert, ein kleiner Felsvorsprung. Nach dem Känzele geht es nach rechts auf schmalem Pfad gleichmäßig fallend durch schattigen Wald bergab und in einer großen Linkskehre fast eben durch lichteren Wald zur Pos. Haldenstätt. Bei der Wegteilung halten wir uns rechts und folgen dem breiten Forstweg leicht bergab, ebenso folgen wir bei der Pos. **Raintal** 04, dem markierten Weg scharf rechts. Durch flankierende Felsen hindurch wandern wir ein schönes, urtümliches, fast wildes Tal hinab, bis wir die Pos. **Rainbrunnen** 05 erreichen und vor uns die Donau sehen. Nach rechts ist der (sichtbare und ca. 500 m entfernte) Gasthof Neumühle ausgeschildert.

Wir halten uns rechts und gehen dem als Donauradweg markierten Naturfahrweg direkt am Flussufer entlang. Nach Felsen rechts des Weges, biegen wir bei der Pos. Bernau scharf rechts auf einen Pfad in den Wald hinein ab. Der grasige Weg steigt an, bei der Pos. Lohe dann eine Spitzkehre nach links, bis der Wald lichter wird und der Weg in einer Rechtskehre leicht abfällt. Die Aussicht nach links wird ab hier wieder deutlich besser, unten im Tal ist die Eisenbahnbrücke über die Donau zu erkennen. An der Pos. **Thiergarten** 06 vorbei gehen wir auf dem breiten Forstweg weiter, überqueren eine breite Kiesstraße und folgen dem Grasweg nach rechts. Vorbei an einer Aussichtsbank, geht es durch Wald, der Weg verengt sich zu einem schmalen Pfad, dem wir links folgen. Schließlich erreichen wir auf dem schönen, schmalen Pfad

Herrlicher Waldpfad oberhalb der Donau in Richtung Gutenstein.

Felsen flankieren den Weg ins Raintal.

Holztreppen, die uns über einen kurzen steilen Anstieg hoch zum Asphaltsträßchen am Ortsende von Gutenstein bringen. Wenige Meter nach links und wir sind am Ausgangspunkt zurück.

KLOSTER-FELSENWEG

Spannende Tour mit Kultur- und Naturhighlights

13,5 km | 4:30 h | 331 hm | 331 hm

START | Laiz, Parkplatz an der Turnhalle, direkt vor der Donaubrücke; alternativ: Wanderparkplatz Alte Donau, neben der L277, Bushaltestelle Festhalle.
[GPS: UTM Zone 32 x: 514.490 m y: 5.324.870 m]
CHARAKTER | Breite Waldwege, gekieste Forststraßen und schmale Wanderpfade; die Auf- und Abstiege am Amalienfelsen, an der Teufelsbrücke, am Känzele und den Grotten sowie bei der Ruine Gebrochen Gutenstein sind teils kehrenreich, steiler und felsig, an exponierten Stellen mit Geländer gesichert und mit Holzstufen ausgestattet.

Die erste Hälfte dieser Rundtour verläuft in unmittelbarer Nähe der Donau und wartet mit den unterschiedlichsten Sehenswürdigkeiten auf. Der zweite Teil führt durch das Schmeietal und zu zwei herrlichen Aussichtspunkten hoch, mit fantastischem Blick über das Donautal.

▶ Vom Parkplatz bei der Turnhalle in **Laiz** 01 weg überqueren wir die Donaubrücke, halten uns sofort scharf rechts und gehen der Inzigkofer Straße entlang, bis wir mit der Markierung rechts abbiegen und durch die Häuser hindurch uns wieder der Donau nähern. Nicht asphaltiert verläuft der Weg nun am Flussufer entlang; nach dem Pumpwerk links, folgen wir dem grasigen Pfad, der uns auf den Damm hoch leitet.

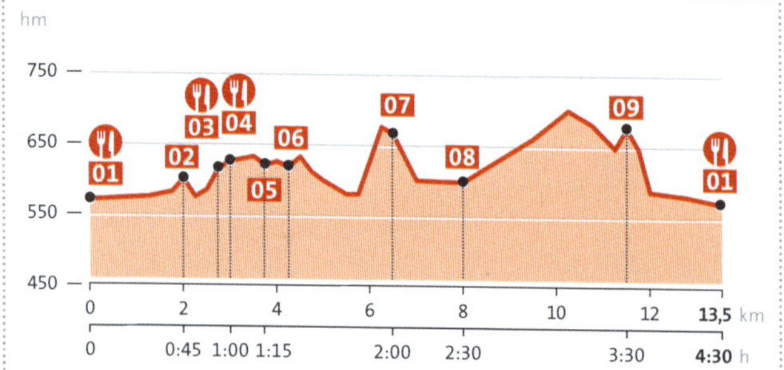

01 Laiz, 570 m; 02 Amalienfelsen, 600 m; 03 Zollernhof, 615 m; 04 Kloster Inzigkofen, 625 m; 05 Teufelsbrücke, 620 m; 06 Känzele, 618 m; 07 Gebrochen Gutenstein, 665 m; 08 Zigeunerfels, 598 m; 09 Gespaltener Fels, 675 m

Bei der Pos. Donautal verlassen wir den Dammweg und halten uns auf einem Wiesenweg links Richtung Wald. Vor dem Wald folgen wir links einem Kiesweg am Waldrand entlang, halten uns dann rechts zur Abzweigung, die uns über einen schmalen, kehrenreichen Pfad hoch zum **Amalienfelsen** 02 bringt.

Beim Rückweg von diesem felsigen und blumenreichen Aussichtspunkt steigen wir über den ersten rechts abzweigenden Pfad steil und kehrenreich wieder zur Verzweigung ab und folgen scharf rechts dem Waldpfad an einem Bach entlang Richtung Donau. Über eine kleine Brücke überqueren wir den Zufluss und wandern am Donauufer entlang. Herrlicher Rückblick zum Amalienfelsen mit der großen Inschrift. In einem Linksbogen geht es dann am Waldrand entlang zu einer Verzweigung und rechts weiter. Nach wenigen Schritten ist links – über einen Holzsteg – ein kurzer Abstecher zum Denkmal des während der Französischen Revolution guillotinierten Bruders von Fürstin Amalia ausgeschildert.

Auf dem Hauptweg zurück wandern wir Richtung Teufelsbrücke weiter, passieren den Fürstl. Park, den **Zollernhof** 03 und biegen an der Asphaltstraße scharf rechts ab zum unmittelbar vor uns liegenden **Kloster Inzigkofen** 04. Vorbei an Kirche, Klostermuseum und der Pension Kreuz (Gasthof) durchqueren wir das Klostergelände – links passieren wir noch das Bauernmuseum – gehen durch einen steinernen Torbogen und durch eine Baumallee zur äußeren Klostermauer. Nach einem Gittertor taucht links am Weg eine interessante Skulptur auf (La Fiamma, eine Aluminiumgusshaut, die sich im Wind bewegt). Nun leicht abwärts in den Wald hinein und wenig später etwas steiler über schmale Serpentinen steigen wir zur spektakulären **Teufelsbrücke** 05 hinab. Durch ein Felsentor hindurch und an Felsen entlang geht es in einer Linkskehre zur Pos. östl. Nickhofkreuz und dann in einem Rechtsbogen leicht abwärts. Wir folgen den Markierungen Richtung Grotten, überqueren die kreuzende Asphaltstraße und erreichen wenig später den geländergesicherten Aussichtspunkt **Känzele** 06.

Beim Abstieg folgen wir dem markierten Kloster-Felsenweg scharf links, der zunächst etwas ansteigt, teils über Holzstufen. Bei den nächsten Verzweigungen halten wir uns rechts und folgen dem Pfad, der schließlich eine 90-Grad-Rechtskehre macht und uns über Stufen ordentlich steil und kehrenreich entlang eindrucksvoller Grotten hinab zum Donauufer bringt. Der Weiterweg ist nach rechts, Gebrochen Gutenstein, ausgeschildert. Wir können hier wählen zwischen einem Weg nahe am Wasser und einem Pfad, der rechts durch den Wald verläuft. Kurz bevor rechts das Bahnwärterhaus auftaucht, vereinigen sich beide Varianten wieder und wir erreichen bei einer Schranke einen Parkplatz und die Asphaltstraße. Linkshaltend überqueren wir die Donaubrücke und die Bahngleise, halten uns an der Straße links, überqueren diese in Höhe des Bahnhofs und steigen auf der gegenüberliegenden Seite auf einem schmalen Pfad links diagonal hoch. Ein kurzes Stück auf einem breiten Forstweg, dann links auf markiertem Waldpfad weiter ansteigend, bis links **Gebrochen Gutenstein** 07 ausgeschildert ist und wir direkt an der Hangkante entlang oberhalb der Ruinen vorbei wandern. (Über einen schmalen Pfad kann man zu den Ruinen absteigen.)

An einem schönen Aussichtspunkt vorbei führt ein steiniger Pfad bergab durch den Wald, bis wir direkt vor uns die Bahnlinie sehen und rechts an der Schmeie entlang zum **Zigeunerfelsen** 08 weiter gehen. Hier halten wir uns rechts, folgen dem breiten Weg; über ein Rodungsgebiet steigen wir an, biegen rechts ab und stoßen, nach einem Linksschwenk, bei einer Sitzbank auf den aus Silvretta-Gneis bestehenden und mit vielen Steinmännchen dekorierten Erratischen Block. Wenig später biegen wir bei einer Forstwegkreuzung rechts ab, bis uns die Markierung zum Aussichtspunkt **Gespaltener Fels** 09 scharf links in den Wald hinab ableitet.

Die Grotten unterhalb vom Känzele.

Zurück am Hauptweg folgen wir der Beschilderung Turnhalle Laiz und dem stärker abfallenden, schattigen Kiesweg. Abwärts durch den Wald stoßen wir auf ein Asphaltsträßchen, halten uns ein paar Meter rechts und biegen dann links in einen Waldpfad ein. Bald gelangen wir auf freie Wiesenflächen, sehen vor uns schon den Laizer Kirchturm und wandern parallel zur Straße zurück nach Laiz. Am Parkplatz Alte Donau vorbei, unterqueren wir die Autostraße und die Bahn und folgen dem schmalen Fußweg, der uns an der Donau entlang zurück zum Ausgangspunkt bei der Turnhalle Laiz bringt.

FÜRSTENHÖHE – LANGER FELSEN

3-Täler-Wanderung mit hohen Aussichtspunkten

13 km | 4:30 h | 286 hm | 286 hm

START | Sigmaringen, Parkplatz Fürstenhöhe.
[GPS: UTM Zone 32 x: 511.920 m y: 5.329.980 m]
CHARAKTER | Fast ausschließlich breite Forst- und Waldwege sowie schmälere, aber schön zu gehende Waldpfade, kaum Asphalt. Die beiden steileren Anstiege aus dem Kesseltal und dem Schmeie- und Uschental verlaufen überwiegend im Schatten.

Höhenwege mit herrlichen Fels- und Aussichtspunkten wechseln mit erholsamen Talpassagen entlang der Schmeie ab.

▶ Vom Parkplatz **Fürstenhöhe** 01 wandern wir am Waldrand entlang auf einem leicht bergab führenden Kiesweg Richtung Irrleberg, folgen ihm in einer Linkskurve in den Wald hinein, queren anschließend eine Wiesenfläche und steigen wieder durch Wald abwärts – über einen Forstweg hinweg – zur Pos. **Kesseltal** 02 hinab. Nun geht es gleichmäßig ansteigend einen schönen Waldweg hoch, bis wir wenige Meter vor einer Asphaltstraße scharf links abbiegen. Zunächst noch im Wald gelangen wir dann auf eine offene, freie Wiesenfläche, durch die ein schmaler Wiesenpfad führt. Wir nähern uns wieder der Asphaltstraße, bleiben aber links auf dem grasigen Landwirtschaftsweg (rechts ist ein hohes Feldkreuz zu sehen). Kurz darauf schwenken wir im rechten Winkel nach links ab und wandern

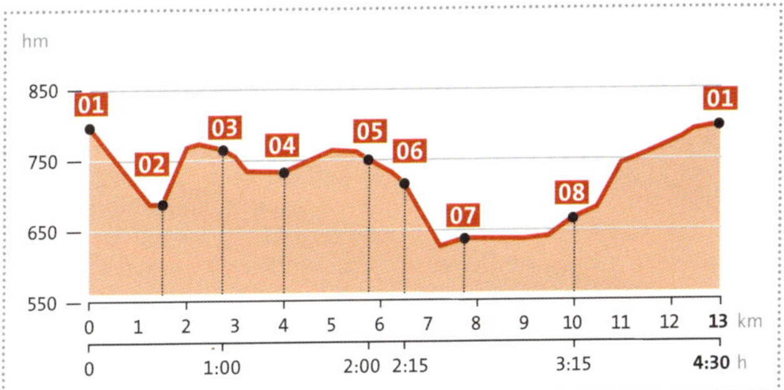

01 Parkplatz Fürstenhöhe, 794 m; 02 Kesseltal, 686 m; 03 Rastplatz Sonnacker, 762 m; 04 Irrleberg, 730 m; 05 Zupferfelsen, 747 m; 06 Langer Felsen, 713 m; 07 Pos. Bettelküche, 635 m; 08 Rappenfelsen, 663 m

Ein Stück weit begleitet die Schmeie unseren Wanderweg.

zum Rastplatz **Hinter dem Sonnacker** 03 hinüber, der unter schattigen Bäumen zur Pause einlädt.

200 m weiter geradeaus, betreten wir wieder den Wald, der anfangs breite Weg wird schmäler und führt in leichtem Auf und Ab, zum Schluss steiler abfallend und wieder breiter werdend, zur Pos. **Irrleberg** 04. Nun tauchen auch die ersten Felstürme am nun fast flachen Weg auf. Kurz nachdem rechts sich eine weite Wiesenfläche öffnet, machen wir eine scharfe Linkskehre, steigen etwas an und halten uns links Richtung Wald. Vor einer großen Lichtung biegen wir links ab und gelangen, etwas absteigend, zum Aussichtspunkt **Zupferfelsen** 05. Rechtshaltend umrunden wir diese Lichtung und leicht abwärts verlassen wir wenig später kurzzeitig wieder den Wald. Die Markierungen weisen uns nach links zur nächsten Aussichtsstelle bei der Pos. **Langer Felsen** 06. Vorbei an den Ruheliegen, an der Hangkante entlang geht es auf schmalem, sehr schönem Pfad weiter bergab durch schattigen Wald. Nach einer Linkskehre wird es flacher, dann nach einem letzten, steileren Stück haben wir die Pos. Wolferget erreicht. Wir halten uns links, unterqueren die Eisenbahn und folgen einem flachen Kiessträßchen nach rechts. Wir passieren einen Felsklotz mit Höhle, rechts schlängelt sich die Schmeie durch

Bettelküche

Im Schmeietal ist beim zweiten Unterqueren der Eisenbahn eine interessante Stelle ausgeschildert, die „Bettelküche". Laut Infotafel war zum Schutz der Bevölkerung an diesem gut einsehbaren Ort außerhalb des Dorfes ein Sammelplatz für das „wandernde Volk", für Zigeuner und Bettler. Vor dem Bau der Eisenbahn existierte hier eine riesige Höhle, die als Schutzraum diente.

die Wiesenlandschaft und unterqueren bei der Pos. **Bettelküche** 07 erneut die Eisenbahn. Und noch ein weiteres Mal, kurz bevor nach rechts, über die Schmeie, ein Abstecher zum nahen Parkplatz Unterm Weckenstein ausgeschildert ist.

Wir bleiben aber links von der durch die Wiesen mäandrierenden Schmeie und wandern auf den Wald zu. Bei der Pos. Südl. Uschental treten wir in den Wald ein, der breite Forstweg steigt leicht an, links tauchen bald die mächtigen **Rappenfelsen** 08 auf. Wenn der Wald etwas zurücktritt, bei der Pos. Uschental, 678 m, dürfen wir die Abzweigung scharf rechts nicht übersehen. Wir verlassen den breiten Weg und steigen auf einem schmalen Pfad in Kehren durch den Wald hoch. Bei einer Verzweigung mit Aussichtsbank halten wir uns rechts, bei der nächsten querenden Kiesstraße folgen wir der Markierung Säntisblick nach links. Immer dem markierten Forstweg entlang, stoßen wir schließlich auf die von rechts unten hochkommende Asphaltstraße, der wir links, leicht ansteigend, folgen. Vorbei am Gerold-Horn-Platz, links neben dem Sträßchen, erreichen wir wenig später die Fürstenhöhe und unseren Ausgangspunkt.

RUINEN LICHTENSTEIN

Ruhige, lange Wanderung zu den Ruinen einer Doppelburg

13 km | 4:15 h | 154 hm | 154 hm

START | Bitz, Parkplatz beim Gut Schwantel; Zufahrt von Bitz über den Bannweg; Bushalt in Bitz.
[GPS: UTM Zone 32 x: 507.670 m y: 5.344.260 m]
CHARAKTER | Breite, radfähige Forstwege, mit Ausnahme der kurzen, steileren Pfade im Auf- und Abstieg sowie dem Verbindungsweg zwischen den beiden Ruinen; das kurze Straßenstück nach dem Gut Küche ist kaum befahren; die Markierungen sind teils etwas undeutlich, deshalb ist Orientierungssinn gefragt.

Wegen der Länge der Tour und der fehlenden Einkehrmöglichkeiten ist ausreichend Proviant und Flüssigkeit mitzunehmen. Da ein Großteil des Weges im schattigen Wald verläuft, eignet sich diese Tour an heißen, sonnigen Sommertagen.

▶ Vom **Parkplatz** 01 an der Zufahrt zum Gut Schwantel folgen wir der Markierung gelbes Drei-

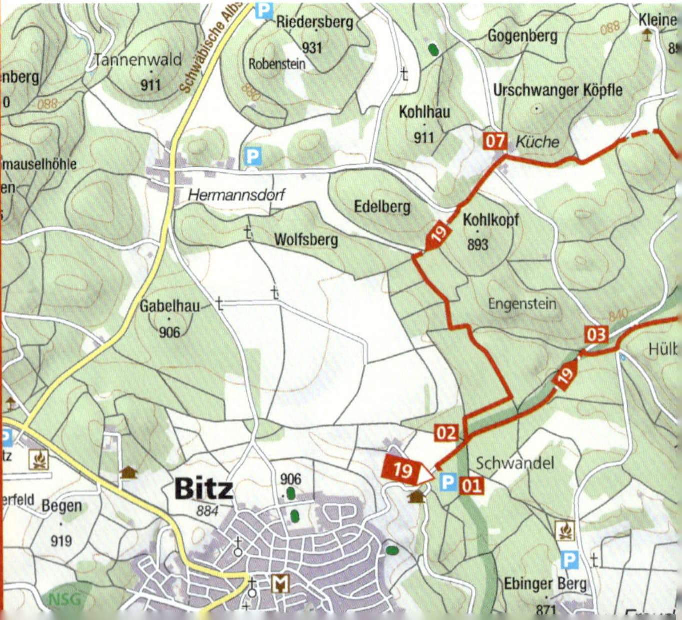

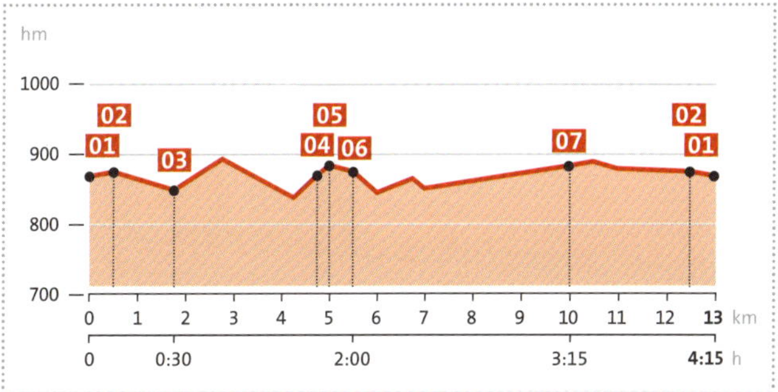

01 Parkplatz Schwantel, 866 m; **02** Dreifürstenstein, 872 m; **03** Ochsenstelle, 846 m; **04** Wegkreuzung, 867 m; **05** Hinterlichtenstein, 881 m; **06** Vorderlichtenstein, 872 m; **07** Gut Küche, 880 m

eck auf einem gekiesten Forstweg am Waldrand entlang. Am Ende des Weidezauns erreichen wir die Jubiläumseiche bei der Pos. **Dreifürstenstein** **02**. Weiter mit dem gelben Dreieck geht es auf dem breiten Weg relativ flach geradeaus durch den Wald. Nach einer knappen halben Stunde treffen wir bei der **Ochsenstelle** **03** auf einen stark vermoorten Teich und eine Wegeverzwei-

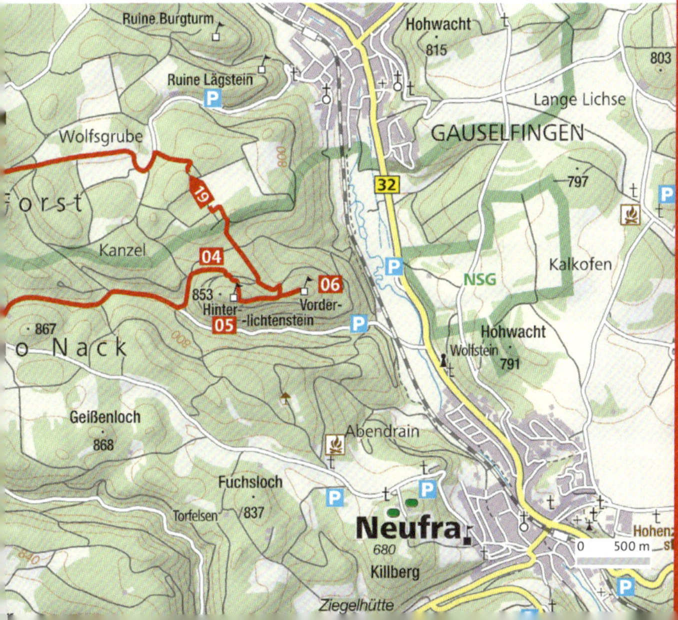

Wunderschöne Wald- und Wiesenlandschaft beim Hofgut Küche.

gung. Hier scharf links auf einen gekiesten Forstweg, der dann in Asphalt übergeht. Wenig später, bei einer Abzweigung links, verlasse ich die Straße wieder und folge dem Forstweg in den Wald hinein. Leicht bergab gehend halten wir uns bei der nächsten Verzweigung links und nehmen den leicht ansteigenden Weg. Bei der nächsten Kreuzung wieder rechts (Markierung am Baum). Bei einer großen Lichtung und **Wegekreuzung** 04 nehmen wir linkshaltend den ersten – nicht markierten – Pfad, der uns rechts in den Wald hoch leitet. Folgen wir der Ausschilderung Bitz/ Vorder Lichtenstein nach links, können wir ein kurzes Stück danach, ebenfalls nach links, eine zweite markierte Zugangsmöglichkeit zur Ruine Hinterlichtenstein nehmen.

Von **Hinterlichtenstein** 05 führt ein sehr schöner, fast ebener Verbindungsweg hinüber zur aussichtsreichen Ruine **Vorderlichtenstein** 06. Wir steigen dann über einen schmalen Pfad rechts ab, halten uns beim kreuzenden Forstweg links und folgen an der nächsten Wegeverzweigung der Markierung Küche/Hermansdorf. Wir überqueren einen weiteren kreuzenden Forstweg und wandern auf schmälerem Waldpfad leicht ansteigend durch den schattigen Wald geradeaus. Linkshaltend geht es durch Wald und über Lichtungen, zuletzt am Waldrand entlang zu einem Kiessträßchen, das uns zu den Pferdekoppeln und den Hofgebäuden des Gutes **Küche** 07 bringt.

Wir stoßen wieder auf Asphalt, biegen mit dem Sträßchen links ab, bis leicht ansteigend in einer Straßenkehre ein unmarkierter Forstweg links abbiegt. Wo der Kopfzipfelweg an einem Baum angeschrieben steht, halte ich mich links und folge dem mit orangen Punkten markierten breiten Weg (bald folgt das Schild „Forsthausweg“). Nach einer deutlichen Linkskurve gelangen wir wieder zur Wegeteilung beim **Dreifürstenstein** 02 und am Weidezaun entlang rechtshaltend zurück zum Ausgangspunkt am **Parkplatz Schwantel** 01.

SCHNECKLESFELS – OCHSENHAUS – MEHLBAUM

Felsige Aussichten, eine urzeitliche Höhle und ein herrlicher Alpenblick

9,75 km | 3:15 h | 270 hm | 270 hm

START | Albstadt/Ebingen, Parkplatz Kälberwiese am oberen Ende der Kreuzbühlstraße; Bahn- und Busverbindung nach Ebingen. [GPS: UTM Zone 32 x: 500.500 m y: 5.341.220 m]
CHARAKTER | Forstwege und schmale Pfade in Mischwald und durch Naturschutzgebiet prägen diese abwechslungsreiche Tour, die nur bei den ungesicherten felsigen Aussichtspunkten etwas Vorsicht verlangt.

Trotz der vielen Auf und Ab eine echte Genusstour, da die kurzweilige Wanderung viel zu bieten hat: prähistorische Fundstellen (keltische Siedlungsstätte am Schnecklesfels) und Naturdenkmäler (in der Heidensteinhöhle wurden Überreste von Menschenaffen gefunden; davon gibt es nur fünf Fundstellen in Deutschland), Fernblicke bis in die Alpen, die kinderfreundliche Höhengaststätte Ochsenhaus und zum Schluss die sonnigen Wiesen des Naturschutzgebietes Mehlbaum.

▶ Vom Parkplatz **Kälberwiese** 01 folgen wir dem Kiesweg, vorbei an zwei kunstvoll gestalteten Holzsäulen (die das Wort „Menschen-Rechte“ veranschaulichen), bis wir am obersten Parkplatz

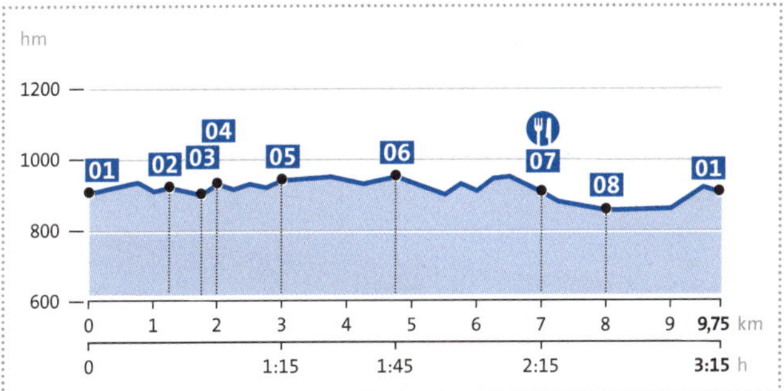

01 Kälberwiese, 905 m; 02 Schnecklesfels, 920 m; 03 Klarafels, 900 m; 04 Heidensteinhöhle, 930 m; 05 Martinsfels, 940 m; 06 Alpenblick, 950 m; 07 Ochsenhaus, 906 m; 08 NSG Mehlbaum

Willkommene Raststation: das Ochsenhaus am Ochsenberg.

rechts abbiegen und auf einem Wiesenweg Richtung Wald gehen. Zunächst leicht ansteigend führt der Waldpfad dann bergab und wieder hoch zum **Schnecklesfels** **02**, einem fantastischen Aussichtspunkt, dem entlang der Hangkante noch weitere folgen, u.a. der **Klarafels** **03**. Linkshaltend erreichen wir über einen schönen Pfad, zuletzt über ein paar Stufen, die Abzweigung zur **Heidensteinhöhle** **04**. 100 m links, und wir stehen vor dem 40 m langen und beeindruckenden prähistorischen Naturdenkmal.

Zurück auf dem Hauptweg folgen wir links der Beschilderung, teils wieder über steilere Treppenpassagen, passieren die Aussichtsstelle **Martinsfels** **05**, mit herr-

Der Wiesenpfad führt zum Aussichtspunkt Alpenblick.

lichem Blick über Albstadt, und nach einer weiteren Aussichtsstelle folgen wir einem breiten Kiesweg, der uns in einer großen Linkskehre bergab in offenes Wiesengelände und schließlich – wieder ansteigend – rechts über einen Wiesenpfad zur Pos. **Alpenblick 06** bringt.

Bergab und rechts zum Waldrand, dort links am Waldrand entlang auf einem Wiesenpfad, ein Asphaltsträßchen überquerend, steigen wir wieder nach rechts in den Wald an. Wenn der Weg am Ochsenberg abfällt, zum Teil wird es auch etwas steiler, haben wir bald das **Ochsenhaus 07** vor uns, eine willkommene Einkehrstätte (mit Kinderspielplatz), die mit dem PKW erreichbar ist und daher auch als alternativer Ausgangspunkt in Frage kommt.

Über eine recht lange, steil abwärts führende, aber geländergesicherte Treppe steigen wir in den Wald hinab, halten uns links und erreichen wenig später das **Naturschutzgebiet Mehlbaum 08**.

Ein schöner, meist ebener Pfad führt uns am sonnigen Hang entlang durch das aussichtsreiche Wiesengelände. Etliche Liegen und Bänke laden unterwegs zur Rast ein. Wir stoßen rechts auf die ersten Häuser, bleiben aber oberhalb am Hang und wandern in einer großen Linkskehre wieder stärker in den Wald hinein. Nach einem letzten Anstieg über einen schmäleren Pfad erreichen wir bei einer großen Lichtung eine Kreuzung und halten uns rechts. Bald sehen wir vor uns die Zufahrtsstraße zum Parkplatz und wandern hinab zur **Kälberwiese 01**.

GESCHICHTSPFAD STREICHEN

Wandern auf historischen Spuren mit grandiosem Zollernburgblick

6,5 km | 2:15 h | 250 hm ↗ | 250 hm ↘

START | Streichen; Parkplatz beim Freibad, Bushalt Dorfplatz. [GPS: UTM Zone 32 x: 493.780 m y: 5.346.580 m]
CHARAKTER | Zu Beginn und am Ende kaum befahrene Asphaltsträßchen, steilere, aber gut zu gehende Waldpfad-Passagen im Anstieg zum Hundsrücken.

Vor und nach dem Hundsrücken, der uns eine wunderbare Aussicht zur Burg Hohenzollern bietet, erfahren wir an acht Stationen viel Informatives und Wissenswertes über die Vergangenheit rund um den Ort Streichen.

▶ Vom **Parkplatz** 01 beim Freibad in Streichen steigen wir über die Wiese und eine Treppe hoch zum Geißbergsträßchen und verlassen den Ort nach links. Das asphaltierte Sträßchen führt uns zu einem Gehöft und zu einer Kreuzung hoch. Hier, bei selbstgezüchteten Mammutbäumen, biegen wir rechts ab und wandern auf die aussichtsreiche Höhe. Vorbei an der 1. Station des Geschichtspfades „**Allmandteile**" 02, dem gemeinschaftlichen Dorfbesitz, gelangen wir nach einigen Kehren in den Wald. Kurz darauf zweigen wir rechts ab, verlassen den Asphalt und gehen auf einem Kiesweg durch den bald so beschilderten „Baurenwald". Kurz darauf passieren wir rechts eine Abkürzungsmöglichkeit nach Streichen; hier

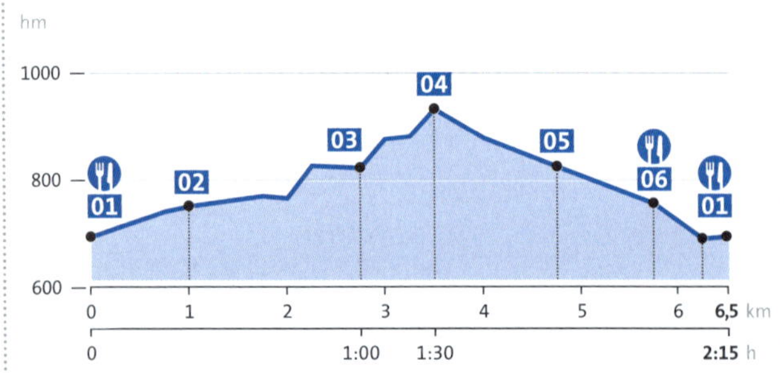

01 Parkplatz Freibad, 693 m; 02 Stat. Allmandteile, 750 m; 03 Pos. Ramselhau, 821 m; 04 Hundsrücken, 931 m; 05 Pos. Rottanne, 823 m; 06 Dorfplatz, 689 m

kann die steilere Anstiegspassage über den Hundsrücken vermieden werden. Wir bleiben weiter geradeaus, der Weg fällt nach einer Schranke leicht ab, bevor bei der Pos. **Ramselhau** 03 nach rechts ein schmaler, steiler und teils wurzeliger Pfad durch den Wald hoch führt. Oben an der Kante eröffnet sich der Blick ins gegenüberliegende Tal und wir halten uns links am Grat entlang auf einem aussichtsreichen, schmalen Pfad. Nach einer scharfen Linkskehre führt er uns schließlich zur Station „Burgstelle **Hundsrücken**“ 04, mit Infotafel und einem fantastischen Blick hinüber zur Burg Hohenzollern. Vorbei an der Station „Grenzgeschichte“ führt der Weg dann abwärts durch den Wald, bis wir bei der Pos. Hörnle scharf rechts auf einen geschotterten Weg abbiegen und am Waldrand entlang wieder offenes Gelände erreichen. Mal mehr oder weniger schattig wandern wir durch das NSG Irrenberg bergab, treffen wieder auf Asphalt, passieren den kleinen Wanderparkplatz bei der Pos. **Rottanne** 05 und können wenig später die Häuser von

Streichen unter uns sehen. Nach einer scharfen S-Kurve bringt uns das Sträßchen zur Station 4 („Schneckengärten“) und an der Kirche vorbei zum **Dorfplatz** **06**. Die Infotafeln zur Kirche und zum Armenhaus (das heute als Rathaus genutzte Gebäude) liegen am Weg, bei der letzten Station, dem „Pfingstbutz“, halten wir uns rechts und folgen der Ausschilderung Richtung Sportplatz/Freibad. Nach gut 200 Metern haben wir unseren Ausgangspunkt wieder erreicht und können uns im Freibad ins erfrischende Nass stürzen.

Die Kirche in Streichen.

ZELLER HORN • 912 m

Panorama-Aussichtstour mit fantastischem Zollerblick

12,75 km | 4:30 h | 288 hm | 288 hm

START | Albstadt/Onstmettingen, Parkplatz an der Kreuzung L360/K7141 neben dem Stichwirtschäft'le, Bushaltestelle.
[GPS: UTM Zone 32 x: 498.030 m y: 5.347.780 m]
CHARAKTER | Meist schattige, teils wurzelige, aber gut zu gehende Waldwege und Pfade bestimmen den ersten Teil, gekieste Forst- und grasige Wiesenwege die zweite Hälfte, nur kurze steilere Aufstiegs- und Abstiegspassagen, insgesamt sehr aussichtsreiche Rundtour.

Die Höhenwanderung entlang des Albtraufs ist extrem aussichtsreich – und der Blick vom Zeller Horn hinüber zur Burg Hohenzollern wohl einer der schönsten. Der Rückweg durchs Ruchtal, vorbei am Skilift, ins liebliche und blumenreiche Tal der Schmeie ist Erholung pur.

▶ Vom **Parkplatz Stich** 01 folgen wir dem Zuweg zum Panoramaweg Richtung Wald, halten uns links und steigen dann in einer Rechtskehre, anfangs etwas steiler, bergauf. Oben geht es an der Hangkante entlang über einen schattigen, teils wurzeligen Waldweg, der immer öfter herrliche Aussichten eröffnet. Am Ehrenberg-Blick vorbei erreichen wir die Aussichtsbänke am **Heiligenkopf** 02. Wir passieren weitere Aussichtsstellen und sehen schon kurz vor der mit „Zollernblick“ ausgeschilderten Sitzbank zum

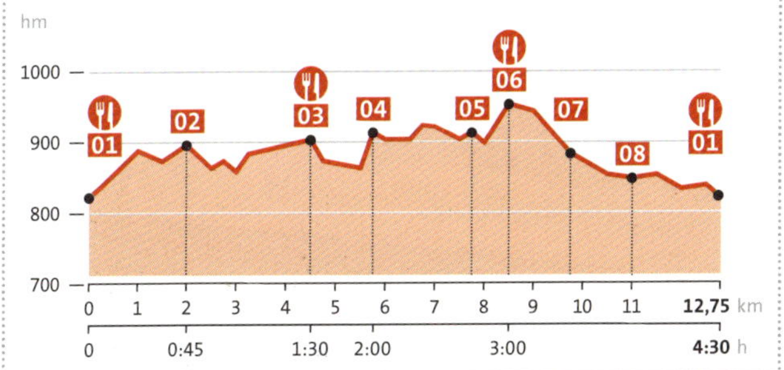

01 Parkplatz Stich, 820 m; 02 Heiligenkopf, 893 m, 03 Zollersteighof, 900 m; 04 Zeller Horn, 912 m; 05 Hangender Stein, 910 m; 06 Nägelehaus, 950 m; 07 Dagersbrunnen, 880 m; 08 Ruchtal, 845 m

ersten Mal die Burg Hohenzollern auftauchen. Nach weiteren Zollernblicken wandern wir leicht abwärts aus dem Wald und erreichen über freies Wiesengelände das Berghotel **Zollersteighof** 03. (Mit dem PKW erreichbar und deshalb alternativ als Ausgangspunkt möglich. Hier ist auch ein Verbindungsweg Richtung Nägelehaus als Abkürzungsvariante ausgeschildert.)

Wir biegen beim Zollersteighof links ab in den Wald, zunächst leicht absteigend auf einem breiten Kiesweg. Dann verlassen wir diesen nach rechts und folgen der Markierung über einen schmalen, wurzeligen Pfad steil nach oben. Der kurze Aufschwung bringt uns hoch zu einem Forstweg, auf dem wir links nach wenigen Schritten den fantastischen Aussichtspunkt am felsigen **Zeller Horn** 04 erreichen. Eine Orientierungstafel informiert uns über die gewaltigen Ausblickmöglichkeiten. Beeindruckend die wie auf einem Präsentierteller liegende Burg Hohenzollern direkt vor uns.

Unser Weiterweg Richtung Hangender Stein bringt uns an der Hangkante immer wieder an Aussichtsstellen vorbei, an Bänken und Holzliegen, von denen aus Burg Hohenzollern mehr oder weniger gut zu sehen ist. Über einen kleinen Eisensteg erreichen wir schließlich die Felsformationen des geländergesicherten **Hangender Stein** 05, der wieder grandiose Weitblicke eröffnet.

An zwei weiteren mit Bänken ausgestatteten Aussichtsstellen vorbei geht es abwärts und über eine Lichtung steigen wir wieder zum Waldrand an. Der Traufgangweg

Fantastischer Blick vom Zeller Horn zur Burg Hohenzollern.

biegt hier links ab, wir bleiben aber geradeaus, folgen der Beschilderung „Nägelehaus direkt“ und steigen leicht bergauf. Wir überschreiten einen Querweg, treten aus dem Wald und stehen vor dem Wanderheim **Nägelehaus** 06. Hier bietet sich die Möglichkeit zur Einkehr und zum Besuch des auffällig roten Raichbergturms, der sich rechts oben neben dem weithin sichtbaren Sendemasten erhebt. (Auch das Nägelehaus ist mit dem PKW zu erreichen und käme als alternativer Startplatz in Frage.)

Unser Weiterweg führt am Wanderheim entlang, über die Asphaltstraße hinüber und durch Wiesengelände zum Wald und dann rechts bergab. Über einen Kiesweg gelangen wir nach **Dagersbrunnen** 07, der Kiesweg geht in eine Asphaltstraße über, die uns zur Vorfahrtsstraße bringt. Auf dieser ein paar Meter rechts, dann verlassen wir den Asphalt und wandern am Waldrand entlang leicht abwärts. Vorbei an der Skistation kommen wir in das wunderbare, idyllische **Ruchtal** 08, dem wir durch Wiesengelände bis ins Schmeietal folgen. In einer großen Linkskehre geht es leicht hoch und dann am aussichts- und blumenreichen Hang entlang bis zu einer markierten Verzweigung, die uns scharf rechts abbiegen lässt. In der Ferne ist schon unser Ausgangspunkt beim Stichparkplatz zu sehen. Über ein Teersträßchen, dann wieder auf einem Wiesenpfad am Waldrand entlang, erreichen wir bald darauf die Verzweigung, die uns nach links ein paar Meter abwärts zum **Parkplatz Stich** 01 und zum Gasthof Stichwirtschäft’le zurückbringt.

HIMBERG • 854 m
EMMAFELSEN • 860 m

Auf dem Nordrandweg über dem Tal der Starzel

13,25 km | 4:30 h | 365 hm | 365 hm

START | Jungingen, Bushaltestelle, 590 m; Parkplatz in der Ortsmitte. [GPS: UTM Zone 32 x: 503.220 m y: 5.352.570 m]
CHARAKTER | Langer mittelsteiler Aufstieg zum Himberg. Vorbildlich bezeichnete Pfade und Forstwege.

Die nördliche Zollernalb um das Tal der Starzel bei Hechingen zählt zu den begehrenswertesten Wanderregionen des Schwabenlandes. Einen besonders urweltlichen Winkel entdeckt man unter dem Emmafelsen auf der Ostseite des Raichbergs.

▶ Nahe der Bushaltestelle in **Jungingen** 01 spazieren wir von der Ortsmitte an der Kirche bergauf zur Schule. Dort queren wir die Bahnlinie und wählen den Pfad Richtung Raichberg. Der Schwäbische-Alb-Nordrand-Weg verläuft erst mit hübschem Dorfrückblick über Wiesenhänge und später durch Wald. In einem Sattel lohnt sich der kleine Abstecher zur **Burgstelle Hohenjungingen** 02 mit Ringgraben auf einem Waldschopf, der ehemaligen Stammburg der Herren von Jungingen.

Zurück im Sattel folgen wir teils auf Forstwegen, teils auf einem Pfad weiterhin dem mit rotem Dreieck bezeichneten Kurs. Zuletzt gewinnt man mittels kraftsparender Serpentinen den **Himberg** 03, auch Hoher Berg genannt. Ein

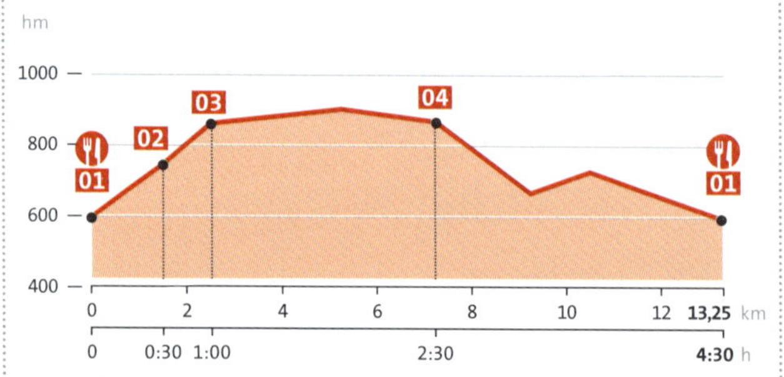

01 Jungingen, 590 m; 02 Burgstelle Hohenjungingen, 739 m; 03 Himberg, 854 m; 04 Emmafelsen, 860 m

Unterstand lädt zur Rast. Die Aussicht ist leider durch Bäume eingeschränkt, dafür zeigt sich die Burg Hohenzollern umso schöner.

Dem HW 1 treu bleibend, setzt anschließend ein langer Traufpfad-Höhengenuss an mit gelegentlichen Ausblicken. Nach dem Waldende kurz vor dem Raichberg halten wir uns bei alten Weidebäumen an das blaue Dreieck Richtung Boll. Ein Abstieg bringt uns zu einem urigen Bergsturzverhau unter dem **Emmafelsen** **04**.

Hier im schweigenden Stettener Wald lohnt es sich, für ein Weilchen oder auch länger die wildromantische Alb-Stimmung einzufangen. Über dem Bärentäle stößt man auf einen Forstweg. Erst an der Abzweigung nach einer Diensthütte verlässt man den Kurs Boll auf dem Wanderweg Nr. 13. Es schaltet sich noch ein geringer Gegenanstieg ein. Dann wandert man auf einem Querweg talwärts nach **Jungingen** **01**.

Wildromantische Stimmung unter dem Emmafelsen östlich des Raichbergs.

AUGSTBERGTURM, 849 m

Große Runde zu einem 30-Meter-Aussichtsturm

14,5 km | 4:45 h | 264 hm | 264 hm

START | Trochtelfingen, Parkplatz an der Talstraße. [GPS: UTM Zone 32 x: 518.380 m y: 5.350.630 m]
CHARAKTER | Wald- und Wiesenwege, zwischen Mägerkingen und Augstberg überwiegend asphaltierte Wirtschaftswege und verkehrsarme Nebensträßchen; kaum spürbare Höhenunterschiede.

Die große Runde zum ständig geöffneten Aussichtsturm auf dem Augstberg bietet auch unterwegs viele herrliche Aussichten; wer große Weitblicke in einer ruhigen offenen Landschaft liebt, für den ist diese stille Rundwanderung ein absoluter Genuss.

▶ In **Trochtelfingen** 01 wandern wir durch den schönen Ort, folgen der Marktstraße und halten uns dann links zum **Hohen Turm** 02. Etwas abwärts, der Markierung folgend, treffen wir auf die Mühltalstraße, überqueren die Vorfahrtsstraße und wandern gegenüber auf dem Panoramaweg aus dem Ort hinaus. Der Asphalt geht in einen Kiesweg über und auf freier Fläche, bei einer Sitzbank, biegen wir scharf rechts über die Wiesen ab.

Am Waldrand ist schon die Hennenstein-**Kapelle** 03 zu sehen. Vor der Kapelle geht es rechts am Waldrand entlang hoch, oben halten wir uns links und folgen der gelben Dreiecksmarkierung in den Wald hinein. Am Waldende stoßen wir wieder auf Asphalt und

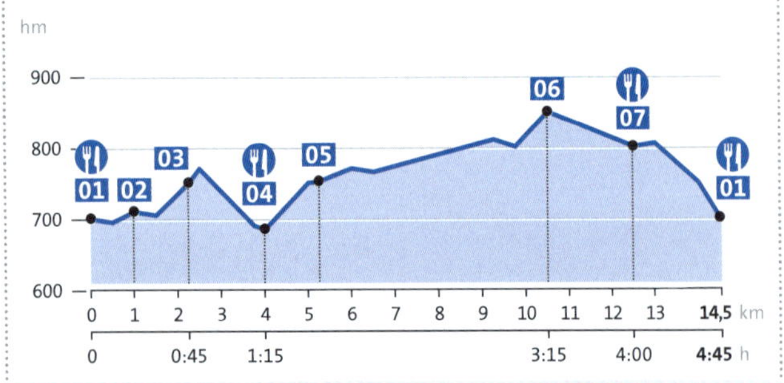

01 Trochtelfingen, 700 m; 02 Am Hohen Turm, 710 m; 03 Kapelle, 750 m; 04 Mägerkingen, 685 m; 05 Wetterstation, 752 m; 06 Augstbergturm, 849 m; 07 Steinhilben, 800 m

halten uns links hinab zum schon sichtbaren **Mägerkingen** 04.

Im Ort wandern wir bis zur Vorfahrtsstraße, folgen der Linksstraße nach rechts zur Kirche und weiter, am Rathaus vorbei, dann links bis zu einer Autowerkstätte. Direkt hinter dem Haus Nr. 4 rechts hinein und sofort links (der Asphalt hört auf; Markierung auf der linken Seite ist leicht zu übersehen). Wir überschreiten die Bahngleise und steigen auf einem Wiesenpfad linkshaltend hoch. Bald treffen wir wieder auf Asphalt und folgen dem kaum befahrenen Sträßchen bis zu einem großen Gehöft. Bei einer originellen „**Wetterstation**" 05 (hier ist auch ein kleiner Wanderparkplatz ausgeschildert) biegen wir mit der Markierung links ab und marschieren auf der leicht steigenden Betonpiste durch ein kleines Waldstück. Bei der nächsten Verzweigung folgen wir nicht der Beschilderung nach rechts (Augstberg 6 km), sondern biegen nach ein paar Meter weiter links auf

Anstieg zum Augstberg, bald ist der Aussichtsturm erreicht.

einen Feldweg ab, der uns leicht fallend über offenes Wiesengelände zu einer Wegekreuzung bringt. Wir bleiben geradeaus, das asphaltierte Sträßchen bringt uns – mit herrlicher Rundumfernsicht – schließlich bis zur Kreisstraße vor. Kurz links, dann überqueren wir die K6738 und gehen auf gekiestem Forstweg am Waldrand entlang. Bei eingezäunten Grundstücken halten wir uns rechts und treten in den Wald ein.

Immer dem gelben Dreieck nach durch den Wald, bis nach rechts eine deutliche Beschilderung auf einen schmalen Pfad verweist. Abwärts durch den Wald zu einer Lichtung, über ein Asphaltsträßchen hinweg, und im Wald wieder leicht aufwärts. Nach ca. 50 m biegen wir links ab auf einen grasigen Waldweg, oben an der Kuppe bleiben wir rechts am Waldrand und nach einer erneuten Rechtswendung sieht man schon den Aussichtsturm **Augstberg** **06** vor sich. Grillstelle, Sitzbänke und ein immer offener Turmzugang laden zu einer ausgiebigen Rast ein. Die Rundumsicht aus den Schiebefenstern vom 30 m hohen hölzernen Aussichtsturm ist fantastisch.

Von der Turmtüre geradeaus geht es mit dem gelben Dreieck leicht abwärts durch lichten Wald in Richtung Steinhilben. Am Waldrand bei einem Kreuz mit Wandertafel und Bank biegen wir links ab und gehen nun wieder auf Asphalt in einer großen Rechtskehre zum Ortsanfang. Vor **Steinhilben** **07** halten wir uns links, auf der Augstbergstraße wandern wir bis zur Kreisstraße vor, überqueren diese und schwenken bei einem Marterl, 20 Meter später, bereits links auf ein Teersträßchen ab.

Kurz darauf hört der Asphalt auf und ein Kiesweg bringt uns zunächst über offenes Gelände, dann durch ein kurzes Waldstück leicht bergab zur Autostraße, der wir auf dem Gehweg hinab nach **Trochtelfingen** **01** und zurück zum Ausgangspunkt folgen.

RUINE HOLSTEIN • 815 m

Schleichwege im Süden der Reutlinger Alb

7 km | 2:30 h | 180 hm | 180 hm

START | Sonnenbühl/Erpfingen, Bushaltestelle am Marktplatz, 715 m; Parkplatz in Richtung Ruine Hohenerpfingen.
[GPS: UTM Zone 32 x: 514.490 m y: 5.355.240 m]
CHARAKTER | Leichte Steigungen. Meist gut bezeichnete Pfade, Forst- und Waldwege sowie Wirtschaftswege.

Über den Talauen der Erpf und der jungen Lauchert, in der südlichen Reutlinger Alb, verbinden gar nicht weit von der berühmten Bärenhöhle verschwiegene Wege die beiden versteckten Ruinen Hohenerpfingen und Holstein.

▶ Am Marktplatz in **Erpfingen** 01 mit hübschem kleinem Fachwerk-Rathaus gibt uns die Beschilderung „Ruine Hohenerpfingen" den Kurs an. Das gelbe Dreieck weist in die steigende Hausener Straße und kurz nach den letzten Häusern auf einen zu Beginn flachen Wiesenpfad. Dieser taucht schon wenig später im Wald unter. Unmittelbar nach dem Einmünden in einen Forstweg bei

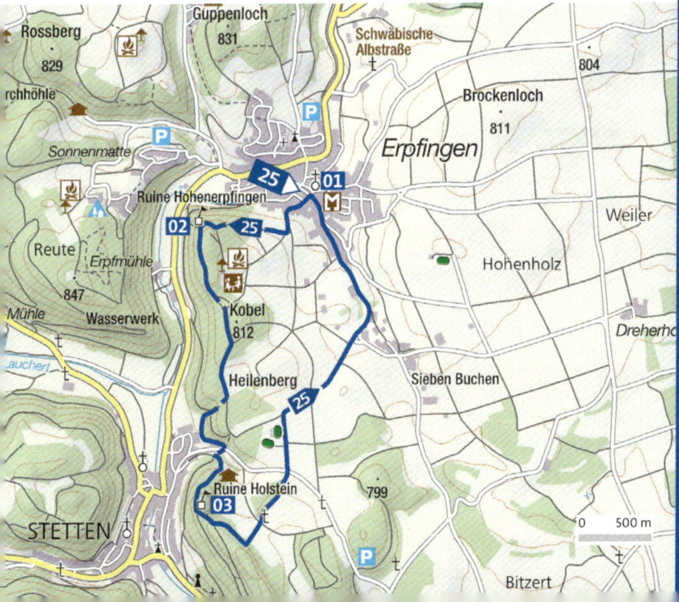

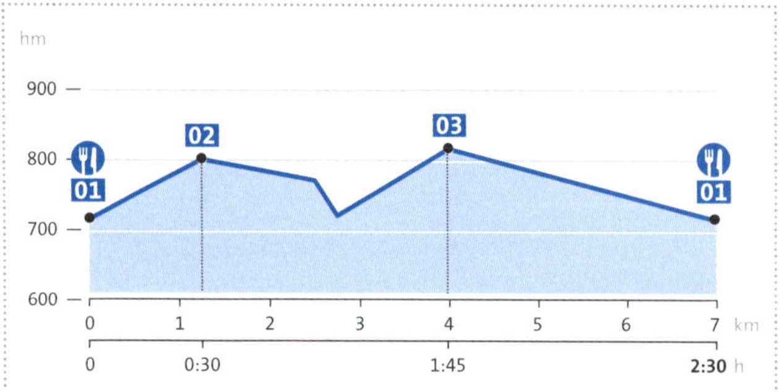

01 Erpfingen, 715 m; **02** Ruine Hohenerpfingen, 800 m;
03 Ruine Holstein, 815 m

einer Antenne wollen wir den kaum nennenswerten Abstecher zur **Ruine Hohenerpfingen** **02** einschalten. Die anfangs des 14. Jahrhunderts erbaute, ursprünglich Schnatren genannte Burg gehörte den Herren von Salmendingen. Der auf einem natürlichen Felssockel stehende Bergfried überrascht durch ansehnliche sanierte Mauerreste.

Forst- und Waldwege, meist ohne Steigungen, wechseln sich nun ab. Am Ende einer Lichtung gilt es auf die Dreiecks-Markierung zu achten. Nach einem kurzen fallenden Pfad leitet ein Waldweg ein Stück oberhalb des Dörfchens Stetten entlang. Anschließend geht's erneut bergan. Nach Querung eines Sträßchens führt ein Waldwanderweg zu der ebenfalls auf einer Waldeshöhe thronenden **Ruine Holstein** **03**. Der Ende des 11. Jahrhunderts übliche Name Hölnstein deutet auf einen unterhöhlten Stein hin. Durch das Eingangsportal eines Ringmauerrestes betritt man den Innenhof. Auch hier wurde ein Teil des Bergfrieds und ein zusätzlicher Gewölbekeller vor dem Zerfall bewahrt.

Der mit „Ruinenweg" beschilderte Waldweg bringt uns anschließend kurz talwärts. An einem Flurkreuz halten wir uns geradeaus. Der später asphaltierte Wirtschaftsweg zieht sich durch Wiesen und Felder und senkt sich nach dem Sportplatz vollends bergab nach **Erpfingen** **01**.

Ruine Holstein bei Erpfingen.

FARRENBERG • 820 m

Zeugenberg ohne Gipfel

10,5 km | 3:30 h | 260 hm | 260 hm

START | Mössingen/Talheim, Bushaltestelle am Restaurant Schwanen, 570 m; Parkplatz beim Rathaus.
[GPS: UTM Zone 32 x: 507.770 m y: 5.358.860 m]
CHARAKTER | Kurzer steilerer Schlussaufstieg zum Farrenberg. Gut bezeichnete Pfade und Pfadspuren, Waldwege und stille Sträßchen.

Nur durch eine Nabelschnur ist der Farrenberg bei **Talheim** 01 mit der Albmutter verbunden. Ein glatzköpfiger Zeugenberg in Form eines abgesägten Baumstumpfs. Wählt man am Restaurant Schwanen die ansteigende Steinlachstraße, weist am Rathaus der Wegweiser „Dreifürstenstein" in die Kreuzstraße. Kurz folgen wir dem mit rotem Dreieck bezeichneten Schwäbische-Alb-Nordrand-Weg. Vor uns bauen sich die markant geschwungenen Albhöhen auf. Rechts die Südflanke des Farrenbergs.

An einer Verzweigung halten wir uns Richtung Hirschkopf. Die stete Steigung über Wiesen, gegliedert durch Gehölzstreifen und etwas Streuobst, ist kaum zu spüren. Kurz nach der Kurve auf dem Bergsattel zwischen Hirschkopf und Farrenberg zweigen wir auf den mit blauem Dreiblock markierten Waldweg zum Farrenberg ab. Ein eindrucksvolles Naturdenkmal gibt die 80 Hektar große Hangschotterwüste im Schutzgebiet drüben am Hirschkopf ab.

Noch bevor die mäßig steigende Route am Fuß der Südwestseite zu fallen beginnt, zweigt der eigentliche Aufstieg ab. Der Weg wird undeutlich und verschmälert sich zum

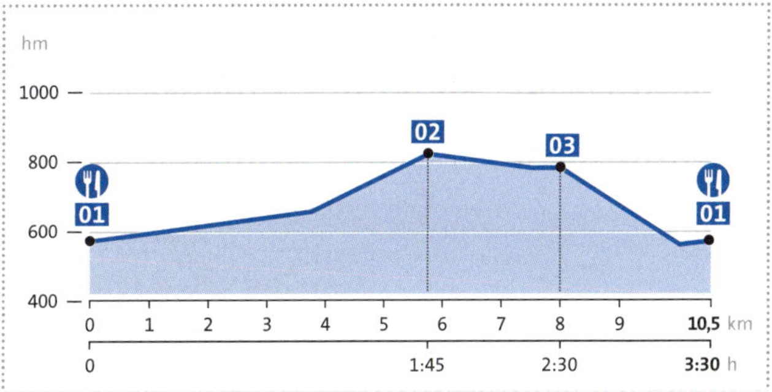

01 Talheim, 570 m; 02 Farrenberg, 820 m; 03 Ruine Andeck, 780 m

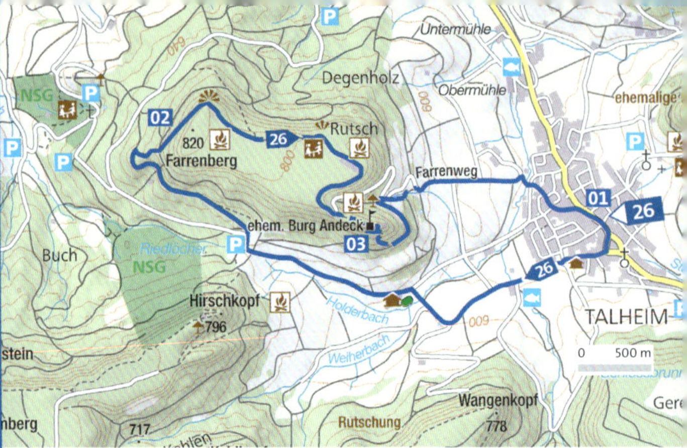

Waldpfad, der gelegentlich ein paar Schweißtropfen abverlangt. Noch ein paar beherzte Schritte und wir erreichen den **Farrenberg** 02. Über dem Nordwestsporn mit einem Rastplätzchen empfängt uns ein vorgeschobener Blickpunkt. Köstlich ist die Schau über das untere Steinlachtal und Mössingen. Hinter der Stadt dehnen sich die Rammert-Waldwellen aus. Im Südosten wie eine Warze auf dem nackten Handrücken der Kornbühl.

Die Pfadspur-Bummelei an der Traufkante in Richtung **Ruine Andeck** 03 bringt uns zu einem weiteren Aussichtspunkt oberhalb des Rutschgebietes am Nordosteck. Wir halten uns nun zum nahen Flugplatzgebäude und folgen dort einem Natursträßchen. Bald nach dem Teerbeginn leitet ein mit blauem Dreieck bezeichneter Wanderweg über den Südostsporn mit kleinem Gegenanstieg zur ehemaligen Ruine Andeck auf einer abgesetzten Waldkuppe. Reizvolle Pfadkehren fallen zuletzt über einen steilen Hang zu einem ruhigen Sträßchen, das uns nach **Talheim** 01 führt.

Ausblick von der Grillstelle unterhalb der ehem. Ruine Andeck.

DREIFÜRSTENSTEIN, 854 m

Herrschaftlicher Ausblick am Albtrauf

14 km | 5:00 h | 464 hm | 464 hm

START | Mössingen, Wanderparkplatz Olgahöhe.
[GPS: UTM Zone 32 x: 504.500 m y: 5.359.750 m]
CHARAKTER | Wiesen- und Waldpfade, mit langem Anstieg zum Dreifürstenstein, teils schmal, kehrenreich und mit einigen kurzen, steileren Passagen; nur kurze Asphaltstücke. Am Albtrauf entlang ist auf die Schilder „Hangkante unterwölbt" zu achten, man sollte tunlichst nicht zu nahe an die Kante treten.

Die lange Rundtour durch Naturschutzgebiet,Streuobstwiesen und vorbei an einem Bergrutsch-Geotop bietet viel Abwechslung.

Eine herrliche Mischung von aussichtsreichem Höhenweg und genießerischen Wiesenwegen. Nicht zuletzt dafür wurde der Weg 2014 vom Wandermagazin als Deutschlands zweitschönster Wanderweg ausgezeichnet.

Vom Wanderparkplatz **Olgahöhe** 01, mit Spielplatz und Grillstelle, folgen wir der roten Apfelmarkierung am Waldrand entlang zur ersten Aussichtsstelle. Von dort über einen steilen Wiesenpfad bergab, über die asphaltierte Zufahrtsstraße hinweg und weiter ins Buchbachtal hinab.

Bei der Pos. Vordere Buchwiesen biegen wir scharf links ab, stoßen auf den **Parkplatz Buch** 02 und

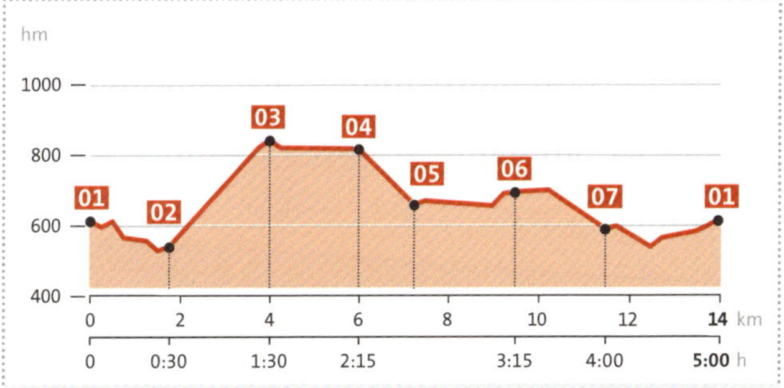

01 Olgahöhe, 608 m; 02 Parkplatz Buch, 535 m; 03 Dreifürstenstein, 854 m; 04 Bergrutsch Hirschkopf, 810 m; 05 Pos. Tal, 653 m; 06 Parkplatz Andeck, 688 m; 07 Parkplatz Linden, 584 m

nehmen den langen Aufstieg zum Dreifürstenstein in Angriff. Der anfangs breite Kiesweg verengt sich zu einem schmalen Pfad, der teils über Holzstufen und in vielen Kehren durch den Wald hoch führt. Immer den Markierungen folgend, gelangen wir zum Schluss nochmals zu Holzstufen und einer scharfen Spitzkehre, der ein links etwas abschüssiger Quergang folgt. Kurz darauf sind wir bei der Verzweigung, von wo es zwei Alternativen zum nahen Dreifürstenstein gibt. Wir halten uns rechts, treten nach ein paar Metern ins Freie und stehen kurz darauf vor der Schutzhütte **Dreifürstenstein** 03. Eine gewaltige Aussicht eröffnet sich von dem dreiseitigen Stein (mit Orientierungstafel), der vor der Hütte platziert ist.

Beim Rückweg halten wir uns links und treffen kurz darauf wieder auf die Verzweigung. Nach ein paar Metern halten wir uns nun rechts und folgen dem schönen Panoramaweg an der Hangkante entlang. (Unterwölbungen an der Kante beachten!)

Wir stoßen auf eine sechseckige hölzerne Unterstandshütte – von hier aus kann man geradeaus weiter in gut 5 Minuten zum **Aussichtspunkt Hirschkopf** 04 wandern, oder gleich links haltend am Hang entlang wieder abwärts

Die Olgahöhe hat sich zu einem richtigen Erlebnisort entwickelt.

traversieren. Bei den abwärts führenden Kehren eröffnet sich links ein schöner Aussichtspunkt hoch zum Bergrutschgebiet Hirschkopf, wenig später treffen wir auf den ausgeschilderten Bergrutsch-Rundweg (mit Infotafel). Wir wandern weiter abwärts, verlassen den Wald und erreichen die Autostraße bei der **Pos. Tal** 05, auf der man links zum Wanderparkplatz Bergrutsch (200 m) gelangt. Wir gehen über die Straße geradeaus zu einer Aussichtsliege, dann scharf rechts über die Wiesen zu einem kleinen Waldstück und über Wiesen und durch Wald in einem großen Linksbogen, bis wir auf die Asphaltstraße stoßen, die zur Grillstelle bei der ehem. Burg Andeck und zum **Parkplatz Andeck** 06 hochführt. Wir folgen dem Sträßchen kurz, verlassen es aber beim Parkplatz nach rechts auf einem Forstweg in den Wald hinein. In großen Kehren geht es im Wald abwärts zum **Parkplatz Linden** 07. Rund 100 m nach dem Parkplatz biegen wir rechts in einen leicht ansteigenden Wiesenpfad hoch, schlendern dann über schöne Streuobstwiesen mit herrlicher Aussicht über Mössingen wieder etwas bergab am Hang entlang. Nach einer scharfen Linkskehre bei der Pos. Tabackäcker steigen wir zuletzt wieder etwas an und gelangen über die Wiesen zum Parkplatz **Olgahöhe** 01 zurück.

PFULLINGER BERG – STÖFFELHÜTTE – GÖNNINGER SEE

Wasserreiche Tal- und blumenreiche Höhenwanderung

13,5 km | 4:30 h | 448 hm | 448 hm

START | Gönningen, Wanderparkplatz Selchental, an der K6729. [GPS: UTM Zone 32 x: 514.800 m y: 5.366.580 m]
CHARAKTER | Forstwege, Wald- und Wiesenpfade, mit kürzeren, teils steilen und verwurzelten Passagen, nur im Bereich Gönningen Asphalt.

Eine aussichtsreiche und abwechslungsreiche Genusstour trotz der kurzen Steilpassagen im Auf- und Abstieg zur Hochebene des Pfullinger Berges. Die Breitenbachquelle, der Wiesazwasserfall, der Gönninger See einerseits, die aussichtsreiche Stöffelhütte und die herrliche Wiesenhochfläche rund um den Stöffelberg bieten wunderbare Wandereindrücke.

▶ Vom Parkplatz **Selchental** 01 wandern wir am Zaun des Schäferhundevereins Pfullingen entlang nach rechts, biegen am Zaunende nach links in den Wald ab und folgen der Markierung „blaue Gabel" Richtung Breitenbachquelle. Bald verlassen wir den breiten Kiesweg und schwenken nach links auf einen schmalen Pfad. Der etwas verwurzelte Pfad steigt

Die Stöffelhütte.

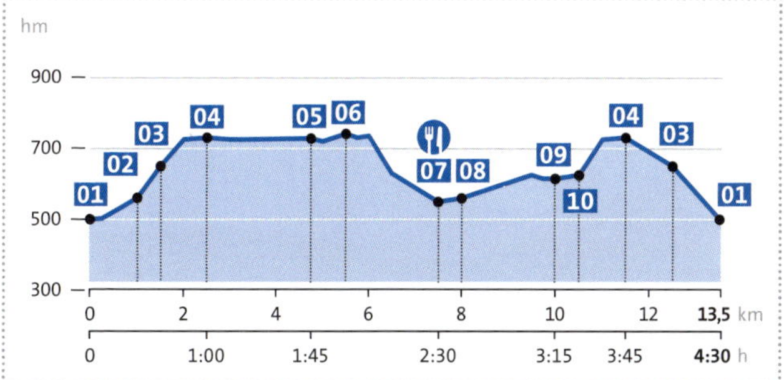

01 Parkplatz Selchental, 496 m; **02** Breitenbachquelle, 556 m; **03** Verzw. Ehrenspächweg, 645 m; **04** Pfullinger Berg, 725 m; **05** Stöffelhütte, 723 m; **06** Ruine Stöffelberg, 736 m; **07** Gönningen, 545 m; **08** Wasserfall, 555 m; **09** Gönninger See, 610 m; **10** Parkplatz Ramstel, 620 m

Auf dem Weg von der Ruine Stöffelberg nach Gönningen hinab.

stets an und verläuft parallel zu einem Bach. Bei einer Grillstelle überqueren wir den Bachlauf und etwas oberhalb treffen wir auf die markierte **Breitenbachquelle** 02. Weiter der blauen Gabel folgend geht es mal mehr oder weniger steil durch den schattigen Wald hoch, schmale Pfade und breitere Forstwege wechseln sich ab. Bei einer großen **Wegekreuzung** 03 (Ehrenspächweg) halten wir uns zunächst rechts, verlassen den Kaltenbronnenweg aber sofort wieder nach links in den Wald hinein (Schild: Bannwald).

Den Waldhang querend, dann über einige Kehren erreichen wir das Waldende und gelangen auf große Wiesenlichtungen. Über herrliche Blumenwiesen stoßen wir auf die Pos. **Pfullinger Berg** 04; hier halten wir uns scharf rechts und folgen der Markierung Richtung Stöffelberg wieder in den Wald. Nach einer guten Dreiviertelstunde bringt uns der schmale Waldpfad schließlich zur **Stöffelhütte** 05, die uns einen fantastischen Ausblick gewährt. Von der Hütte weg halten wir uns links, stoßen bald auf eine gekieste Forststraße und erreichen, leicht abwärts gehend, die Pos. **Ruine Stöffelberg** 06 (mit Infotafel zur ehem. Burg). Rechts hoch ist ein schöner, nur wenige Meter entfernter Aussichtspunkt ausgeschildert.

Zurück zur Infotafel und nach rechts weiter auf schönem Waldpfad bergab, teils über Treppenstufen und mehrere Forststraßen überquerend, erreichen wir das Waldende und wandern über Wiesen hinab nach **Gönningen** 07. Wir stoßen auf die Lichtensteinstraße, folgen ihr nach rechts und biegen vor der Kirche links ab. Auf dem asphaltierten Sträßchen verlassen wir den Ort, passieren links den **Gönninger Wasserfall** 08 und wenig später marschieren wir durch das Naturschutzgebiet entlang der Wiesaz. Der Weg schlängelt sich am **Gönninger See** 09 (Baden nicht erlaubt) vorbei und führt durch einen Fußgängertunnel unter der Autostraße bei der Ramstelbrücke hindurch.

Über den **Wanderparkplatz Ramstel** 10 steigen wir links wieder hoch, am Ende des Parkplatzes scharf rechts mit der blauen Gabel auf einen schmalen Pfad in den Wald hinein. Es folgt eine kurze, recht steile Passage, die uns hoch zum Waldrand bringt, vorher zweigt der Weg aber links ab. Bei der nächsten Verzweigung halten wir uns rechts, verlassen den Wald und stoßen wieder auf die Pos. Pfullinger Berg. Auf dem Hinweg wandern wir weiter bis zur großen **Wegekreuzung** 03 (Kaltenbronnenweg). Nun folgen wir nicht der Beschilderung Richtung Breitenbachquelle, sondern biegen rechts in den Ehrenspächweg ab, der uns stets abwärts führend direkt zum Ausgangspunkt am Parkplatz **Selchental** 01 zurückbringt.

Wiesaz-Wasserfall in Gönningen.

SCHÖNBERG • 793 m

Prächtige Aussichtswarte über dem Echaztal

8,25 km | 2:45 h | 355 hm | 355 hm

START | Pfullingen, Bushaltestelle in der Sandstraße (Parkplatz), 440 m; zu erreichen Richtung Gönningen, Samariterstift. [GPS: UTM Zone 32 x: 516.460 m y: 5.367.230 m]
CHARAKTER | Langer mäßig- bis mittelsteiler Aufstieg zum Schönberg. Gut bezeichnete Wirtschafts- und Forstwege, Wanderwege und Pfade, kurze Pfadspur.

Fast 400 Meter über dem Echazufer in Pfullingen lockt der pittoreske Schönberg-Aussichtsturm den Naturfreund zu einer Vogelperspektiven-Rundschau vom Allerfeinsten.

Als **Startpunkt** 01 wählen wir die Sandstraße. Das Täfelchen des Hauptwanderwegs 5 dirigiert in die steigende Johannesstraße. Ab der Höhengaststätte Jahnhaus mit Sportgelände lassen wir uns auf einem geteerten Wirtschaftsweg über Streuobstwiesen weiterhin vom roten Balken den Kurs weisen. Bald tritt hinter uns der Bergrundling der Achalm in Erscheinung. Ein ebenfalls komfortabler Waldwanderweg bringt uns in wenigen ausholenden Serpentinen zur befreienden Wiesenkuppe der **Wanne** 02 mit Teilrundblick und Gedenkstein an den Vater der Bergfeste, Fritz Boley.

Nach kurzer Unterbrechung auf einer Pfadspur erklimmt der Schwarzwald-Schwäbische Alb-Allgäu-Weg wieder durch Wald den **Schönberg** 03. Dieser wird von einer doppeltürmigen, im Jahr 1905 er-

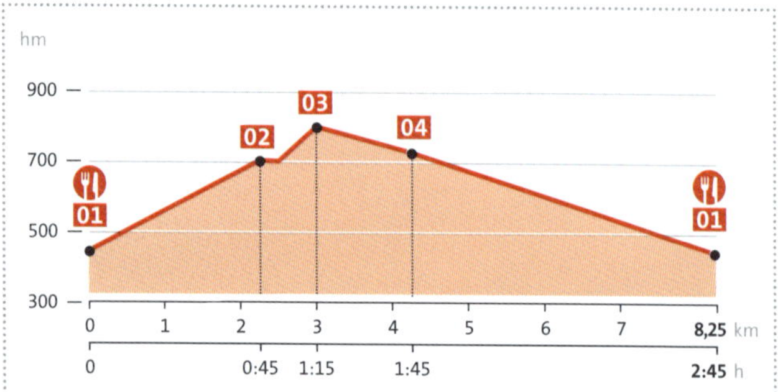

01 Pfullingen, 440 m; 02 Wanne, 697 m; 03 Schönberg, 793 m; 04 Hinteres Sättele, 721 m

bauten Aussichtswarte gekrönt. Nach Überwinden der 113 Stufen erwartet uns eine faszinierende, ungehinderte Rundschau über den zerlappten Trauf und das von der Echaz zweigeteilte Häusermeer von Reutlingen zum Albvorland.

Auf einem Pfad geht's daraufhin an der Schutzhütte vorbei und ein kleines Stück am Waldrand über die Wiesenhochfläche, bis der Wegweiser „Wackerstein" in den Wald hinein lenkt. Wieder ist es der rote Balken, der die wenig später zu fallen beginnende Route zeigt.

Hinteres Sättele 04 heißt die nächste Zwischenstation. Die Beschilderung „Ahlsberg" beachtend folgen wir jetzt dem blauen Dreiblock talwärts. Nicht mehr lange, dann nimmt uns das Maustalsträßchen auf. Der im weiteren Verlauf geteerte Forstweg leitet den zufriedenen Wanderer zügig zurück nach **Pfullingen** 01.

Doppeltürmig: die Schauwarte auf dem Schönberg.

LOCHERSTEIN • 795 m

Schwärmend von Felsbalkon zu Felsbalkon

8,75 km 2:30 h 282 hm 282 hm

START | Lichtenstein/Honau, Bushaltestelle beim Hauff-Museum (Parkplatz), 560 m.
[GPS: UTM Zone 32 x: 519.490 m y: 5.362.060 m]
CHARAKTER | Längerer mittelsteiler Aufstieg zur Albhöhe Biegel. Meist bezeichnete Wanderwege und Pfade, Wirtschafts- und Waldwege.

Albträume wahr werden lässt diese Glanztour in der urigsten Ecke der Reutlinger Alb, der Lichtensteiner Traufbucht.

▶ Am Hauff-Museum in **Honau** 01 beachten wir das Schild „Olgahöhle". Wo die Olgastraße endet, zeigt das Täfelchen „Burgen-Weg" auf einen Fußgängerweg. Der Eingang zu der jeden ersten Sonntag im Monat geöffneten Höhle befindet sich im Seniorenzentrum. An der Einmündung in einen Querweg zweigen wir auf den mit blauem Dreieck bezeichneten, bequemen Waldwanderweg Richtung Burgstein ab. In ein paar weit geschwungenen Windungen – die Route verschmälert sich im Hangbereich zu einem Pfad – geht's empor zur **Albhöhe Biegel** 02 nahe Holzelfingen. Dort schwenken wir in den Nordrand-Weg zum Rötelstein ein.

Nach kurzem Feldwegstück leitet ein genussreicher Pfad an der Traufkante entlang. Die weitere Steigung mit exzellentem Echaztal-Tiefblick, vorbei an kitzligen Aussichtsfelsen, dessen erster

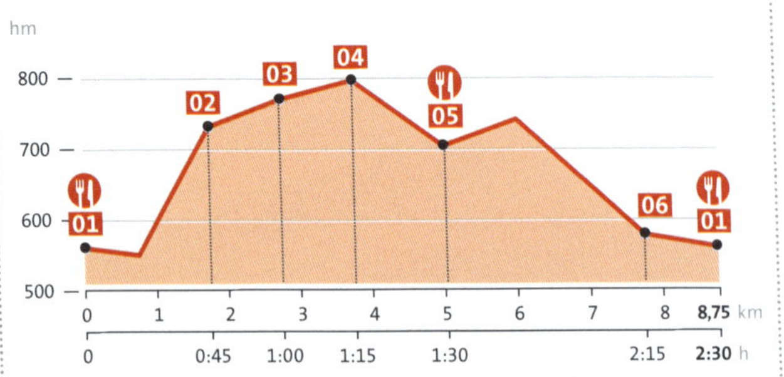

01 Honau, 560 m; 02 Albhöhe Biegel, 730 m; 03 Rötelstein, 769 m; 04 Locherstein, 795 m; 05 Traifelberg, 703 m; 06 Echazquelle, 577 m

Das Guckloch beim Rötelstein, über dem Talschluss der Echaz.

markanter der **Rötelstein** 03 ist, fällt kaum mehr ins Gewicht. Da jeder dieser klotzigen Naturbalkone durch seine Eigenarten hervorsticht, lässt man am gescheitesten erst gar keinen aus. Jenseits thront stolz auf einem Felsenriff Schloss Lichtenstein.

Wo die Route „Unter den Felsen" abzweigt, lohnt es sich unbedingt, ein paar Minuten unter den drallen Jurabäuchen entlang zu schlendern. Dann setzen wir das Höhenerlebnis fort zum **Locherstein** 04. Nach dieser letzten Schaukanzel geht's bergab. Auf einem Fahrweg hält man sich bei den obersten Häusern von **Traifelberg** 05 geradeaus und quert bald darauf Richtung Honau die Bundesstraße. Ein unmerklich steigender Wirtschaftsweg führt in einer Schleife durch ein geschütztes Waldstück und berührt danach eine kleine Wacholderheide.

Dort beginnt unser Rückweg endgültig zu fallen. Wo er die Landstraße nach Genkingen berührt, gelangt man auf einem Pfad durch den so genannten Tobel mit dem Ohafelsen und zuletzt auf einem Waldweg an den munter sprudelnden **Quellen der Echaz** 06 vorbei nach **Honau** 01.

PFULLINGER SAGENWEG – ERNSTHÜTTE

Geschnitzte Holzskulpturen und herrliche Aussichtshütte

6,5 km | 2:15 h | 247 hm | 247 hm

START | Pfullingen, Infotafel Schulstraße, Parkplatzmöglichkeiten Schulstraße/Achalmstraße.
[GPS: UTM Zone 32 x: 517.070 m y: 5.368.110 m]
CHARAKTER | Anfang und Ende auf asphaltierten Gehwegen und Anliegersträßchen, sonst Wald- und Wiesenwege, der Abstecher zur Ernsthütte verläuft über einen schönen, schattigen und flachen Waldpfad.

Wer den gesamten Sagenweg, rund 3 Std., zurücklegen will, muss nur der Rundweg-Markierung, dem „Remmseles"-Symbol (einem speziellen Hosenknopf), folgen. Bei unserer Beschreibung kürzen wir den Sagenweg etwas ab, ergänzen die Tour aber um einen Abstecher zur Ernsthütte, einem wunderschönen Aussichtspfad.

▶ In der Schulstraße in **Pfullingen** 01, an der großen Infotafel, mit Beschreibung des Pfullinger Sagenweges, starten wir entlang der Straße Elisenweg auf einem abgetrennten Geh-/Radweg. Der stets leicht ansteigende Weg geht dann in einen schmalen Kiesweg über und durch eine Gebüsch-Allee gelangen wir ans Ortsende.

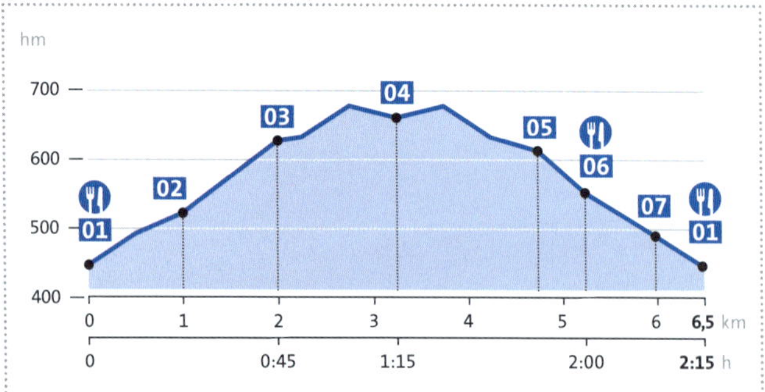

01 Pfullingen, 445 m; 02 Schillerlinde, 520 m; 03 Urschel, 625 m; 04 Ernsthütte, 658 m; 05 Graf, 610 m; 06 Waldcafé, 550 m; 07 Bismarckeiche, 488 m

Die Urschel ist die bekannteste Gestalt der Pfullinger Sagenwelt, die viele in der Form des Ursulabergs oder Urselbergs sehen.

Die Nachtfräulein der Urschel leben der Sage nach im Urschelberg.

Wir treffen nochmals kurz auf die Autostraße, biegen dann aber kurz darauf, bei der **Schillerlinde** **02**, scharf rechts ab auf einen schmalen Teerweg.

Wir treffen wieder auf die Asphaltstraße, überqueren sie und gehen auf der anderen Seite, etwas erhöht, auf schmalem Pfad rechtshaltend weiter. Bei der nächsten Verzweigung mit der Asphaltstraße folgen wir dieser kurz nach links, dann biegen wir rechts ab in den gekiesten Wolfsgrubenweg. Kurz darauf folgen wir nicht der Sagenwegmarkierung, sondern gehen geradeaus weiter, folgen der Markierung blaues Dreieck.

Wenig später passieren wir auf einer Lichtung die „**Urschel**" **03** (geschnitzte liegende Frauenfigur). Wir stoßen auf einen Kiesweg, dem wir zunächst links hoch folgen, dann bei der Wegeverzweigung halten wir uns rechts (blaues Dreieck) und wandern auf einem schönen, flachen Waldpfad zur **Ernsthütte** **04**. Das letzte Stück ist nahe der Hangkante und bietet sehr schöne Ausblicke nach rechts ins Tal. Zurück bei der Verzweigung gehen wir den Kiesweg links bergab und stoßen kurz darauf auf die geschnitzte Figur des schlafenden **Grafen** **05**. Es folgen zwei weitere Sagenweg-Stationen: der „Remmselesstein" und die „Nachtfräulein", bis wir wieder die Asphaltstraße und bald danach das **Waldcafé** **06** erreichen.

Links bergab gelangen wir über ein schmales, betoniertes Anliegersträßchen nach Pfullendorf hinein und in einer scharfen Rechtskehre der Kiessteige ist links mit wenigen Schritten ein Abstecher zur ausgeschilderten **Bismarckeiche** **07** möglich. Bei der nächsten Wegeverzweigung, in einer Kurve, schwenken wir scharf links in einen schmalen Weg, der über Stufen hinab zur Bergstraße leitet, dort halten wir uns rechts und gelangen direkt zum Ausgangspunkt zurück.

RUINE SCHATZBERG • 680 m

Zwischen Donau und Lauchert

14,75 km | 3:45 h | 216 hm ↗ | 216 hm ↘

START | Langenenslingen/Wilflingen, Bushaltestelle beim Gasthaus Löwen, 573 m; Parkplatz im Billafinger Weg. [GPS: UTM Zone 32 x: 526.380 m y: 5.331.660 m]
CHARAKTER | Mäßig steile Steigungen. Teilweise spärlich bezeichnete Forst- und Wirtschaftswege, kurze Pfade und Pfadspuren. Orientierungssinn vorteilhaft.

Am Gasthaus Löwen in **Wilflingen** 01 wählen wir den Billafinger Weg und an der Kapelle den mit „Schatzberg direkt“ beschilderten Bergweg, den blaue Dreiecke ausweisen. Vom Schinderbühl leitet ein Forstweg ganz kurz talwärts. Ein zum Teil mit Felsen durchwachsenes Mischwaldtälchen steigt an der Schießstand-Blockhütte vorbei leicht an. An der Gabelung bei der Forstabteilung Eschentäle links haltend, kommt Karl-May-Romantik auf: Die näch-ste Abteilung heißt Unter Geiern.Wo der Weg bei einem Jagdsitz zu einer Kuppe ansteigt, folgen wir geradeaus dem schwach erkennbaren, zwischen Buchen und einem Fichtenjungwald hindurchführenden Pfad. Bald wieder markiert quert die Route den bekannten Weg und fällt in Kehren über einen steilen Hang in ein Tal.

Dort schwenken wir in den Forstweg Richtung Schatzberg ein und mühen uns wenig später auf einem abzweigenden Pfad, auf Steinschlag achtend, bergauf zu einer Waldkuppe mit anregendem Tiefblick.

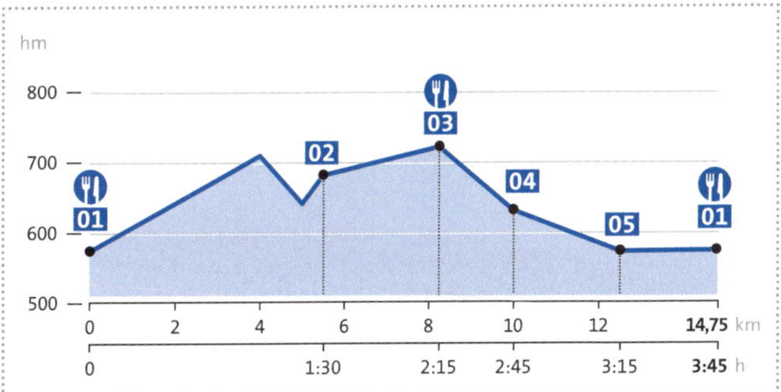

01 Wilflingen, 573 m; 02 Ruine Schatzberg, 680 m; 03 Billafingen, 720 m; 04 Warmtal, 630 m; 05 Langwattebrücke, 572 m

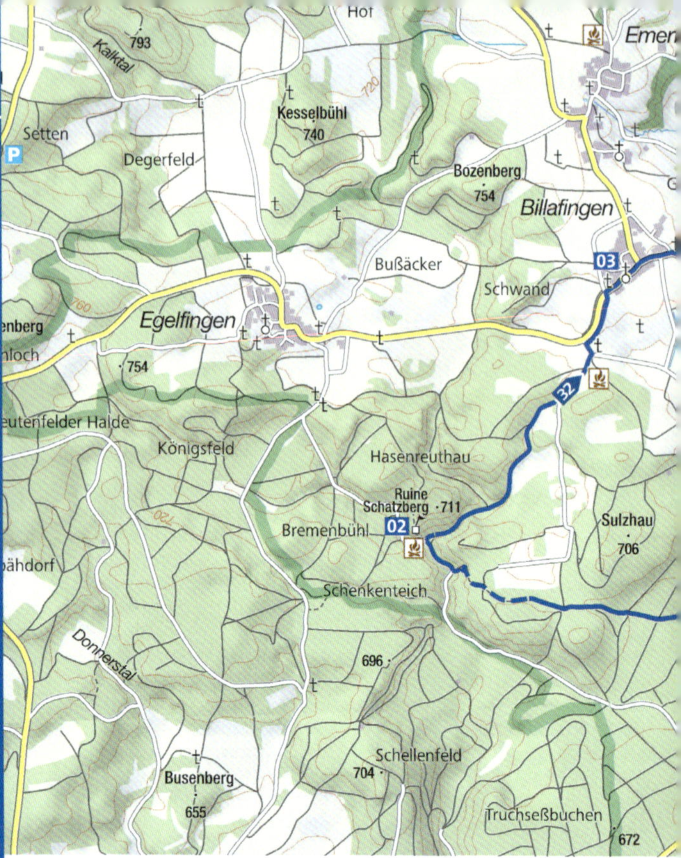

Der Zutritt zur **Ruine Schatzberg** 02 ist offiziell wegen Einsturzgefahr nicht erlaubt. Kurioserweise führt aber genau hier der vom Albverein markierte Weg Richtung Dürrenwaldstetten zur Ruine.

Zurück am Bergfuß weist das Schild „Billafingen" auf einen mit rotem Dreieck bezeichneten Pfad, der in einen bald geteerten Forstweg wechselt. An einer Kreuzgruppe zeigt der Wegweiser auf eine Wiesenspur, die hinauf nach **Billafingen** 03 leitet. Wir gehen Richtung Riedlingen, biegen beim Flurkreuz nach einer Kuppe links auf einen Wirtschaftsweg ab und achten bei der Wasserversorgung auf das rote Dreieck. Dann geht's kurz weglos über eine Lichtung zu einem Pfad, der ins Warmtal führt. Ein Wirtschaftssträßchen verläuft jetzt über den Weiler **Warmtal** 04 sanft bergab zur **Brücke über die Langwatte** 05. Ganz kurz rechts eine Landstraße benützend, bringen uns landwirtschaftliche Fahrbahnen, beim Wegkreuz unter ein paar Birken rechts abzweigend, in einer Schleife zurück nach **Wilflingen** 01.

Albeinsamkeit in der Nähe von Wilflingen.

33 LAUCHERTTAL UND TOTENTAL

Unbeschwerte Wald- und Wiesentour

16,25 km | 4:15 h | 180 hm | 180 hm

START | Veringenstadt, Bahnhof (Parkplatz), 630 m.
[GPS: UTM Zone 32 x: 515.700 m y: 5.336.500 m]
CHARAKTER | Sanfte Steigungen. Gut bezeichnete Wirtschafts- und Forstwege.

Wenn man am Bahnhof in **Veringenstadt** **01** die Vorfahrtsstraße quert, über das Betriebsgelände der Holzbaufirma spaziert und abermals die Straßenseite wechselt, stößt man auf den in den Forellenweg zeigenden Wegweiser „Hermentingen".

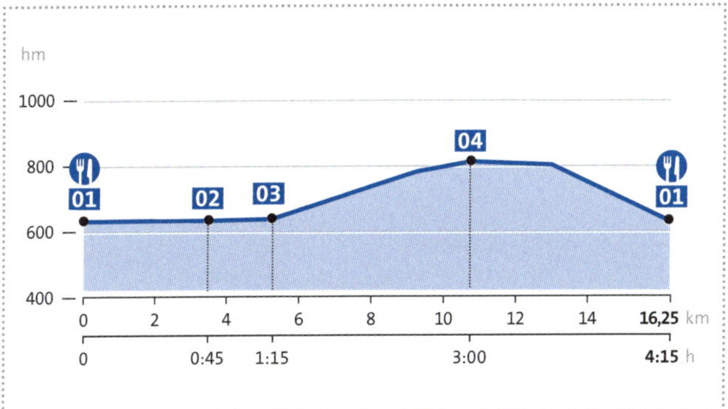

01 Veringenstadt, 630 m; 02 Hermentingen, 633 m; 03 Hettingen, 637 m; 04 Inneringen, 810 m

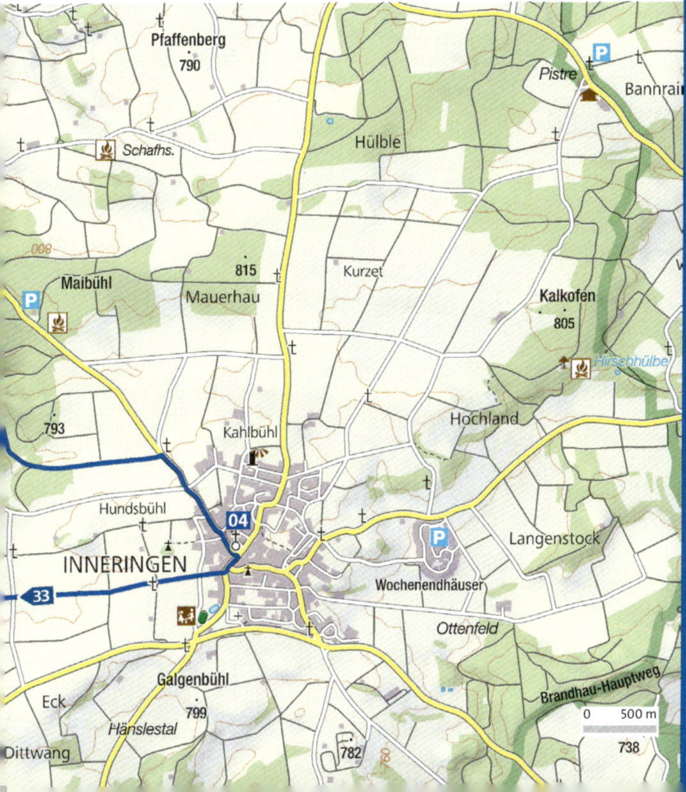

Laucherttal bei Hettingen.

Ab dem Ortsende folgt ein mit gelbem Dreieck bezeichneter Fußgängerweg dem schlängelnden Lauchertflüsschen aufwärts. Ein Wirtschaftsweg führt zwischen Mischwaldhöhen an Schafweiden und ein paar Felswänden vorbei nach **Hermentingen** 02.

Nach dem Dorf wieder auf einem mit gelbem Dreieck markierten Wirtschaftsweg, zieren ausgeprägte Mäander das nun breitere Wiesental. Unter zwei kecken Felstürmen gesellt sich die Fehla der Lauchert hinzu. Auf einem Sträßchen erreichen wir die Miniaturstadt **Hettingen** 03.

Wir beachten nach Bahnübergang und Flussbrücke den gelben Dreiblock Richtung Totental. Vor dem Siedlungsende lenkt dieser nach einem bemalten Haus über die B 32. Eine Fahrspur leitet zum Forstweg ins Totental, der sich zwischendurch zu einem Waldweg verschmälert. Abenteuerlich wirkt die Felsszenerie im oberen Teil der Trockentalkerbe.

In **Inneringen** 04 auf der Albhöhe finden wir, rechts in die Kreisstraße einschwenkend, im Kretzweg wieder den gelben Dreiblock und die Beschilderung „Wanderweg Veringenstadt". Ein anfangs betonierter Wirtschaftsweg durchzieht das weite Ackerland. Ab einem Waldeck mit Bildstock leicht talwärts schlendernd, achte man auf die Markierungen. Die Route mündet bei einem Jägerstand in einen Waldweg. Am Feldkreuz auf der folgenden Lichtung bleiben wir dem weiterhin mit dem gewohnten Dreiblock ausgewiesenen Brunnenhaldeweg treu. Ein Forstweg führt uns zuletzt deutlich bergab durchs Brunnental nach **Veringenstadt** 01.

TEUFELSTOR – SCHLOSS HETTINGEN – FEHLATAL

Unterwegs hoch über der Lauchert und im idyllischen Fehlatal

13,5 km | 4:30 h | 290 hm | 290 hm

START | Gammertingen, Parkplatz B32, bei der Einfahrt zu Recyclinghof/Kläranlage, 1 km südlich von Gammertingen (mit Bahn- und Bushalt).
[GPS: UTM Zone 32 x: 516.610 m y: 5.342.910 m]
CHARAKTER | Breite Forstwege und schmale Wanderpfade, die Anstiege zum Teufelstorfelsen und zum Alten Schloss sind zwar nur kurz, aber ordentlich steil. Vorsicht beim Aussichtspunkt Enzenbarn, der nicht gesichert ist. Der ebene Weg an der durchs Tal mäandrierenden Fehla entlang bringt uns fast in den Meditationsmodus.

Der erste Teil der Wanderung bringt uns zweimal schnell in die Höhe und bietet einen aussichtsreichen Höhenweg-Charakter, der zweite Teil wartet mit einer gemütlichen Talwanderung auf, die zum Schluss – nach kurzem Aufstieg – mit einem grandiosen Ausblick vom Alten Schloss gekrönt wird.

▶ Vom **Parkplatz B32** 01 überqueren wir nach links die Bundesstraße, gehen auf einem Wiesen-

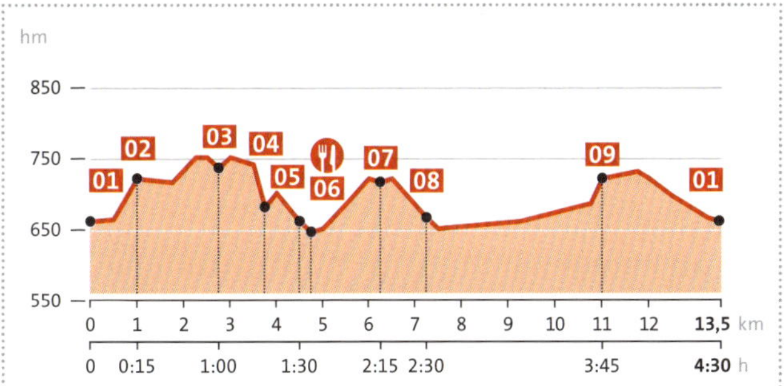

01 Parkplatz B32, 660 m; 02 Teufelstorfelsen, 720 m; 03 Kachelhalde, 735 m; 04 Sebastiankapelle 680 m; 05 Schloss Hettingen, 660; 06 Hettingen, 645 m; 07 Enzenbarn, 715 m; 08 Fehlatal, 665 m; 09 Altes Schloss, 720 m

Am Teufelstorfelsen.

weg zur Bahn, überqueren die Gleise und folgen dem breiten Kiesweg nach rechts, an Waldrand und Bahngleisen entlang. Immer geradeaus, bis links das Schild „Aufstieg zum Teufelstor" auftaucht. Über Holzstufen geht es auf schmalem Pfad durch den Wald hoch zum **Teufelstorfelsen** 02, zum Schluss über eine kurze Eisenleiter. In weiteren Kehren steigen wir zu einem geländergesicherten Aussichtspunkt mit Kreuz und Bank hoch. Nochmals über ein paar Stufen gelangen wir auf die Höhe und wandern abwechselnd über freie Lichtungen und durch Wald, bis wir auf ein Asphaltsträßchen treffen. Wir halten uns links, folgen zunächst dem Sträßchen, gehen dann in einer Linkskurve geradeaus weiter, verlassen den Asphalt und folgen bei einer Markierung dem scharfen Rechtsknick über

Weite Schau am Aussichtspunkt Enzenbarn.

sonnige Wiesen, bis wir wieder in den Wald eintauchen. Der Weg fällt dann zunehmend stärker ab, wir passieren den Aussichtspunkt **Kachelhalde** 03 (50-m-Abstecher) und wandern dann auf dem schönen Höhenweg durch den Wald. Vorbei am Kuchelhalde-Pavillon geht es dann stärker bergab, über enge Kehren und Holzstufen kommen wir nach Hettingen und marschieren auf Asphalt hinab zur **Sebastiankapelle** 04.

Nach der Kapelle steigen wir zur Wiesenkuppe hoch und traversieren am Hang entlang zum schon seit langem sichtbaren **Schloss Hettingen** 05. Wir umrunden das Schloss links und nehmen auf der anderen Seite den markierten Pfad, der steil in den Ort **Hettingen** 06 hinab führt. Vorbei am Landgasthof Krone überqueren wir eine Brücke und kurz darauf die Bahngleise und schwenken am Waldrand nach links. Nach wenigen Metern hört der Asphalt auf und wir steigen auf einem grasigen Weg rechts in den Wald hoch. Dem Schild „Fehlatal" folgend gelangen wir zu einer Verzweigung; hier ist nach links der Aussichtspunkt **Enzenbarn** 07 markiert, und diesen kurzen Abstecher sollten wir nicht auslassen. Wir verlassen dann, leicht abwärts gehend, den schattigen Wald und wandern ins sonnige **Fehlatal** 08 hinab. Am Waldrand und am wunderschön mäandrierenden Bachlauf entlang schlängelt sich der Forstweg durch das blumenreiche Tal. Kurz nachdem links der Fehlasteg ausgeschildert ist, gelangen wir ans Waldende und kommen zur Abzweigung, die scharf rechts zum **Alten Schloss** 09 hoch leitet. Auf schmalem Pfad und in engen Kehren erreichen wir die Ruinenreste, die einen herrlichen Ausblick bieten.

Wir folgen nun der Beschilderung Parkplatz B32, die uns durch Wald und offenes Gelände, ein kurzes Stück auf Asphalt, meist auf Wiesenwegen wieder bergab und zurück zum Ausgangspunkt bei der Kläranlage bringt.

Die Überreste des Alten Schlosses, hoch über dem Fehlatal.

BUSSEN • 767 m

Auffallende Landmarke vor der Schwäbischen Alb

8 km | 2:30 h | 231 hm | 231 hm

START | Unlingen/Möhringen, Bushaltestelle am Rathaus (Parkplatz), 555 m. [GPS: UTM Zone 32 x: 540.170 m y: 5.335.930 m]
CHARAKTER | Angenehme Steigungen. Bestens bezeichnete Wander-, Wald- und Wirtschaftswege, Pfade.

In der Risseiszeit stellte sich der nach allen Seiten weit ins Land hinaus grüßende Bussen, der „heilige Berg Oberschwabens", dem Rheingletscher trotzig in den Weg und zwang diesen zu einer Spaltung. Sein Berghaupt blieb als so bezeichneter Nunatak eisfrei.

▶ Wir spazieren vom Rathaus in **Möhringen** 01 hinauf zur schönen Natursteinkirche. Dort gehen wir rechts und folgen dem nächsten links abzweigenden, bequemen Wirtschaftssträßchen. Die mit rotem Balken bezeichnete Route hält genau auf die Bussen-Misch-

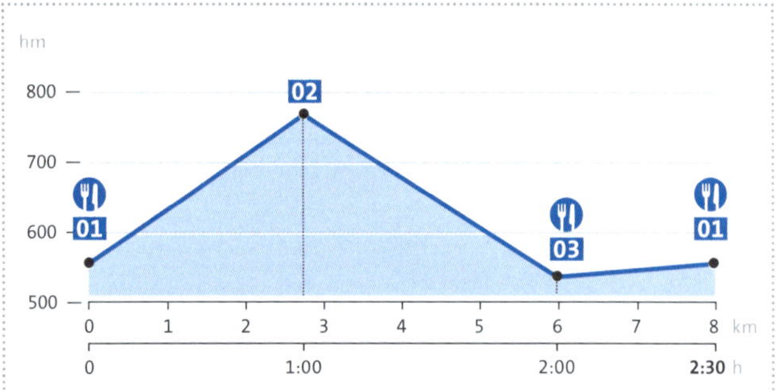

01 Möhringen, 555 m; 02 Bussen, 767 m; 03 Unlingen, 536 m

waldkuppe zu. Ein befreiender Rückblick ergibt sich dabei aufs Donautal und den Tautschbuch-Höhenzug. Schon bald wechselt unser Aufstieg in einen mäßig steilen Waldweg. Dieser Hauptwanderweg 7 verschmälert sich zwischendurch in einen Wanderweg.

Wo die Route in einen Pfad übergeht, löst ein Laubmischwald die bisher vorherrschenden Fichtenbestände ab. Zuletzt leitet ein nur noch sanft steigender Forstweg auf den **Bussen** 02.

Die Wallfahrtskirche ist gleichzeitig Pfarrkirche von Offingen. Beim Aussichtsturm, für dessen Besuch man den Schlüssel im Kiosk bekommt, stößt man auf den Sockel des Bergfrieds und Ringmauerreste einer einst bedeutenden Burg. Besonderheiten der schier unermesslichen Aussicht an klaren Tagen: Ulmer Münster und Federsee, Zugspitze, Allgäuer Hochalpen und Schweizer Bergwelt, Hohentwiel und Schwarzwald.

Ein mit blauem Dreieck markierter Waldlehrpfad führt nun ebenfalls durch Mischwald und über Lichtungen talwärts Richtung Unlingen. Ein Holzbrücklein trägt uns über einen Bachgraben. Nach einer Forstwegquerung folgt ein kurzer Gegenanstieg. Das letzte Stück über Wiesen und Felder zurück ins Donautal lassen wir uns von einem Wirtschaftssträßchen leiten. Bei der Kirche in **Unlingen** 03 wählen wir den Gehsteig Richtung Ulm und bummeln an alten Fachwerkhäusern vorbei. Am Ortsende geht's in die Bühlengasse, bevor uns ab einem Busunternehmen ein Fußgängerweg an Schrebergärten entlang nach **Möhringen** 01 bringt.

Auf dem Bussen steht die Offinger Pfarrkirche.

TOBELTAL

Beschaulich unterwegs im Tautschbuch

10,25 km | 2:45 h | 222 hm | 222 hm

START | Zwiefalten, Bushaltestelle an der Klosterkirche, 538 m; Parkplatz Richtung Upflamör.
[GPS: UTM Zone 32 x: 534.170 m y: 5.342.180 m]
CHARAKTER | Leichte Steigungen. Gut bezeichnete Wirtschafts-, Wander- und Forstwege, kurze Pfadspur und kleines Stück auf ruhiger Kreisstraße.

Zwischen der Zwiefalter Ach und der Donau laden am Südrand der Mittleren Alb die üppig mit Mischwäldern gekleideten Höhen des Tautschbuchs zu gemütlichen Ausflügen. Als kurzweiligster Zugang empfiehlt sich von Zwiefalten das verträumte Tobeltal, ein enges Trockental.

▶ An der berühmten Klosterkirche des Wallfahrtsortes **Zwiefalten** 01 nehmen wir den Fußgängerweg am Sportplatz vorbei Richtung Upflamör. Im weiteren Verlauf leitet uns eine Wiesenspur hinein ins Tobeltal. Die Beschilderung „Mörsingen" weist auf ein mit dem roten Dreiblock markiertes, an Maisfeldern entlang steigendes Wirtschaftssträßchen.

Nachdem sich die Route verflacht hat, lenkt die Bezeichnung auf einen Feldweg, der bald in einen Waldweg wechselt. Zwischendurch auf einem wieder steigenden Fahrweg spazierend, kann man sich auf dem etwas über dem schmalen Wiesental verlaufenden Schleichwegkurs angenehm entspannen. In nahe gelegenen Felsen verstecken sich mehrere kleine Höhlen. Später folgt man ei-

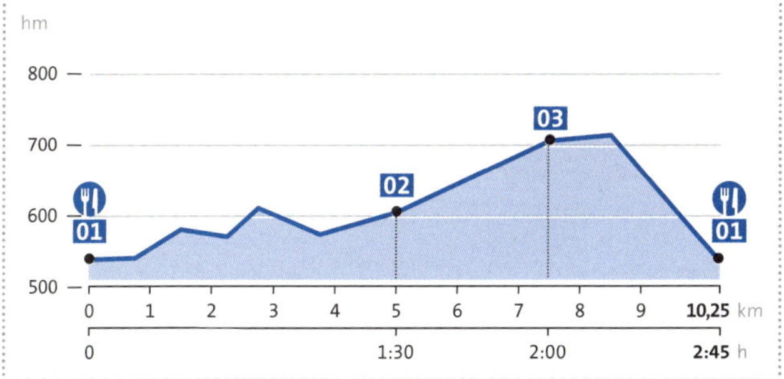

01 Zwiefalten, 538 m; 02 Mörsingen, 604 m; 03 Sechseckiger Stein, 705 m

nem zügigen Kreissträßchen, auf dem einem nur höchst selten ein Auto begegnet, durch ein Seitentälchen hinauf nach **Mörsingen** 02.

In dem stillen, zu Zwiefalten gehörenden Dörfchen lenken uns der Wanderwegweiser „Zwiefaltendorf“ und das blaue Dreieck zum hochgelegenen Kirchlein. Anschließend taucht ein flacher, zu Beginn asphaltierter Forstweg im Wald auf dem Tautschbuch unter. Wo beim **Sechseckigen Stein** 03 mehrere Wege zusammenstoßen, setzt sich der erholsame Höhenspaziergang Richtung Zwiefalten fort. Auf einem Wanderweg geht es schließlich wieder allmählich talwärts nach **Zwiefalten** 01.

Zwiefalten zwischen Zwiefalter Alb und Tautschbuch.

GROSSES GERBERLOCH • 657 m
PFAFFENSTEIN • 570 m

Landschaftliche Vielfalt in der Zwiefalter Alb

12,25 km 3:30 h 183 hm 183 hm

START | Hayingen, Bushaltestelle bei der Veitskirche in der Stadtmitte (Parkplatz), 661 m.
[GPS: UTM Zone 32 x: 535.470 m y: 5.347.010 m]
CHARAKTER | Leichte Steigungen mit kleinem Steilstück. Meist bezeichnete Forst- und Waldwege, Wander- und Wirtschaftswege, Pfade und ein kurzer Steig.

Bei der Veitskirche in **Hayingen** 01 lenkt das Schild „Digelfeld" in die stadtauswärts führende Münsinger Straße. Am Ortsende gehen wir auf einem fallenden, geteerten Forstweg unter einer Hochspannungsleitung hindurch und schlagen im Hayinger Tal den Waldweg Richtung Indelhausen ein. Wo wir auf eine wieder asphaltierte Bahn stoßen, leitet ein Pfad über eine prächtige Wacholderheide durchs nahe Fichteltal.

Nach einem Wirtschaftswegabschnitt zweigen wir unter einem Fels auf einen anstrengenden, mit gelbem Dreiblock markierten Steig ab. Dieser schwingt sich empor zu den beiden Gerberhöhlen, deren bedeutendere **Großes Gerberloch** 02 heißt.

Auch ohne Licht kann man in dem etwa drei Meter hohen Gang rund 30 Meter vordringen. Noch ein kleines Stück geht's dann weiter bergauf zu einer Waldeshöhe. Ab

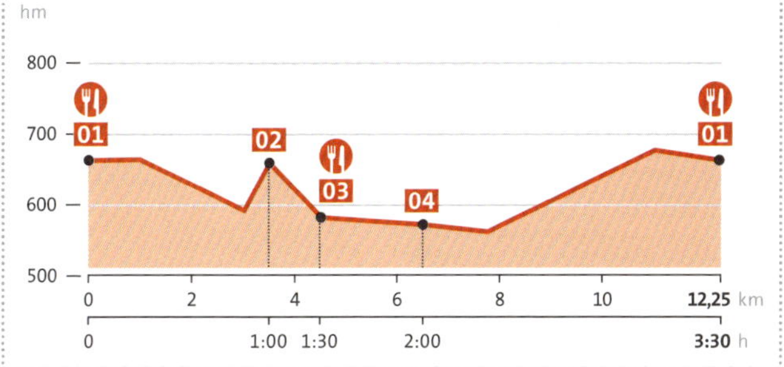

01 Hayingen, 661 m; 02 Großes Gerberloch, 657 m; 03 Anhausen, 580 m; 04 Pfaffenstein, 570 m

Digelfelder Heide bei Hayingen.

der Befestigungsanlage Althayingen mit Wällen und Gräben bringt uns ein Wanderweg allmählich bergab nach **Anhausen** 03 mit Einkehr.

Kühn entragt der Pfaffenstein dem Tal der Großen Laber.

Wieder auf der Anhöhe am Dorfrand entscheiden wir uns für den flachen Pfad durchs Große Lautertal einwärts. Dieser HW 5 ist zur Ruine Wartstein beschildert. Beim Fels mit der Maisenburg wechseln wir das Ufer. Auf einem Wirtschaftsweg begleitet der unbeschwerte Kurs durch das schmale Wiesental mit vielfältigen Felsformationen die verspielten Flussschleifen. Wir passieren die winzigen Ochsenlöcher sowie das Schwarzloch und an einem kecken Turm, dem **Pfaffenstein** 04, die beachtliche Auswölbung namens Heuscheuerle.

Später verschmälert sich die Route erneut zu einem Pfad. Wir halten uns unter der Ruine Wartstein weiter im Talgrund und queren kurz darauf die Lauter zu einem Unterstand, wo wir den Forstweg Richtung Hayingen einschlagen. Der rote Dreiblock dirigiert bald auf einen Waldwanderweg. Nach einem Stück durchs Bärental bringt uns ein weiterhin stets gemächlicher Wirtschaftsweg über die Ackerhochfläche nach **Hayingen** 01.

Klingelfelsen
Wanderheim
Burg Derneck
Bettelmannshöhle
Käpfle
Hagenau
Weiler
Andresenfels
St. Wendelin
Alenberg
714
INDELHAUSEN
ANHAUSEN
Horn
Schlossbreite
Alt Hayingen
Ruine Schülzburg
Gerberhöhle
Maisenburg
Weilerfeld
Ochsenlöcher
Schwarzlochfelsen
Gr. Lauter
Heuscheuerle
Buchstock
Hoher Gießel
Blaubrunnen (Karstquelle)
703
Kächelesbrunnen
Gemsfels
HAYINGEN
661
Ruine Wartstein
Hahnenbühl
Hirschhau
Egental
Bergholz
Schneiderstal
Lämmerstelle
Oberwilzingen
Sonderbuch
Galgenäcker
Lourdesgrotte
ehem. Burg Schlossberg
725
Rettichstein
576
Steingart Brand
Alter Hau
Guckenbühl
0 500 m
732
715
680
600
37
01
02
03
04

WIMSENER HÖHLE – LÄMMERSTEIN – DIGELFELDER HEIDE

Erlebniswanderung zu ganz unterschiedlichen Natursehenswürdigkeiten

10,75 km | 3:30 h | 204 hm | 204 hm

START | Hayingen, Parkplatz bei der Hayinger Brücke im Glastal; Bushalt in Hayingen.
[GPS: UTM Zone 32 x: 533.000 m y: 5.347.580 m]
CHARAKTER | Breite Forstwege im Glastal, kurze Asphaltpassagen zum Schloss Ehrenfels und vor der Wimsener Höhle, grasige Wald- und Forstwege im Schweiftal und zum Lämmerstein sowie ein schöner Wiesenpfad durch die Digelfelder Heide – und alles ohne allzu beschwerliche Auf- und Abstiege.

Der Weg zur Wimsener Höhle durch das Glastal ist auch bei Radlern sehr beliebt, führt er doch durch ein naturbelassenes romantisches Tal, das mit Felsen, Höhlen und Wasserläufen aufwartet. Und die einzige mit einem Boot befahrbare Wasserhöhle in Deutschland ist immer ein attraktives Tourenziel. Da über eine Autostraße erreichbar und mit einem Ausflugslokal ausgestattet, darf man an schönen Tagen auch nicht mit menschenleerer Einsamkeit rechnen. Der Rückweg über das Schweiftal und den Lämmerstein

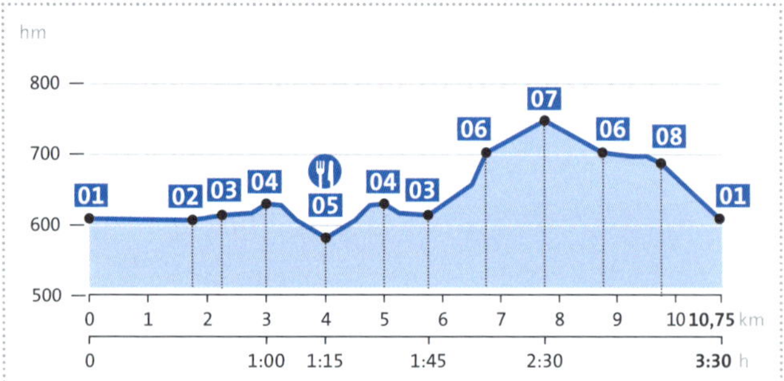

01 Parkplatz Hayinger Brücke, 607; 02 Glashöhle, 605 m; 03 Verzw. Glastal/Schweiftal, 612 m; 04 Schloss Ehrenfels, 628 m; 05 Wimsener Höhle, 580 m; 06 Abzw. Lämmerstein, 700 m; 07 Lämmerstein, 745 m; 08 Digelfelder Heide, 685 m

ist dagegen meist wenig überlaufen und der Abstecher durch das Naturschutzgebiet Digelfeld bietet erholsames Wandern durch eine herrliche Heidelandschaft.

▶ Vom **Parkplatz** 01 bei der Hayinger Brücke überqueren wir die Autostraße, gehen an der Unterstandshütte und den Grillplätzen vorbei und halten uns links auf einem leicht abwärts führenden Kiesweg Richtung Wald. Durch ein romantisch anmutendes Tal, das durch die bis an den Weg heranreichenden Felsen einen fast „wilden" Eindruck vermittelt, wandern wir an der etwas oberhalb des Weges liegenden und kaum zu erkennenden Bärenhöhle vorbei. Kurz darauf passieren wir links, direkt am Weg, die gut sichtbare **Glashöhle** 02, überqueren den uns begleitenden Hasenbach und erreichen schließlich die markante **Verzweigung Glastal/ Schweiftal** 03, wo Ruhebänke zu einer Rast einladen. Schattiger Wald, imposante Felsen und ein breiter Wasserlauf verleihen diesem Flecken eine idyllische Note.

Wir gehen am Bachlauf entlang, links reicht eine Felsenmauer bis ins Wasser hinab. Das Tal wird breiter und lichter, wir überque-

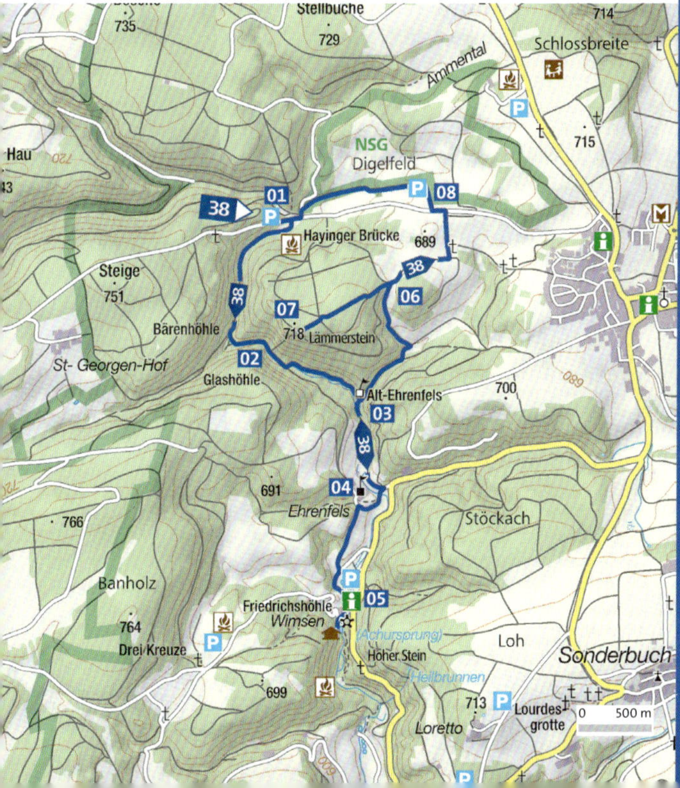

Eingang zur Wimsener Höhle.

ren den Bach nochmals und sehen bald die roten Dächer von Schloss Ehrenfels vor uns. Wenn wir auf die asphaltierte Fahrstraße treffen, folgen wir dieser rechts hoch, passieren den Schlosseingang (Privatweg) und gelangen zu einer markierten Wegverzweigung, die nach rechts einen schönen Blick auf **Schloss Ehrenfels** **04** gestattet. Nach links ist der Weiterweg Richtung Winsen ausgeschildert, wir verlassen den Asphalt und wandern durch eine schöne Baumallee, zum Schluss leicht fallend, wieder zu einem Asphaltsträßchen vor. Nach rechts am Sträßchen entlang oder direkt über den großen Parkplatz, der bald vor uns auftaucht, geht es zum Hasenbach, der hier über die kleinen Wimsener Wasserfälle in die Zwiefalter Ach einmündet. Ein paar Meter weiter ist der Gasthof Friedrichshöhle und rechter Hand der Eingang zur **Wimsener Höhle** **05** erreicht. Wir wandern zurück zur Verzweigung Glastal/Schweiftal, biegen dort rechts ab auf einen schmäleren und teils steinigen Waldweg. Schattig geht es leicht ansteigend hoch zu einer Lichtung und links am Waldrand entlang. Wir verlassen dann den breiten Weg und folgen der Markierung links in den Wald hoch. Wieder im Freien stoßen wir auf die **Verzweigung** **06**, die uns links den Abstecher (1 km) zum **Lämmerstein** **07** anzeigt.

Zurück folgen wir dann geradeaus der Markierung Richtung Digelfeld. Aussichtsreich über offenes, blumenreiches Wiesengelände umgehen wir in einer scharfen Linkskehre den markanten Runden Burren, einen grasigen Aussichtshügel, überqueren die Autostraße und halten uns rechts. Hinter einem kleinen Parkplatz beginnt das Naturschutzgebiet der **Digelfelder Heide** **08**, das wir auf einem wunderbaren Graspfad durchwandern, bis wir zum Schluss wieder leicht abwärts zu unserem Ausgangspunkt an der Hayinger Brücke zurückkehren.

STEINBUCKEL • 800 m AMSELTAL

Sechs Schutzgebiete auf der Münsinger Alb

16,75 km 4:30 h 320 hm 320 hm

START | Hohenstein/Eglingen, Bushaltestelle in der Ortsmitte (Parkplatz), 743 m.
[GPS: UTM Zone 32 x: 531.690 m y: 5.355.430 m]
CHARAKTER | Längerer mäßig steiler Anstieg. Überwiegend unbezeichnete Wirtschafts- und Feldwege, Forst- und Waldwege. Etwas Orientierungssinn erforderlich.

In der Ortsmitte von **Eglingen** 01 spazieren wir bergan Richtung Reutlingen. Vom Silbertalweg biegen wir rechts auf den an Kreuzwegstationen ansteigenden Wirtschaftsweg ab, der uns auf den Krähberg mit Naturschutzgebiet bringt. Wir wählen vor der Kapelle den Rundwanderweg 4, eine fallende Traktorspur. Am Südfuß nimmt uns eine querlaufende Teerbahn auf. An der nächsten Gabelung geht's links und Richtung „Ödenwaldstetten" durch ein Waldgebiet bergan. Nach kurzem Gefälle leitet rechts ein unbedeutender Gegenanstieg zum Naturschutzgebiet auf dem **Steinbuckel** 02 mit prächtigen Säulenwacholdern.

Dahinter schwenkt man links in einen fallenden Feldweg ein, hält sich an einer Kreuzung geradeaus und gelangt im Bogen zu einem asphaltierten Querweg. Dieser führt links bergab zum Naturschutzgebiet am Geißberg.

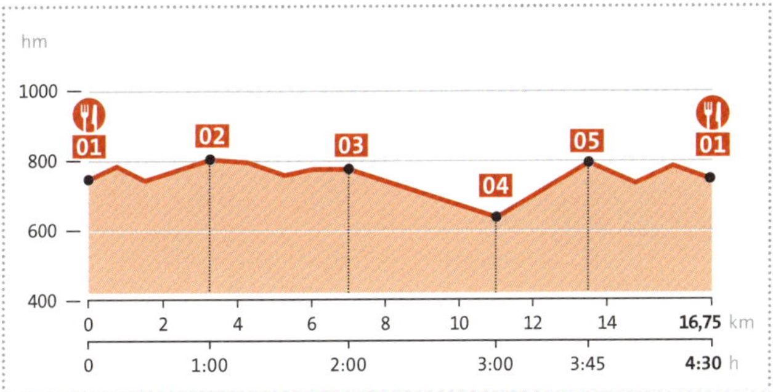

01 Eglingen, 743 m; 02 Steinbuckel, 800 m; 03 Hüttenstuhlburren, 772 m; 04 Wasserstetten, 634 m; 05 Blasenberg, 790 m

Wir zweigen dort auf den Hummelbergweg ab. Der Waldweg ist auch mit „Rundwanderweg 3“ beschildert. Am Wegdreieck beim Waldende gehen wir links und nehmen nach Querung einer Landstraße den Feldweg bergab zum Schutzareal **Hüttenstuhlburren** **03** mit Kinder-Naturschutzgebiet. Nach einer Biegung ist die Tafel Nr. 3 zu beachten. Auf einem fallenden Waldweg verlassen wir die beschilderte Wanderroute an einer Verzweigung scharf nach rechts. Wo wir auf eine geteerte Fahrbahn stoßen, geht's links bergab ins Pfaffental und talauswärts nach **Wasserstetten** **04** im Lautertal.

Am alten Schulhaus schlägt man den Forstweg Richtung Schachen ein und nimmt an einer Gabelung den „Amseltal-Rundweg“. Vom Waldende leitet die Wanderroute Nr. 4 zum Schutzgebiet am Ringelesberg. Nach einer Straßenquerung bringt uns ein Feldweg bergwärts zu einem Jägerstand. Noch ein kurzes Gefälle, dann kommen wir, rechts in einen Querweg einbiegend, zum **Blasenberg** **05** (NSG). Ab der Einmündung in einen anfangs geteerten Weg folgt ein kleiner Gegenanstieg. Wir umrunden das Schutzgebiet und kreuzen danach auf dem Rundwanderweg 4 eine Landstraße. Der bekannte Weg bringt uns zurück nach **Eglingen** **01**.

Kinder-Naturschutzgebiet Hüttenstuhlburren westlich von Eglingen.

HEILIGENTAL

Beiderseits des Großen Lautertals

18,25 km 5:00 h 322 hm 322 hm

START | Münsingen/Buttenhausen, Bushaltestelle in der Ortsmitte (Parkplatz), 620 m.
[GPS: UTM Zone 32 x: 535.390 m y: 5.356.620 m]
CHARAKTER | Leichte Steigungen. Meist gut bezeichnete Wirtschafts- und Forstwege, kurze Sträßchen.

Von der Dorfmitte in **Buttenhausen** 01 gehen wir zum südlichen Ortsteil, nehmen die Lauterbrücke und folgen über eine Kehre dem Bergsträßchen zum Lindehof. An einer Gabelung halten wir uns links. Später die gelbe Raute beachtend geht's auf meist geteerten Wirtschaftswegen über Albäcker und Wiesen sowie zuletzt durch ein Wäldchen nach **Steighof** 02.

Am Ortsende wandern wir rechts am Demeterhof vorbei und in einer Schleife hinunter ins Tal. An einer Verzweigung gehen wir links am mäandernden Flüsschen entlang und um den Umlaufberg der Burg Niedergundelfingen zur Ortsmitte von **Gundelfingen** 03. Auf einem Felszacken über dem Dorf steht die Nachbarruine Hohengundelfingen.

Zu den nahen Häusern von Wittsteig müssen wir ganz kurz mit der Kreisstraße vorlieb nehmen. Ein Wanderweg leitet dann neben der Straße zum Parkplatz am Eingang ins Heiligental. Auf dem gemütlichen Forstweg, anfangs an der Kläranlage vorbei, schleichen wir hinein in die verschwiegene Talker-

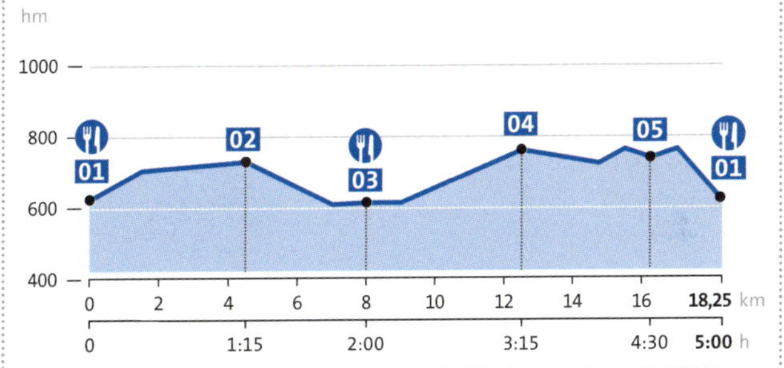

01 Buttenhausen, 620 m; 02 Steighof, 725 m; 03 Gundelfingen, 610 m; 04 Dürrenstetten, 757 m; 05 Pfarrhülbe, 735 m

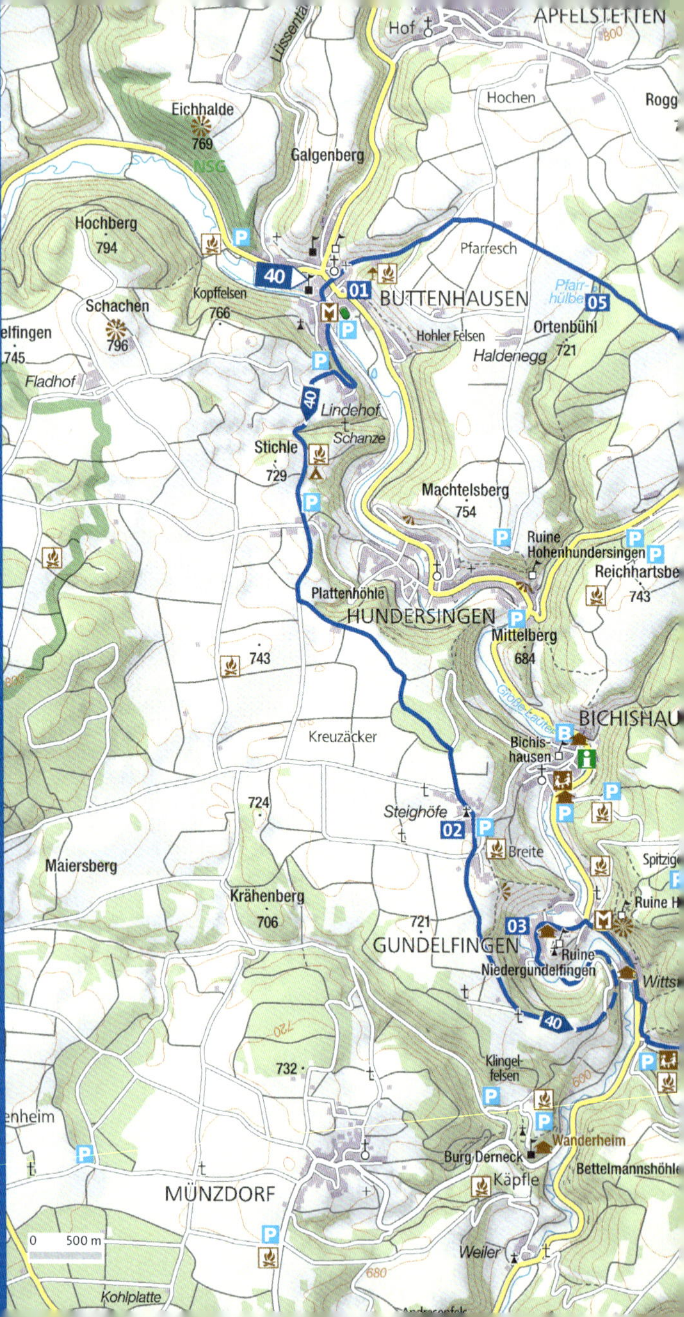

APFELSTETTEN
Hof
Lüssental
Hochen
Rogg
Eichhalde
769
NSG
Galgenberg
Hochberg
794
40
01
BUTTENHAUSEN
Pfarresch
Pfarrhülbe
05
Kopffelsen
766
Schachen
796
elfingen
745
Fladhof
Hohler Felsen
Ortenbühl
721
Haldenegg
40
Lindehof
Schanze
Stichle
729
Machtelsberg
754
Ruine
Hohenhundersingen
Reichhartsbe
743
Plattenhöhle
HUNDERSINGEN
Mittelberg
684
743
Große Lauter
BICHISHAU
Bichishausen
Kreuzäcker
724
Steighöfe
02
Breite
Maiersberg
Spitzig
Ruine H
Krähenberg
706
721
03
GUNDELFINGEN
Ruine
Niedergundelfingen
Witts
40
720
732
Klingelfelsen
600
enheim
Wanderheim
Burg Derneck
Bettelmannshöhle
Käpfle
MÜNZDORF
0
500 m
Weiler
680
Kohlplatte

40

Große Lauter bei Buttenhausen.

be. Am Teerbeginn hält man sich an den gelben Dreiblock und wandert bergan nach **Dürrenstetten** 04 auf der Albhochfläche.

Man richtet sich nach dem Schild „Bremelau" und nimmt am Ortsende den mit gelbem Dreieck markierten Wirtschaftsweg Richtung Apfelstetten. Nach der ersten Feldkuppe bummelt man, die Bezeichnung beachtend, auf einer kurzen Grasspur an einer Hecke entlang. Anschließend führt ein Feldweg durch eine Wiesenmulde und über die Anhöhe des Reichhartsbergs zur Kreisstraße von Hundersingen. Nach deren Querung leitet ein Sträßchen auf den Ortenbühl, wo wir den Dreieck-Kurs auf dem geteerten Wirtschaftsweg geradeaus verlassen. Hinter einem kleinen Waldstück entdeckt man linkerhand die **Pfarrhülbe** 05. Nach einer letzten Anhöhe geht's hinunter nach **Buttenhausen** 01.

STERNBERG • 844 m

Schlauer Naturerlebnispfad und ein Planetenweg

8 km | 2:15 h | 244 hm | 244 hm

START | Gomadingen, Bushaltestelle am Rathaus (Parkplatz), 660 m. [GPS: UTM Zone 32 x: 529.000 m y: 5.360.820 m]
CHARAKTER | Leichte Steigungen. Meist bezeichnete Forst- und Waldwege sowie Pfade.

Der Naturerlebnispfad am Sternberg, im oberen Tal der Großen Lauter, soll durch den Wechsel zwischen Wald und Heide zum bewussten Naturerlebnis anregen. Er stellt verschiedene Aufgaben, deren Lösung der Wanderer jeweils an der nächsten Station findet.

▶ Wir gehen am Rathaus in **Gomadingen** 01 über die Fußgängerbrücke und bergan in Richtung Bernloch. Das Schild „Naturerlebnispfad" weist in die Brunnenstraße. Nach dem Hallenbad beginnt bei einem Rastplatz der Lehrwanderweg. Jenseits der Großen Lauter lenkt eine Wacholderheidekuppe den Blick auf sich. Eine Pfadspur leitet zu einer weiteren sichtbaren Sitzgruppe. Dort steigt der mit dem Hufsymbol spärlich markierte Pfad spürbar über einen Grashang an, nach dessen Überwinden mittels zweier Kehren ein gemütlicher Waldweg weiterführt.

An der Kreuzung bei der Vogelschutztafel, bald nach einer kleinen Dolomit-Aushöhlung, verlassen wir den Erlebniskurs geradeaus und kommen im Talbereich zu einem riesigen Pferdekoppelsystem. Kurz vor dem Einmünden in die Kreisstraße nach Bernloch achten wir auf die Tafel „Sternberg-Rundweg" und wandern auf einem Forstweg wieder

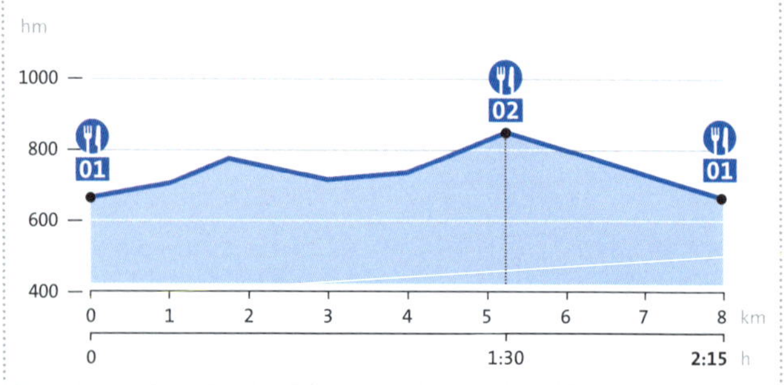

01 Gomadingen, 660 m; 02 Sternberg, 844 m

Gächingen
Gucken
855
840
800
Schopfloch
Egisbrunnen
760
Heuberg
748
Birkenhof
Tiefental
Mittelberg
771
Jungholz
737
Gächinger Lauter
Alter Hau
772
Tiefental
700
Zizelhauser Tal
Degental
Deponie
Platte
Deponie
743
Gomadingen
Ziegelberg
746
01
41
Offenhausen
Gestüts-
museum
Gestütshof
Schömberg
743
Gr. Lauter
Schwäb.
Alb-Bahn
Bermannstal
41
Sternberg
Wanderhm.
SAV 844
02
Lerchenberg
Lerchental
Hühnerberg
763
41
785
Bühlh.
783
Altenberg
782
Hackberg
763
Eichberg
766
751
Hart
714
Marbach
an der Lauter
Held
766
Hart
762
Stutenbrunnen
Marbacher Wiesen
Wahlenberg
753
739
Götzenberg
738
746
Riedhau
Geichenbuch
Beurenhart
772
Mettendorf
730
Hochgesträß
754
0
500 m
Huttenstuhl

An der Großen Lauter bei Gomadingen.

sanft bergan. Die Abzweigung des Wilhelm-Kuhn-Wegs bleibt unberücksichtigt. Nach einer Lichtung zeigt das Schild „Sternberg" an einem Wanderparkplatz auf den Schwarzwald-Schwäbische-Alb-Allgäu-Weg.

Gomadinger Planetenweg.

Wenig später passiert ein Pfad einen Grillplatz und durchquert daraufhin bergwärts eine Wacholderheide mit prächtigen Kiefern. An der Tafel „Pflege der Wacholderheiden" stößt man erneut auf den Lehrwanderweg. Nun hat man nur noch ein kleines Stück auf den Waldschopf **Sternberg** 02 mit Wanderheim. 142 Holzstufen erklimmen den nahen, 32 Meter hohen Aussichtsturm mit zuletzt ulkig enger Wendeltreppe.

Zurück am Wanderheim begeben wir uns auf den Planetenweg. Der Pfad mündet nach Kreuzen eines Waldwegs in einen Forstweg. Auf einer weiteren Heidefläche wird auf kleinen Felsblöcken anhand von Schautafeln das Planetensystem erklärt. Dann spazieren wir in aller Seelenruhe, wieder reicher an Erfahrungen, hinunter nach **Gomadingen** 01.

BUCHTALHÜTTE • 690 m

Verschwiegener Tälerausflug

16 km 4:30 h 219 hm 219 hm

START | Münsingen/Böttingen, Bushaltestelle am Rathaus (Parkplatz), 783 m.
[GPS: UTM Zone 32 x: 540.770 m y: 5.362.210 m]
CHARAKTER | Leichte Steigungen. Meist bezeichnete Wald- und Forstwege, Wirtschafts- und Feldwege, Pfade und verkehrsfreie Sträßchen. Etwas Orientierungssinn erforderlich.

Geht man vom Rathaus in **Böttingen** 01 die Lindenstraße bergan und an der Kirche vorbei, stößt man auf einen spärlich mit dem gelben Dreiblock markierten Wiesenpfad. Dieser leitet zum obersten **Windrad** 02 auf einer Ackerkuppe. Kurz darauf folgen wir rechts einer sanft fallenden Straße, bis uns die gewohnte Bezeichnung auf einen Waldweg weist. Wir kreuzen eine Teerfahr-

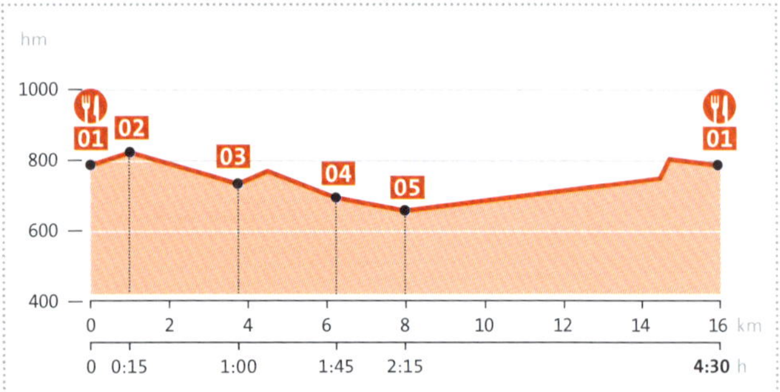

01 Böttingen, 783 m; 02 Windrad, 819 m; 03 Mühltal (1. Querung), 730 m; 04 Buchtalhütte, 690 m; 05 Mühltal (2. Querung), 653 m

bahn und nach einem Pfadstück im **Mühltal** 03 die nach Hütten führende Kreisstraße.

Daraufhin geht's wieder auf einem Waldweg bergauf Richtung Ingstetten. Kurz vor Magolsheim, das einen kleinen Abstecher lohnt, dirigiert der Dreiblock talwärts auf einen geteerten Wirtschaftsweg. An der Einmündung ins Buchtal ist es auf einem Forstweg nur noch ein Katzensprung zur verschwiegenen **Buchtalhütte** 04 mit Grillplatz.

Zurück an der Einmündung wandern wir geradeaus leicht bergab durch das schmale Tälchen. Nach **nochmaliger Straßenquerung** im **Mühltal** 05 wählen wir in der Kurve den gemütlichen Waldweg unter einem alten Sprungschanzenhang vorbei das Böttental aufwärts. Am Teerbeginn öffnet sich in einem Naturschutzgebiet ein winziges Höhlenmaul. Über die südliche Anhöhe spitzelt der Kirchturm von Mehrstetten.

Gleich anschließend, am Fuß einer Wacholderheide, schwenkt die Dreiblockroute auf einen schwach ausgeprägten Feldweg ab, der weiter dem engen, nun von Wiesen gekleideten Talverlauf folgt. Bei einem Skilift ist der Kurs ein Stück durch eine undeutliche, flache Grasspur unterbrochen. Nach einer Weile wird die Straße Böttingen – Mehrstetten gequert. Hinter einem kleinen Waldstück stößt man auf ein verkehrsfreies Sträßchen. Kurz vor einer Kläranlage weist die Beschilderung „Böttental-Rundweg" auf einen Waldweg, von dem wenig später ein Pfad abzweigt. Dieser führt uns zurück nach **Böttingen** 01.

Früh unterwegs auf der „Rauen Alb".

TRAILFINGER SCHLUCHT – ERMSQUELLE – HARTBERG

Schluchtenfeeling und Aussichtsvergnügen

8,5 km | 3:00 h | 328 hm | 328 hm

START | Seeburg (Ortsteil von Bad Urach), Parkplatz P40, direkt neben der Gruorner Straße.
[GPS: UTM Zone 32 x: 533.670 m y: 5.366.020 m]
CHARAKTER | Schöne Wald- und Wiesenpfade und breite Forstwege, kaum Asphalt; der kehrenreiche Abstieg in die Trailfinger Schlucht ist bei Nässe etwas rutschig.

Diese Tour zählt als Seeburgsteig zu den fünf Grafensteigen, die rund um Bad Urach angelegt sind und die ganze landschaftliche Vielfalt erleben lassen. Neben den herrlichen Aussichtspunkten ist es vor allem die wildromantische Trailfinger Schlucht, die zur Ermsquelle führt.

▶ Wir starten vom **Parkplatz** 01, überqueren die Gruorner Straße und folgen rechts hoch der Markierung „Ehrenmal". Durch ein Weidegatter gelangen wir auf einem ansteigenden Wiesenpfad hoch zum sichtbaren **Ehrenmal** 02, das links ein paar Meter abseits vom Weg liegt. Unser Weiterweg verläuft unterhalb mächtiger Felsen zunächst als schmaler Pfad, dann als breiter Forstweg in den schattigen Wald hinein.

Wir passieren rechts einen markierten schönen **Aussichtspunkt** 03

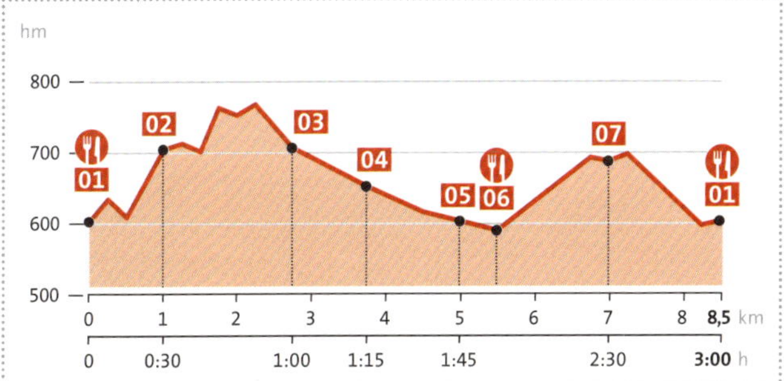

01 Seeburg, 601 m; 02 Ehrenmal, 632 m; 03 Aussichtspunkt, 702 m; 04 Trailfinger Schlucht, 704 m; 05 Ermsquelle, 650 m; 06 Schlössl, 588 m; 07 Hartberg, 685 m

Das aussichtsreiche Ehrenmal über Seeburg.

(wenige Meter vom Weg entfernt). Wir verlassen dann den Wald, gehen am Waldrand entlang und über freie Wiesen, bis wir wiederum einem schattigen Waldweg folgen. Vorbei an einer Lichtung mit Aussichtsliegen und Bänken treffen wir auf einen Kiesweg, den wir aber bald scharf rechts auf einem schmalen Waldpfad verlassen. Links tauchen Felsen auf, unterhalb derer wir in engen Serpentinen durch den Wald absteigen. Bei Nässe kann dieser steile, aber schön angelegte Pfad unangenehm rutschig sein. Bei einer kleinen Holzbrücke haben wir die Talsohle und die **Trail-**

Der eingezäunte Ermsursprung liegt direkt am Weg.

Über diese kleine Holzbrücke gelangen wir in die Trailfinger Schlucht.

Im Hintergrund, über den Häusern, ist der Hartberg zu sehen.

finger Schlucht 04 erreicht. Wir überqueren das Bachbett, halten uns links und wandern das wildromantische Schluchtental leicht bergab, immer wieder rücken links und rechts mächtige Felsen nahe an den Weg heran.

Wir überqueren den Bachlauf nochmals und stoßen kurz darauf auf den eingezäunten **Ermsursprung** 05. Über eine Steinbrücke geht es erneut über die Erms, dann bringt uns der Kiesweg zurück nach **Seeburg** 01 und zum Parkplatz.

Wir halten uns nun rechts, folgen der Beschilderung zum Café Schlössl, auf dem Gehweg an der Straße entlang bis zum Ortsende. Dort rechts am **Café Schlössl** 06 vorbei auf einem schmalen Pfad in den Wald hoch. Zunächst steil und in Kehren wird es dann bei der Pos. Weidentäle flacher und über eine riesige Wiesenfläche wandern wir am Waldrand entlang leicht ansteigend hoch. Am Ende der Lichtung scharf rechts und auf breitem Waldweg stoßen wir auf die Autostraße, die hier eine scharfe Rechtskurve macht. Vor der Kurve halten wir uns links und steigen über ein paar Stufen hoch, folgen der Markierung Richtung Aussicht **Hartberg** 07. Über eine Wiese kommen wir wieder zur Autostraße, überqueren diese und erreichen die Hangkante, die herrliche Aussichten hinab nach Seeburg und hinüber zu Schloss Uhenfels eröffnet.

An der Hangkante nach rechts, am Waldrand entlang und wieder bergab auf einem schmalen Pfad, der in einer scharfen Rechtskehre am Hang entlang bergab und zurück nach **Seeburg** 01 hinab führt. Zunächst links, dann vor der Kirche rechtshaltend sind wir nach wenigen Minuten wieder am Parkplatz.

EPPENZILLFELSEN • 735 m

Den frischen Atem der Uracher Alb spüren

7,5 km · 2:30 h · 291 hm · 291 hm

START | Bad Urach, Bahnhof (Parkplatz), 464 m.
[GPS: UTM Zone 32 x: 529.190 m y: 5.371.050 m]
CHARAKTER | Längerer mittelsteiler Aufstieg zum Eppenzillfelsen. Hervorragend bezeichnete Wander- und Forstwege.

Die stolzen, märchenhaften Mischwaldhöhen um das liebenswerte Ermsstädtchen **Bad Urach** haben eines gemeinsam: Sie verströmen einen unwiderstehlichen, belebend frischen Atem, der den Mittelgebirgswanderer immer wieder zurückzieht in diese pulsierende Herzkammer der Schwäbischen Alb.

▶ Am **Bahnhof** 01 beginnt ein Naturlehrpfad. Das Fuchstäfelchen zeigt den Kurs in wenigen Kehren auf einem Waldwanderweg, zum Teil über Steintreppen, am Höhenfreibad vorbei. Talauswärts zeigt sich die Ruine Hohenurach. Nach kurzem Gefälle auf einem Sträßchen weist der „Reinecke“ auf einen flachen Forstweg. Im Talschluss des Seltbachtals beginnt unsere Route unterschiedlich steil erneut zu steigen.

Unmittelbar hinter der **Kreuzhütte** 02 mit Feuerstelle dirigiert die rote Raute auf einen Wanderweg, der über einen Bergsporn längere Zeit kreislauffördernd zu einem kleinen Aussichtsfelsen leitet. Im Westen entragt der Talsenke des Brühlbachs der Runde Berg. Durch den Hangwald herauf ist deutlich das gedämpfte Rauschen des Uracher Wasserfalls zu vernehmen, zu

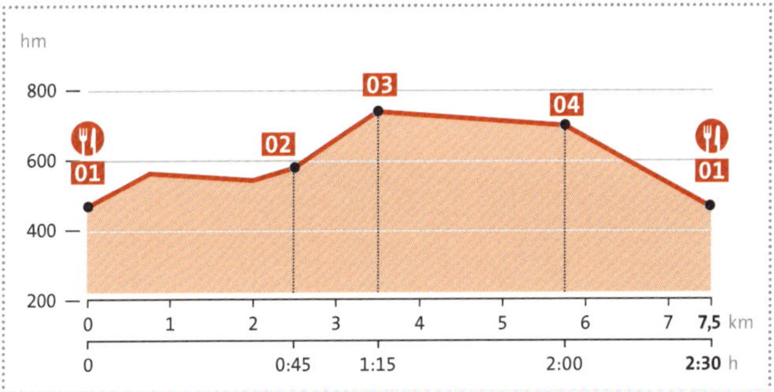

01 Bad Urach, 464 m; 02 Kreuzhütte, 575 m; 03 Eppenzillfelsen, 735 m; 04 Hannerfelsen, 695 m

dem bald ein möglicher Abstecher führt. Nur noch ein Katzensprung ist es jetzt an der Hangkante zum **Eppenzillfelsen** 03 am Rand der Albhöhe.

Weiter im Bereich des Traufs, zwischendurch auf einem leicht fallenden Forstweg, orientieren wir uns am roten Dreiblock und dem Schild „Hannerfelsen". Wo der erste, von uns ignorierte Talkurs nach Urach abzweigt, bietet sich ein erhebender Tiefblick auf das anmutig in wallende Albhöhen eingebettete Städtchen. Bald darauf ist der Unterstand auf dem **Hannerfelsen** 04 erreicht.

Dann geht's talwärts zum letzten Aussichtspunkt bei einer Antennenanlage nahe der nach Bleichstetten führenden Kreisstraße. In steilem Zickzack setzt schließlich links der Schlussabstieg an, teils auf einem Wanderweg, teils auf einem Forstweg, nach **Bad Urach** 01.

Einladender Bad Uracher Marktplatz.

BAD URACHER WASSERFALL – RUTSCHENFELSEN – GÜTERSTEINER WASSERFALL

Der größte und der urtümlichste Wasserfall der Alb

8,25 km | 3:00 h | 296 hm | 296 hm

START | Bad Urach, Maisental, Parkplatz 23.
[GPS: UTM Zone 32 x: 527.600 m y: 5.371.560 m]
CHARAKTER | Bis zum Uracher Wasserfall kinderwagentauglicher Naturweg, dann steiler, felsiger Pfad hoch zu den Rutschenfelsen, flacher Höhenweg bis zum Fohlenhof, dann wieder steiler und wurzeliger Abstieg zum Gütersteiner Wasserfall, zum Schluss gemütlicher Kies- und Asphaltweg.

Ein absolutes Highlight im Wanderangebot der Schwäbischen Alb: Der tosende Uracher Wasserfall ist der größte Wasserfall der Schwäbischen Alb, der Gütersteiner Wasserfall ist mit seiner ehem. Kartause ein wildromantischer, urtümlicher Fleck, und dazwischen bietet der Spaziergang an der Hangkante des Rutschenfelsens entlang fantastische Ausblicke hinunter ins Maisental, hinüber zur Ruine Hohenurach und hinaus ins weite Land.

▶ Vom großen **Parkplatz 23** 01, neben dem Maisentalstüble, wandern wir gemütlich am Brühlbach

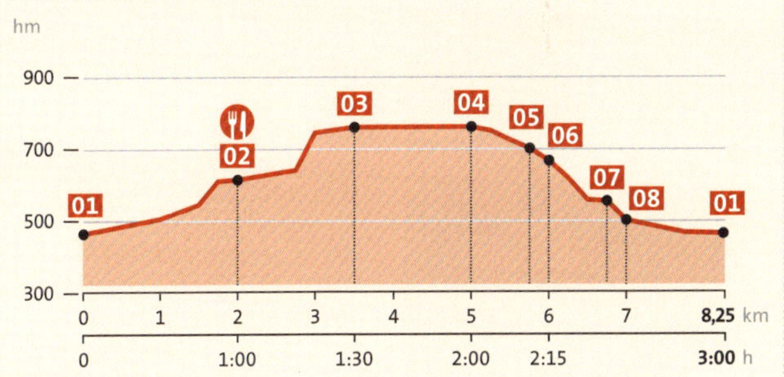

01 Maisental, Parkplatz 23, 460 m; 02 Wasserfallhütte, 610 m; 03 Rutschenfelsen, 755 m; 04 Fohlenhof, 756 m; 05 Gütersteiner Wasserfall, 696 m; 06 Kapelle, 662 m; 07 Gestütshof, 550 m; 08 Viehstelle, 497 m

Oben an der Kante entlang der Rutschenfelsen verläuft unser Weg.

entlang, bis wir bei einer Brücke das untere Ende des Wasserfalls erreichen. Über Steinstufen geht es dann in Kehren steil hoch, mehrfach führt der Steig bis direkt zum Wasserfall vor und bietet tolle Aussichten. Nach etlichen Kehren gelangen wir zur Pos. Elefantenhöhle, wo nach links mit 100 Metern die **Wasserfallhütte** 02 ausgeschildert ist. Der große flache Platz lädt zur Pause ein, bietet Kiosk, WC und Unterstandshütte und einen herrlichen Blick von oben über den Wasserfall hinab.

Der obere Teil des Uracher Wasserfalls.

Anschließend folgen wir der Markierung Richtung Rutschenfelsen, ein steiler und steiniger Pfad, der exponiert am Hang entlang verläuft, mit zwei Aussichtsstellen zum **Rutschenfelsen** 03, wobei die Warnung „nur für Geübte" bei der zweiten Stelle ernst genommen werden sollte, dieser felsige Aussichtspunkt verlangt Schwindelfreiheit und Trittsicherheit.

Kurz nach einer mit Eisengeländer gesicherten Stelle erreichen wir die Hochebene und wandern nun an der aussichtsreichen Hangkante entlang, passieren einen Rastplatz mit Aussichtsliegen, später den Gedenkstein von Ernst Camerer, einem Gründungsmitglied und ehem. Vorsitzenden des Schwäbischen Albvereins. Nach vielen Aussichtspunkten geht es rechts ab auf einen breiteren Forstweg, der Weg führt leicht bergab und bringt

Urweltstimmung beim Gütersteiner Wasserfall.

uns bald zu einer Asphaltstraße und zum sichtbaren **Fohlenhof** 04. Wir durchqueren das Gestüt und marschieren auf grasigem Pfad leicht abwärts in den Wald hinein.

Ein wurzeliger Waldpfad bringt uns steil und kehrenreich hinab, rechtshaltend überschreiten wir den Hangkamm und hören auf der anderen Talseite schon das Wasser rauschen. Nochmals steil bergab gelangen wir zum oberen Ende des **Gütersteiner Wasserfalls** 05 und zur kleinen **Kapelle** 06 Güterstein. Eine wunderbare, urtümliche Landschaft erwartet uns. In engen Serpentinen erreichen wir das untere Ende des Wasserfalls und folgen der Beschilderung rechts Richtung Maisental. Vorbei am **Gestütshof** 07 geht es weiter leicht bergab, bei der **Viehstelle** 08, einem Weiher mit Grillstelle, halten wir uns rechts und folgen dem breiten Kiesweg, der kurz darauf in Asphalt übergeht und uns rechtshaltend über den Brühlbach und zurück zum Parkplatz bringt.

FLORIAN

Exoten bevölkern das Vorland der Neuffener Alb

12,5 km 4:00 h 345 hm 345 hm

START | Grafenberg, Bushaltestelle in der Ziegelwasenstraße am östlichen Ortsrand, 400 m; Parkplatz am Waldspielplatz (der Kohlbergstraße folgen).
[GPS: UTM Zone 32 x: 522.710 m y: 5.379.300 m]
CHARAKTER | Kleine Steigungen. Meist gut bezeichnete Forst-, Wirtschafts- und Wanderwege, Pfade, kurze Straßenabschnitte.

Die mit blauer Raute markierte Kohlbergstraße bringt uns von der Ziegelwasenstraße in **Grafenberg** 01 zum Waldspielplatz. Dort beginnt ein geteerter Forstweg mäßig zu steigen, der zum Arboretum ausgeschilderte Eduard-Mörike-Weg. Bald machen Tafeln auf den **Exotenwald** 02 mit seinen 133 fremdländischen Baumarten aufmerksam: Cilizische Tannen, Götterbäume, Esskastanien, Maximowiczbirken...

Nach der Florianshütte zweigen wir auf eine ungeteerte Erholungsetappe ab. Auf einem Wanderweg mühen wir uns nach einem Unterstand kurz empor zum Parade-Aussichtsberg **Florian** 03.

Zurück auf dem asphaltierten Kurs passieren wir die Kappiser Hütte. Ab dem Gasthaus Kappishäusern geht's auf einem stillen Sträßchen, die Strecke nach Metzingen querend, zum Dörfchen **Kappishäusern** 04. Wir nehmen die Kirchstraße und den mit blauem Dreiblock bezeichneten Feldweg bergan zur Wasserversor-

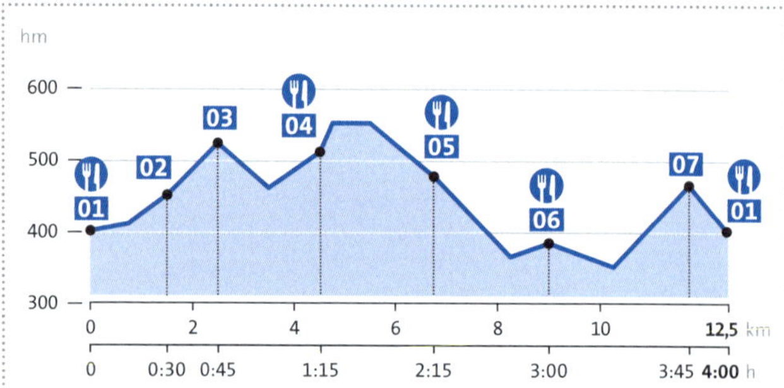

01 Grafenberg, 400 m; 02 Exotenwald, 450 m; 03 Florian, 522 m; 04 Kappishäusern, 510 m; 05 Kohlberg, 476 m; 06 Tischardt, 383 m; 07 Grafenberg (Berg), 464 m

Großbettlingen
Grafenberg
Kohlberg
Tischardt
Keltische Viereckschanze
Reutenwald
Blähwiesen
Berg
464
Buch
313
Arboretum
Floriansberg
522
Jusiberg
673
Bernbold
Brühl
NSG
KAPPISHÄUSERN
Kapuzinerbuche
Korrenhof
Württemb. Weinstr.
NFH
Falkenberg
Weinberg
488
Hofbühl
510
Halden
NEUHAUSEN
Evgl. Stiftskirche
Heimatmuseum
Sofazügle
Autmut
Lauterbach
Steidenbach
Nettelbach
Säulbach
Erms
01
02
03
04
05
06
07
46
356
367
359
377
421
432
449
456
475
499
443
448
520
423
0
500 m

gung. Der Mörikeweg führt uns nördlich durch einen Waldfleck am Fuß des Jusi entlang und später bergab nach **Kohlberg** 05.

Auf einem Gehsteig bummelt man ins Dorf und wählt nach der Bushaltestelle am Ortsanfang rechts die Goethestraße, bis man talwärts in den Schulweg abzweigen kann. Das blaue Dreieck weist den Kurs, stets auf Fußgängerwegen, zur Kirche und unmittelbar vor dieser Richtung Tischardt. Am Ortsende entscheiden wir uns für den rechts abgehenden Feldweg. Auf dem Streuobstwiesen-Pfad hinunter zum Recyclinghof achte man auf die Zeichen. Die Route folgt nun, zwischendurch als Waldweg, einem Bachtälchen.

In **Tischardt** 06 queren wir am Ortsschild die Straße von Kohlberg und ein kleines Wiesenstück. Danach geht's durch eine Siedlung und hinter dem Bäcker vom Brunnenweg über den Floriansweg zur Ermsstraße. Außerhalb des Dorfes müssen wir uns kurz an die nach Grafenberg führende Straße halten, bis wir vorsichtig die B 313 Richtung Metzingen in einen geteerten Wirtschaftsweg kreuzen können.

Nach der Lauterbachsenke wandert man bergan zum nördlichen Ortsteil von Grafenberg. Schilder dirigieren zuletzt zum **Grafenberg** 07, den man über eine Fahrweg-Serpentine erreicht. Dann leiten Steintreppen hinunter zum **Hauptort** 01.

Jusiberg, der Hausberg von Kohlberg.

BASSGEIGE

Knackiger Bergaufstieg und ein Freilichtmuseum

14 km 4:00 h 446 hm 446 hm

START | Owen, Bahnhof (Parkplatz), 390 m.
[GPS: UTM Zone 32 x: 533.030 m y: 5.381.600 m]
CHARAKTER | Langer Steilaufstieg zur Bassgeige. Meist bezeichnete Wirtschafts- und Wanderwege, Forst- und Waldwege, kurze Pfade.

Wir halten uns vom Bahnhof in **Owen** 01 auf die Bassgeige zu, die wir heute überschreiten wollen, und achten des Weiteren auf das rote Dreieck Richtung Brucker Fels. Ab dem Stadtrand steigt ein asphaltierter Wirtschaftsweg über Streuobstwiesen. Im Osten grüßt die Teck. Am Fuß unseres Bergziels setzt ein schweißtreibender Wanderweg an, der nach Kreuzen eines Forstwegs in einer weit ausholenden Schleife den Trauf-Steilhang überlistet. Zum Schluss schwingt sich ein Pfad unter Kalktürmen empor zum Brucker Fels am Nordostsporn der **Bassgeige** 02, wo eine schier endlose Aussicht begeistert. An der Spitze eines der eben passierten Türme vorbei genießt man den Trauf-Wanderweg zum Unterstand auf der Schaukanzel **Beurener Fels** 03 mit Neuffenblick.

Der nach Beuren beschilderte Wanderweg schlängelt sich nun in Serpentinen talwärts. Am Waldrand folgen wir kurz dem linken Forstweg und wählen bei der Station 4, wo der humose Pararendzina-Boden erklärt wird, den Bodenlehrpfad, einen Feldweg. Nach Kreuzen der Kreisstra-

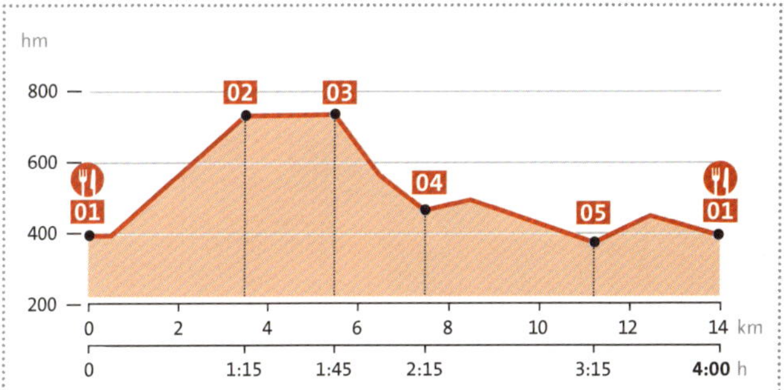

01 Owen, 390 m; 02 Bassgeige (Brucker Fels), 727 m; 03 Beurener Fels, 730 m; 04 Feilichtmuseum Beuren, 460 m; 05 Tiefenbach, 369 m

Rühmenswert: das Freilichtmuseum Beuren.

ße von Erkenbrechtsweiler bringt uns rechts ein Fußgängerweg zum **Freilichtmuseum Beuren** 04 etwas außerhalb des Dorfes.

Am Museums-Parkplatz lenkt das Täfelchen „Bodenlehrpfad“ auf einen zwischendurch ungeteerten Wirtschaftsweg, der durch Streuobstanbau den Sattel zwischen Spitzberg und Engelberg überwindet, zwei einstigen Vulkankegeln. Dann wandert man stets der Nase nach, alsbald auf einem Forstweg, bis das blaue Dreieck vollends bergab zur Querung der nach Nürtingen führenden Kreisstraße im Tal des **Tiefenbachs** 05 weist. Ein weiterhin mit dem Dreieck markierter Waldweg steigt jetzt zu einer Kuppe an. Auf einem Wirtschaftsweg ist hinter einer Halle auf das Zeichen zu achten. Zuletzt bringt uns ein Fußweg hinunter nach **Owen** 01.

Blick auf Burg Teck bei Owen.

Freilichtmuseum Beuren

Das lebendig eingerichtete Museum mit wiederaufgebauten, zum Teil strohgedeckten ländlichen Gebäuden des Mittleren Neckarraums und der Schwäbischen Alb informiert anschaulich über die Lebensweise vergangener Zeiten. Neben ehrwürdigen Wohnhäusern, Ställen und Scheunen entdeckt man: Rathaus, Schreinerwerkstatt, Schmiede, Back- und Waschhaus, Tageslicht-Atelier, Kalkofen und natürlich die Museumsgaststätte Steinbüble mit Gartenwirtschaft und das Tante-Helene-Lädle, einen alten Kolonialwarenladen, sowie einen Dorfteich. In Gärten und auf Äckern werden alte Kulturpflanzen angebaut. Ziegen und Schafe, Hasen und Hühner erfreuen besonders die kleinen Besucher.
Beuren, Tel. 07025/92040, Öffnungszeiten April – Oktober täglich außer Mo 9.oo–18.oo Uhr.

HENGENER GOSLACH • 758 m

Gottverlassene Täler und ein Dolinen-Rundweg

16 km 4:45 h 188 hm 188 hm

START | Grabenstetten, Bushaltestelle in der Ortsmitte (Parkplatz), 710 m. [GPS: UTM Zone 32 x: 534.090 m y: 5.374.610 m]
CHARAKTER | Leichte Steigungen. Ausreichend bezeichnete Wald- und Feldwege, mitunter ausgesetzte Pfade, kurze Pfadspuren und ruhige Straßen.

Wir halten uns von **Grabenstetten** 01 Richtung Ulm und nehmen am Dorfrand den Radweg zum **Heidengraben** 02, einer spätkeltischen Befestigung. Richtung Große Schrecke die Kreisstraße querend, stoßen wir auf einen mit rotem Dreiblock markierten, anfangs steil fallenden Waldweg. Gleich nachdem dieser in einen Wanderweg wechselt, gewinnt man vom **Schreckenfels** 03 einen Tiefblick auf eines der ursprünglichsten Albtäler, fast an die Abruzzen erinnernd. Ein mitunter ausgesetzter, meist flacher Pfad zieht sich jetzt an einem Abbruch entlang. Wo sich die Route verzweigt, hält man sich an das gelbe Dreieck und erreicht auf Pfadspuren in einem Naturschutzgebiet die **Große Schrecke** 04. Ein nur gelegentlich fließender Bach hat sich hier durch eine Gesteinsschicht genagt.

Durch den Felsverhau des beengenden Erdtals wandern wir, bald auf einem Waldweg, leicht bergan. Am Talausgang ist nochmals die Kreisstraße zu queren. Nach Kreuzen der Bundesstraße von

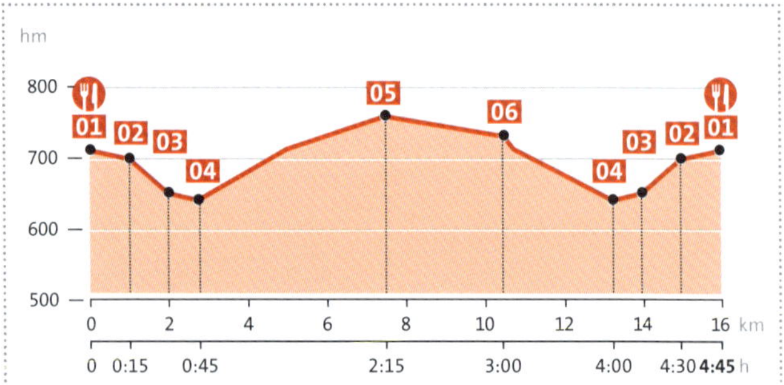

01 Grabenstetten, 710 m; 02 Heidengraben, 698 m; 03 Schreckenfels, 650 m; 04 Große Schrecke, 640 m; 05 Hengener Goslach, 758 m; 06 Heidelbeerhau-Doline, 730 m

Sterrenberg
713
Hirschtal
Hölloch
Konradfels
Schwäb. Dichterstr.
Wachtelberg
701
696
Grabenstetten
709
Keltenmuseum
Heidengraben
48
01
Ruine Hofen
Goldloch
Schlattstall
NSG
465
Gutenbe
Pfings
03
559
Schreckenfels
Falkensteiner
Höhle
02
Pfaffenloh
702
04
Strohweiler
Erzgrube
Hart
763
580
Kohlhau
752
06
Eberstetten
755
28
Schwäbische Albstraße
Weidenbrünnele
Freizeit-
anl.
779
HENGEN
Zimmerbuch
05
Mönchberg
781
754
Känzele
741
762
Dolldorf
Aglishar
0
500 m

Blick vom Schreckenfels.

Böhringen finden wir einen Pfad vor, der am Ende eines undeutlichen Abschnitts am Waldrand entlang von einem flachen Feldweg abgelöst wird. Dieser ist als Dolinen-Rundweg angelegt. Ab dem Wanderparkplatz Zimmerbuch leitet in Kürze weiterhin das gelbe Dreieck zur Feldhüle **Hengener Goslach** 05. An diese frühere Viehtränke trieben in der „guten alten Zeit" Gänsehirten und Gänseliseln das Federvieh. Zurück am Parkplatz folgt man ein kleines Stück rechts der Landstraße von Hengen, bis das Baumsymbol auf einen Wiesenpfad weist. Wieder auf einem Feldweg geht's rechts an der Heidekraut-Doline vorbei. Wenig später begleitet ein geteerter Wirtschaftsweg die B 28. Nach deren Unterführung leitet rechts ein schmales Waldsträßchen zur ansehnlichen **Heidelbeerhau-Doline** 06. Noch ein kurzes Gefälle, dann stößt man an der Kreisstraße auf den bekannten Kurs zurück nach **Grabenstetten** 01.

Grabenstetten.

NEIDLINGER WASSERFALL • 620 m

Malerische Schopflocher Alb

6,5 km · 2:00 h · 160 hm · 160 hm

START | Neidlingen, Bushaltestelle Mitte (Parkplatz), 460 m.
[GPS: UTM Zone 32 x: 541.530 m y: 5.380.980 m]
CHARAKTER | Kurzer, zuletzt steiler Aufstieg zum Neidlinger Wasserfall. Meist bezeichnete Wirtschafts- und Wanderwege, kurze Pfade. Orientierungssinn vorteilhaft.

Wer ein Freund einsamer und unberührter Bergwinkel zum Träumen und Entspannen ist, sich aber nicht sonderlich verausgaben möchte, der dürfte mit dieser Minirunde am charaktervollen Nordabfall der Schopflocher Alb genau richtig liegen. Ein besonderes Erlebnis ist das Neidlinger Tal mit seinen mehr als 20.000 Kirschbäumen zur Blütezeit.

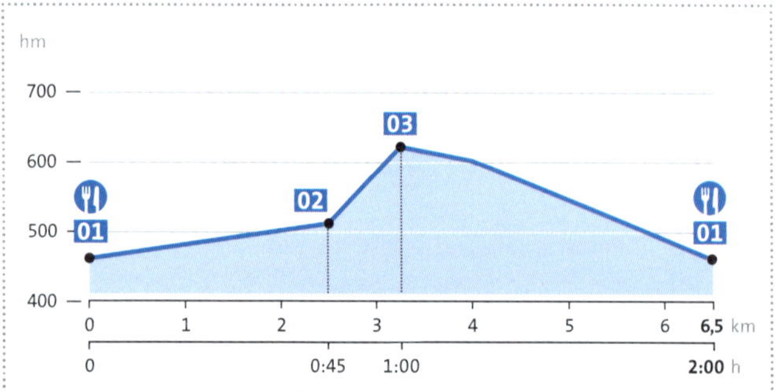

01 Neidlingen, 460 m; 02 Pfanne, 510 m; 03 Neidlinger Wasserfall, 620 m

▶ An der Bushaltestelle Mitte in **Neidlingen** 01 nehmen wir die Kelterstraße und schlagen am Neuen Rathaus die Kirchstraße ein. Die Pfarrscheuer passierend, begleitet uns die junge Lindach auf die schwellenden Albhöhen zu mit der auf einem Felsenriff recht beeindruckenden Ruine Reußenstein. Das Wirtschaftssträßchen ab dem Ortsende durch ein gefälliges Wiesental mit bewahrten Streuobstbeständen ist als Naturlehrpfad angelegt.

An der Abzweigung zur Ruine bleiben wir der Route in der Talsohle treu. Ab einem Unterstand mit Grillplatz steigen wir aus dem idyllischen Talschluss, der so genannten **Pfanne** 02, empor zum **Neidlinger Wasserfall** 03, den wir zuletzt auf einem Pfad mit kleinem Steilstück erreichen. Am kraftvollsten ist der Sturz im Frühjahr. In trockenen Zeiten dagegen stellt er sein Schauspiel mehr oder weniger ein. Das Sammelwasser aus mehreren Quellaustritten strömt hier malerisch über bemooste Steine und rauscht anschließend über insgesamt 45 Meter hohe Kalksinterterrassen. Ein Wanderweg führt nun unter der Ruine Reußenstein vorbei. An der Gabelung, wo das blaue Dreieck zum Waldrand weist, bleibt man auf dem oberen, flachen und unbezeichneten Weg. Auch an der folgenden Wegteilung mit kleinem Gegenanstieg entscheidet man sich für die obere Variante. Ein Forstweg senkt sich anschließend zu einem Wanderparkplatz. Dort folgt man ganz kurz einem Feldweg und benützt an einem Waldeck einen unmarkierten Pfad. Dieser leitet zu einem asphaltierten Wirtschaftsweg, der zurück nach **Neidlingen** 01 führt.

Lindachtal mit Ruine Reußenstein (Schopflocher Alb).

BOSSLER • 794 m

Durch die Weilheimer Albwälder

15,75 km | 4:30 h | 423 hm | 423 hm

START | Weilheim an der Teck, Bushaltestelle bei der Kirche (Parkplatz), 383 m. [GPS: UTM Zone 32 x: 539.620 m y: 5.384.890 m]
CHARAKTER | Längere wenig anstrengende Aufstiege. Bestens bezeichnete Wirtschafts-, Forst- und Wanderwege, Pfade und kurze verkehrsarme Straßen.

Los geht's an der Kirche in **Weilheim** 01. Mit Blick zum Kegel der Limburg gehen wir in Richtung Neidlingen, später gen Gruibingen. Erst nach dem Stadtrand lenkt eine Tafel auf den Egenfirstweg Richtung Häringen. Der geteerte Wirtschaftsweg steigt über Obstwiesen gemütlich an. Bald weist das blaue Dreieck auf einen Waldlehrpfad, der einen alten Steinbruch passiert, wo man früher Eisensandstein abgebaut hat. Teils auf einem Wanderweg, teils auf einem Forstweg führt uns der später flachere Kurs zum Grillplatz **Egenfirst** 02. Dort wird der Blick zum Albtrauf frei.

Boßler im Frühlingskleid.

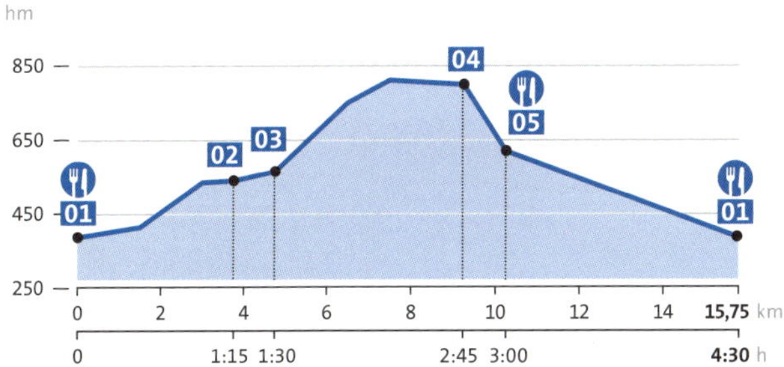

01 Weilheim, 383 m; 02 Egenfirst, 535 m; 03 Häringen, 560 m; 04 Boßler, 794 m; 05 Deutsches Haus, 615 m

Am Ortsende von **Häringen** 03 folgen wir einem wieder steigenden Wirtschaftsweg Richtung Erkenberg. Nach einer Kehre zeigt das blaue Dreieck auf einen Waldpfad. Windungen überlisten den steilen Albtrauf. Wir halten uns an der Einmündung in die Neidlinger Route links und folgen dem roten Dreieck des zum Boßler beschilderten Schwäbische-Alb-Nordrand-Weg. Orchideenarten säumen nun die Höhenbummelei, mal innerhalb des Waldes, mal über Lichtungen und unter einer Stromleitung hindurch zum Aussichtspunkt Bürg. Nicht mehr lange, dann ist der **Boßler** 04 erreicht, ein vorspringender Traufpunkt. Ringsum ein Meer von

Wald- und Wiesenwellen und mehr als 400 Meter unter uns das Städtchen an der Lindach.

Der mit blauem Kreuz bezeichnete Hauptwanderweg 7 bringt uns im Zickzack talwärts zur Einkehr **Deutsches Haus** 05. Kurz nach dem Gasthaus weist das HW-7-Schild auf einen Forstweg. Nach der zweiten Abzweigung Richtung Bad Boll folgen wir dem nach Weilheim beschilderten Pfad, der später wieder in den Fahrweg mündet.

Über den Höhenzug Wolfscherre und zuletzt auf verkehrsfreiem Sträßchen geht's zurück nach **Weilheim** 01.

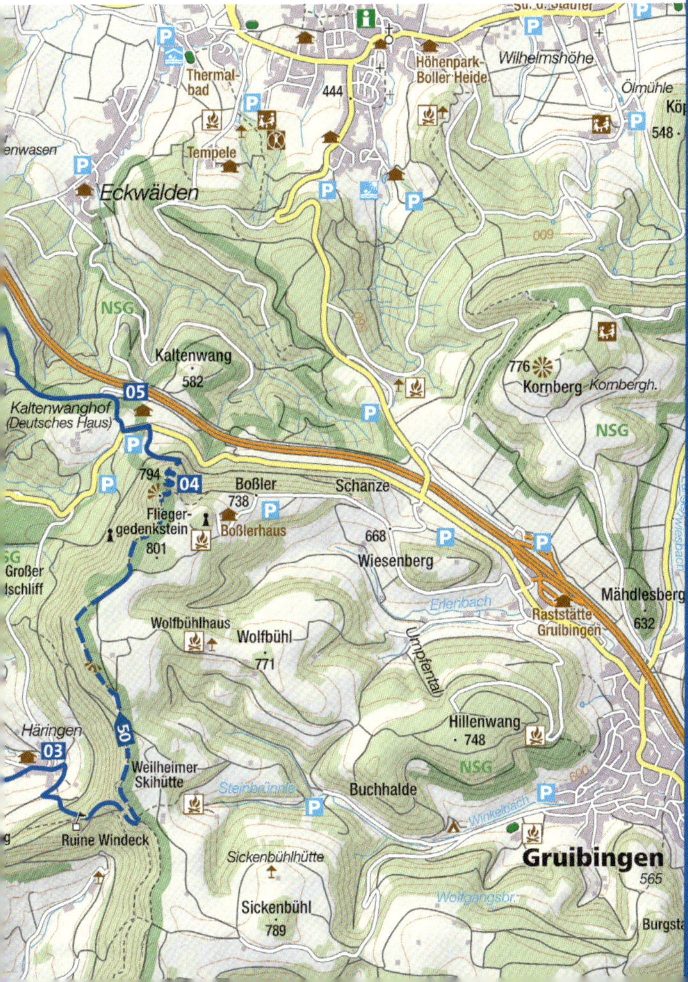

HOHLER STEIN • 780 m

Abenteuerliche Unterwelt und Wildschaugatter

8,75 km | 3:00 h | 125 hm | 125 hm

START | Laichingen, Bushaltestelle Laichingen-Mitte, 755 m; Parkplatz Richtung Stadtmitte.
[GPS: UTM Zone 32 x: 550.870 m y: 5.370.940 m]
CHARAKTER | Leichte Steigungen. Meist bezeichnete Forst- und Wirtschaftswege, kurzer Pfad.

Ein einfacher Alb-Spaziergang beginnt in **Laichingen** 01 an der Bushaltestelle Laichingen-Mitte. Ganz in der Nähe lohnt der Fachwerkbau des Weberei- und Heimatmuseums einen Seitblick. Richtung Sportanlagen bergan bummelnd, lenkt am Stadtrand der Wegweiser „Hohler Stein" zum Waldstadion.

Dort begeben wir uns auf einen flachen Forstweg, der im Waldgebiet Westerlauh bald zu fallen beginnt. Wo wir im Grund des Erbsentals an eine Kreuzung kommen, geht's links auf einem Wirtschaftsweg zwischen Äckern und Wiesen zum Tannhof. Anschließend queren wir die nach Feldstetten führende Kreisstraße und steigen in Kürze bergan zu einer kleinen Waldeshöhe mit dem Naturdenkmal **Hohler Stein** 02, das wir zuletzt auf einem Pfad erreichen. Diese Höhle ist 12 Meter lang und 22 Meter breit. Wer eine Stirnlampe dabei hat und im Klettern ein wenig geübt ist, kann nach einem Durchschlupf von einem Meter Höhe über sehr schmierige Stufen noch zirka drei Meter durch einen abenteuerlichen Spalt zum endgültigen Ende hochkraxeln. Vor allem der Abstieg verlangt große Besonnenheit.

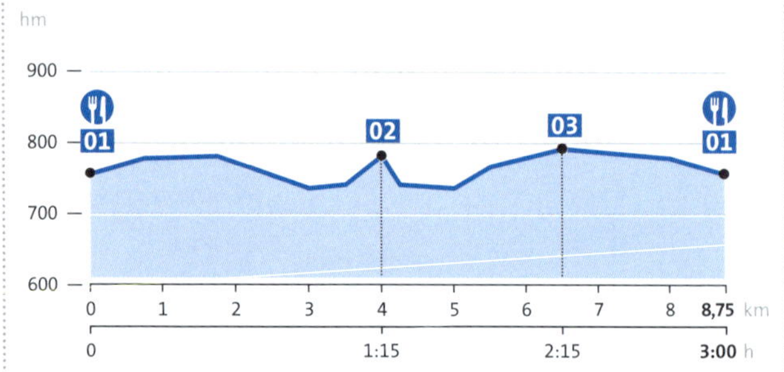

01 Laichingen, 755 m; 02 Hohler Stein, 780 m; 03 Wildschaugatter, 790 m

Ein recht geheimnisvolles Plätzchen, von dem man sich nicht so schnell wieder zu trennen vermag. Wir wandern nun ein ziemliches Stück zurück bis zum Ende der Forstweg-Hauptsteigung. Dort weist uns die Beschilderung sanft bergan zu einem **Wildschaugatter** **03**, das Rot- und Damwild sowie Wildschweine beherbergt. Daraufhin geht's weiter zu einem Waldspielplatz mit Grillstelle und Schautafeln über die Funktionen des Waldes. Zuletzt schlendert man der Nase nach zurück zum Sportgelände und hinunter nach **Laichingen** **01**.

Weberei- und Heimatmuseum in Laichingen.

Hohler Stein und karstkundlicher Wanderweg

Der Hohle Stein, eine Überdachungshöhle auf der Merklinger Alb, auf die sich die Sage vom Laichinger Waldgraf bezieht, wurde durch einen Erdfall geöffnet. Sie liegt wenig oberhalb des Erbsentals, durch das vor ewig langer Zeit ein kleiner Fluss strömte und weiter über das Himpfertal und das Lange Tal zur Ur-Lauter entwässerte. Durch Frostsprengung zerfällt die Höhlendecke leider immer mehr, bis eines fernen Tages nur noch ein Blockverhau in einer Geländevertiefung übrig sein wird. Naturkundlich Interessierte finden auf dem hier vorbeiführenden karstkundlichen Wanderweg noch andere für Karstlandschaften typische Erscheinungen wie etwa die bekannte Laichinger Tiefenhöhle.

52

TIEFENTAL UND HEUTAL

Von der Schmiech auf die Lutherischen Berge

12 km | 3:15 h | 230 hm | 230 hm

START | Schelklingen/Hütten, Bushaltestelle am Backhaus, 585 m; Parkplatz am Rathaus hinter dem Ghf. Mohren.
[GPS: UTM Zone 32 x: 547.260 m y: 5.358.000 m]
CHARAKTER | Außer einem Steilstück leichte Steigungen. Zum Teil bezeichnete Wald-, Wirtschafts- und Feldwege, kurze Pfade. Orientierungssinn und lange Hosen notwendig (Brennesseln).

Vom Backhaus in **Hütten** 01 auf das hoch thronende Kirchlein zuhaltend, zeigt der Wanderwegweiser „Tiefental" die Richtung. Nach der Schmiechbrücke biegen wir auf den Hauptwanderweg 7 Richtung Farrenstall ab. Ein Wirtschaftsweg leitet unter einem kleinen Felsenloch am Flüsschen entlang. Bald schwenkt der HW 7 auf einen Graspfad ab, der ins verschwiegene Tiefental entführt, ein schmales Wiesental. Nicht lange, dann nimmt uns ein Waldweg auf. Am Unterstand mit Grillplatz vor dem Talschluss verlassen wir die Fernwanderroute auf einem

Hütten im Schmiechtal, zwischen der Blaubeurer Alb und den Lutherischen Bergen.

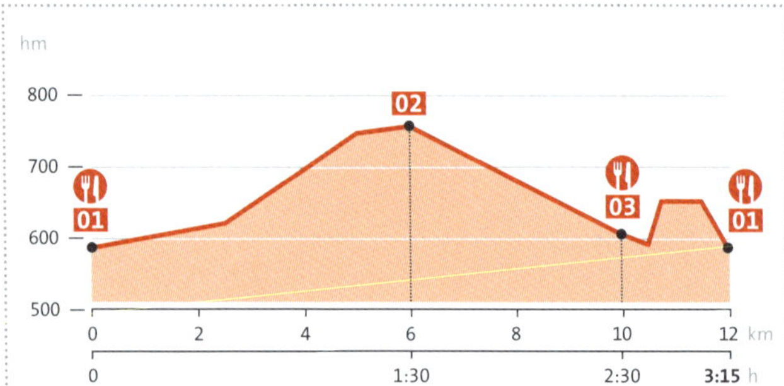

01 Hütten, 585 m; 02 Tiefenhülen, 755 m; 03 Sondernach, 604 m

Regenburren
788
Ziglisberg
760
NSG
Sandbühl
Springen
Sandburren
762
Kirchweg
Zieg
Schlosshof
auerloch
GUNDERSHOFEN
NSG
Ruine Justingen
Schwarzer Weiher
Schmiech
Bränd
Weiherfels
52
Riedmühle
01
HÜTTEN
Lerchenegert
Hohler Fels
52
03
52
Wanne
SONDERNACH
Neusteußli
Karlshof
Lampentäle
Mehlbaum
Hirschfelsen
Schindertäle
52
Tiefenhülen
02
735
Steinmauern
Grötzingen
Wanderh
Heidenhau
Schneckenhäule
720
768
NSG
Weilerste
NSG
Hülbe
Geißbühlhütte
Mühlbachstein
FRANKENHOFEN
Brünnele
Amthau
0 500 m
Briel

unmarkierten, im weiteren Verlauf etwas verwachsenen Pfad. Die Brennessel entwickelt hier wahre Prachtexemplare, denen man leider nicht auskommt. Aber bereits nach ein paar Minuten stößt man erleichtert auf einen zwischendurch undeutlicheren Feldweg. Diesem folgt man nun rechts um ein paar Ecken stets am Waldsaum entlang zu einem Flurkreuz. Dann führt ein Sträßchen in Kürze über die Ackerhochfläche der Lutherischen Berge zum Dörfchen **Tiefenhülen** 02.

Wir passieren die Bushaltestelle und folgen nach dem Dorfweiher rechts einem fallenden Wirtschaftsweg. Ab einer Gabelung wählen wir rechts den Waldweg durchs Bettal. Wo wir auf die Linie der von Schelklingen nach Münsingen verlaufenden Museumsbahn stoßen, geht's weiter talwärts durch das im ersten Abschnitt ebenfalls noch bewaldete Heutal, jetzt mit dem roten Dreieck markiert, nach **Sondernach** 03.

Am Ende des versteckten Dorffleckens hält man sich ganz kurz an den Fußgängerweg neben der Kreisstraße Richtung Münsingen, bis man auf den steigenden, nach Gundershofen beschilderten Pfad abzweigen kann. In engen Windungen müht man sich über einen Wacholderheidehang empor. Im Wald unter dem Weiherfels gabelt sich die Route.

Hoch über dem Schmiechtal erlebt man so mit schönstem Tiefblick ein genussreiches Finale nach **Hütten** 01.

Blick über Sondernach ins Schmiechtal.

HOHLER FELS – SOTZENHAUSER HEIDE

Beschauliche und ruhige Wald- und Heiderundwanderung

9,25 km | 3:00 h | 162 hm | 162 hm

START | Schelklingen, Besucherparkplatz Hohler Fels ist an der B 492 ausgeschildert. [GPS: UTM Zone 32 x: 555.700 m y: 5.358.760 m]
CHARAKTER | Bequeme (und radfähige) Wanderung auf Asphaltsträßchen, gekiesten Waldwegen und Wiesenpfaden mit nur leichten Anstiegen.

Wer dem Trubel auf dem Rastplatz vor dem Hohler Fels entfliehen möchte, und wem das Betrachten der Kletterer am Zwillingsfelsen nicht ausreichend aktiv ist, der ist mit dieser stillen Rundwanderung durchs Riedental zur Sotzenhauser Heide bestens bedient.

Vom **Besucherparkplatz** 01 gehen wir über eine Brücke hinüber zum bereits sichtbaren Höhleneingang beim **Hohler Fels** 02. Vorbei an den Rastbänken vor der Höhle (nur sonntags, bei schönem Wetter, von 14–17 Uhr geöffnet, sonst nur Führungen nach Voranmeldung) marschieren wir weiter auf dem Asphaltsträßchen, passieren den bei Kletterern beliebten und vielbesuchten Zwillingsfelsen und halten uns am Waldrand entlang, bis wir auf eine querende Asphaltstraße treffen, der wir nach rechts folgen. Links, über der Bahnlinie, präsentiert sich der markante Sirgenstein. Bei einer beschilderten Abzweigung, kurz vor dem Hundeübungsplatz, zweigen wir links

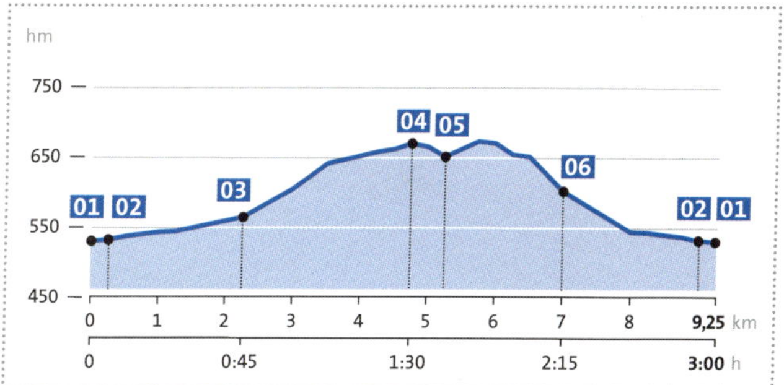

01 Parkplatz Hohler Fels, 528 m; 02 Hohler Fels, 530 m; 03 Nägelesfels, 562 m; 04 Sotzenhauser Heide, 668 m; 05 Sotzenhausen, 649 m; 06 Fahrstraße, 600 m

In der Sotzenhauser Wacholderheide.

ab, gehen zum Wald und rechts am Waldrand entlang weiter. Am nur leicht ansteigenden Weg werden links oben bald mächtige Felsen sichtbar. Unterhalb des **Nägelesfelsen** 03 weisen uns Schilder daraufhin, dass das Pflücken von Märzenbechern verboten ist.

Kurz nach den Felsen halte ich mich zunächst links, in den Wald hinein, um bei der nächsten Verzweigung rechts abzubiegen. Wir verlassen dann den Wald, links tauchen Äcker und Wiesen auf und wir gelangen am Waldrand entlang auf eine Asphaltstraße, der wir scharf rechts folgen. Nach ein paar Metern überqueren wir die Straße und wandern Richtung Sportplatz. Auf Pfadspuren halten wir uns dann rechts, etwas oberhalb der Straße, und gehen über die botanisch wertvolle **Sotzenhauser Wacholderheide** 04. Bei einem Infoschild erreichen wir wieder die Fahrstraße, der wir abwärts in den Flecken **Sotzenhausen** 05 folgen. Durch die wenigen Häuser hindurch, leicht ansteigend, bleiben wir auf dem asphaltierten Sträßchen, biegen mit ihm rechts ab, vorbei an einem großen Holzkreuz, und biegen kurz darauf auf einen unbefestigten, gekiesten Waldweg ab, der uns zunächst nur leicht, dann stärker bergab leitet. Durch den schattigen Wald stoßen wir nach einer scharfen Linkskurve wieder auf die asphaltierte **Fahrstraße** 06. Diese bringt uns hinab zum Hundeübungsplatz und zum Anstiegsweg. Vorbei an Zwillingsfelsen und am **Hohler Fels** 02 geht es zurück zum Ausgangspunkt.

Alternative

Rechts vom Höhleneingang führt ein sehr steiler und schmaler Pfad in Serpentinen am Hohle Fels entlang nach oben. Der schweißtreibende Anstieg, der Trittsicherheit verlangt, führt uns auf das ungesicherte Dach des Hohler Fels, von dem aus wir eine herrliche Aussicht über Schelklingen genießen können. Beim Abstieg können wir auf der anderen Seite auf ebenfalls schmalem und steilem Pfad in Richtung Zwillingsfelsen absteigen und gelangen zwischen den Felsen wieder hinab zum Asphaltsträßchen. Nur bei trockenen Verhältnissen empfehlenswert – und Absturzgefahr am ungesicherten Gipfelplateau beachten!

Klettern an den Zwillingsfelsen.

54

HÖGGHÜTTE • 720 m
SCHLOSS MOCHENTAL • 576 m

Waldeinsamkeit auf dem Landgericht

13,75 km | 3:30 h | 184 hm | 184 hm

START | Ehingen/Mundingen, Bushaltestelle am Schulhaus, 660 m; Parkmöglichkeit am Landwirtschaftlichen Museum, an der Straße Richtung Lauterach.
[GPS: UTM Zone 32 x: 543.100 m y: 5.348.510 m]
CHARAKTER | Leichte Steigungen. Meist bezeichnete Forst-, Wald- und Wanderwege, kurze Pfade und Sträßchen.

Diese große erfrischende Waldrunde auf dem kaum besuchten Landgericht startet am Schulhaus in **Mundingen** 01. Der rote Balken des HW 7 leitet bergan durchs Dorf und vor dem Ortsende auf einen Wirtschaftsweg. Vom Landwirtschaftlichen Museum geht's auf einem kurzen Pfad zu einem Forstweg. Auf dem flachen Schwäbische-Alb-Oberschwaben-Weg Richtung Altsteußlingen wandern wir, ein Sträßchen querend, immer der Nase nach durch die wohltuende Waldesruhe. An einem Findling verlässt man die so genannte Lange Linie und kommt gleich danach zur **Högghütte** 02. Die Forsthütte lädt zu einer ungestörten Rast. Bald darauf stößt man auf die blaue Raute, die fortan den Kurs Mochental angibt und dabei auf einen Waldweg verweist. Nach kleinem Gefälle öffnet sich beim Dorf Kirchen kurzzeitig der Wald und gibt den Blick ins Donautal und zum Bussen frei. Auf einem Wanderweg ist nun bei einem neuerlichen Waldeck auf die Beschilderung zu achten. Ab

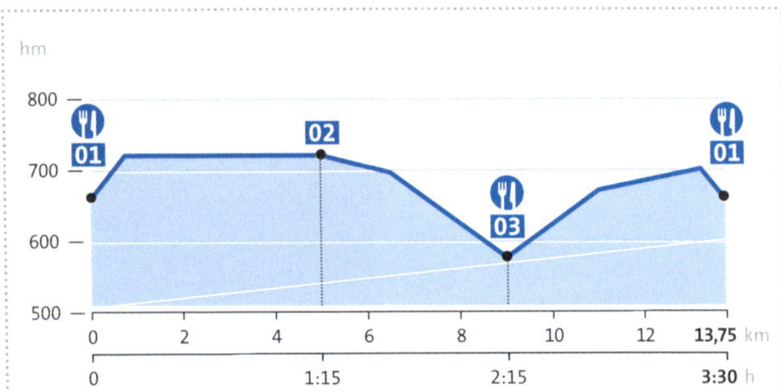

01 Mundingen, 660 m; 02 Högghütte, 720 m; 03 Schloss Mochental, 576 m

Ziegenweide am Ortsrand von Mundingen (Landgericht).

einem Steinbruch wandert man auf einem fallenden Forstweg, der zwischendurch von einem Pfad begleitet wird, zum **Schloss Mochental** 03. Im Innenhof entdeckt man nicht nur eine willkommene Einkehrmöglichkeit, sondern auch noch das erste Besenmuseum der Welt, außerdem den Hubertussaal und die mit Fresken geschmückte Nikolauskapelle. Anschließend geht es auf dem Sträßchen Richtung Mundingen ganz kurz talwärts. Dann gilt es während einer leichten Forstwegsteigung die Abzweigung mit der blauen Raute nicht zu übersehen. Nach Querung der Landstraße von Untermarchtal schaltet sich ein Waldwegabschnitt ein. Mit nochmals weiter Aussicht gelangen wir wieder nach **Mundingen** 01.

BLAUTOPF – RUSENSCHLOSS

Vom bekannten Blautopf zum aussichtsreichen Rusenschloss

9,75 km | 3:30 h | 220 hm | 220 hm

START | Blaubeuren, Parken am Bahnhof oder entlang der Karlsstraße.
[GPS: UTM Zone 32 x: 558.610 m y: 5.361.510 m]
CHARAKTER | Der steile Anstieg nach dem Blautopf, der schmale Pfad am Knoblauchfelsen und der steile Abstieg nach dem Rusenschloss geben dieser ansonsten leichten Tour einen roten Anstrich.

Die wegen ihrer blauen Farbe Blautopf genannte Karstquelle am Nordrand von Blaubeuren inspirierte schon Eduard Mörike zu seinem Märchen von der schönen Lau und ist ein grandioser Start- und Zielpunkt für eine aussichtsreiche Rundtour am Ostrand der Schwäbischen Alb.

▶ Vom **Bahnhof** 01 gehen wir die Karlsstraße entlang durch das sehenswerte Blaubeuren. Vorbei an viel Fachwerk und am Urgeschichtlichen Museum gelangen wir über die Klosterstraße zum **Kloster Blaubeuren** 02, dem wir einen Besuch abstatten. Anschließend ist nach wenigen Schritten der berühmte **Blautopf** 03 erreicht, dessen Wasser uns mit seinen schillernden Blautönen fasziniert. Wir passieren die historische Hammerschmiede und die Figur der schönen Lau und wandern auf Naturwegen zunächst um den Teich herum (Markierung: rote Gabel), dann auf schmalem

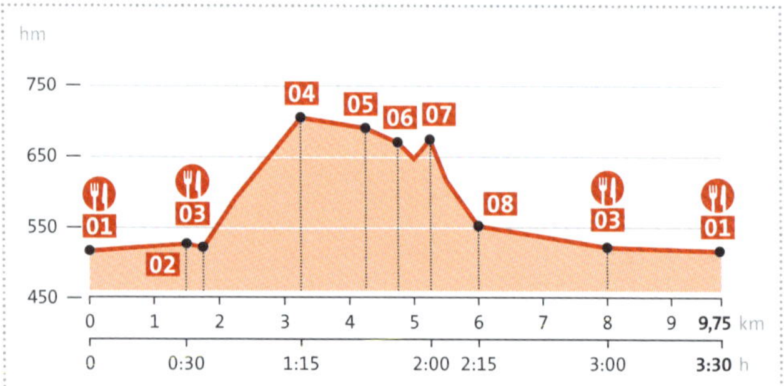

01 Blaubeuren, Bahnhof, 515 m; 02 Kloster, 525 m; 03 Blautopf, 520 m; 04 Spielplatz Landsitz, 703 m; 05 Kriegerdenkmal, 688 m; 06 Knoblauchfelsen, 668 m; 07 Rusenschloss, 672 m; 08 Verzweigung Tugendpfad, 550 m

Pfad durch den schattigen Wald bergan. Wir stoßen auf die Autostraße, gehen hinter den Leitplanken nach rechts und überqueren die Straße, um auf der anderen Seite auf einem breiten Forstweg wieder in den Wald hochzusteigen. Oben, am Waldende, halten wir uns rechts und kommen wenig später zu einer großen Lichtung, dem Spielplatz **Landsitz** 04.

Aufgang zur Ruine Rusenschloss.

Info:

Nach Verlassen des Rusenschlosses, wenige Meter unterhalb des südlichen Torbogens, gibt es rechts vom Weg einen wunderschönen Aussichtspunkt hoch zum Rusenschloss, der über ein paar leichte Anstiegsmeter gut zu erreichen ist. Vorsicht, der Aussichtsplatz ist ungesichert, Absturzgefahr!

Nach dem Spielplatz stoßen wir auf die Asphaltstraße, die nach Sonderbuch führt. Wir können der Straße folgen oder geradeaus, rechts an den Häusern vorbei, über einen Wiesenpfad zur Blaubeurer Straße hinabgehen. Am Ortsschild und einem kleinen Parkplatz überqueren wir die Straße und folgen dem Naturweg in den Wald hinein. Bei einem **Kriegerdenkmal** 05 hat man rechts an der Hangkante einen ersten schönen Ausblick über Blaubeuren. Wir folgen nun einem schmalen Waldpfad leicht bergab, der uns wieder zurück auf den gekiesten Hauptweg bringt. Stets abwärts gehend taucht vor uns der imposante **Knoblauchfelsen** 06 auf. Über einen ausgetretenen felsigen Pfad ist der aussichtsreiche Felskopf zu erreichen, allerdings ist Vorsicht geboten – auch da hier seltene und geschützte Pflanzen wachsen.

Das nächste Ziel, das **Rusenschloss** 07, ist vom Knoblauchfelsen gut einzusehen und über eine paar steile Serpentinen führt uns bald ein schmaler Pfad durch einen Torbogen zu den Ruinen. Auf einer geländergesicherten, steilen Holztreppe gelangen wir hoch zu einem fantastischen Aussichtspunkt. Unterhalb des Rusenschlosses leitet uns ein Weglein wieder durch einen Torbogen bergab und zu imposanten Höhlen. Wir können die Höhlen durchqueren und auf schmalem Pfad weiter bergab steigen oder wir gehen die paar Meter zurück und bleiben auf unserem breiteren, mit roter Raute markierten Weg. Beide Varianten treffen sich bald wieder. Wir steigen im Wald weiter bergab, bis wir unter uns die Blau und die Eisenbahnlinie sehen. An einem Querweg biegen wir rechts ab und folgen den Markierungen am Waldrand entlang. Der mit Infotafeln ausgestattete **Tugendpfad** 08 bringt uns gemütlich und parallel zur Blau zum Blautopf zurück. Über die Karlsstraße erreichen wir wieder unseren Ausgangspunkt am Bahnhof.

Der Blautopf und sein wunderschöner Farbverlauf.

HÜBSCHER STEIN

Vergnügungswandern am Rand der Blaubeurer Alb

15,5 km | 3:45 h | 151 hm | 151 hm

START | Merklingen, Bushaltestelle in der Ortsmitte (Parkplatz), 699 m. [GPS: UTM Zone 32 x: 555.810 m y: 5.373.270 m]
CHARAKTER | Leichte Steigungen. Meist gut bezeichnete Wald- und Forstwege, anfangs stille Straßen.

In der Ortsmitte von **Merklingen** 01 gehen wir am Gasthaus Hirsch vorbei und danach auf ruhiger Straße übers Grünland nach **Machtolsheim** 02, das wir beim Sportplatz erreichen. Am Dorfanfang nehmen wir die Straße „Am Schragengarten“ und passieren im Zentrum links die Kirche. Die Vorfahrtsstraße querend spaziert man die Hasengasse bergauf, nach dem Ortsende durch die Unterführung der Umgehungsstraße und auf nahezu verkehrsfreier Zufahrt zum **Pony- und Märchenpark** 03. Hier, am Rand des Naturschutzgebietes „Heiden im Langen Tal“, findet man neben einer Fachwerk-Puppenstube eine Miniatur-Eisenbahn und Raupenbahn.

Ein kleines Stück östlich lenkt die gelbe Raute Richtung Geislingen unter der nach Berghülen führenden Landstraße hindurch. Auf einem leicht fallenden Waldweg bummelt man nun durch das schmale Lange Tal. Zur Linken erstreckt sich eine Wacholderheide mit verstreuten Felskloben, rechtsseitig ein Waldgürtel und die Talsohle selbst deckt ein winziger Wiesenstreifen. Später nimmt der Wald die gesamte Talbreite ein. Nach einem Unterstand kommen wir zum Naturschutzgebiet

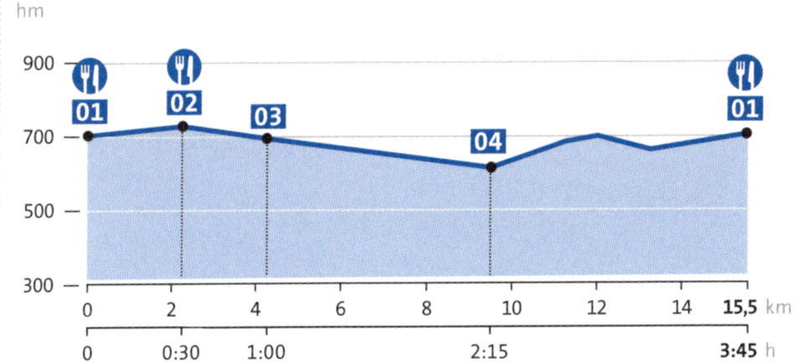

01 Merklingen, 699 m; 02 Machtolsheim, 724 m; 03 Pony- und Märchenpark, 690 m; 04 Hübscher Stein, 610 m

Kuhberg. Weiter geht's talauswärts, bald dem gelben Dreiblock nach, zu einem uralten Grenzstein (mittelalterliche Grenze Ulm – Helfenstein – Württemberg) am Beginn des ebenfalls trockenen Lautertals, der sich **Hübscher Stein** **04** nennt.

Wir wählen jetzt scharf links das Martersteigle. An einer Forstwegteilung geht's geradeaus unmerklich bergab und an der Gabelung beim Hüttenhäule erneut bergwärts. Bei einem Jägerstand schwenken wir rechts in einen Querweg ein und halten uns an einem weiteren Hochsitz Richtung Merklingen. Ab der Verzweigung bei der Forstabteilung Läuberhäule geht's rechts hinunter in eine Talsohle und nach dem geschützten Wacholderhang Sandburr hinauf nach **Merklingen** **01**.

Für die Kleinen

Der Pony- und Märchenpark hat von Ostern bis Anfang November täglich von 9–18 Uhr geöffnet.
Genaueres unter:
Tel. +49 (0) 7333-5600
www.ponymaerchenpark.de.

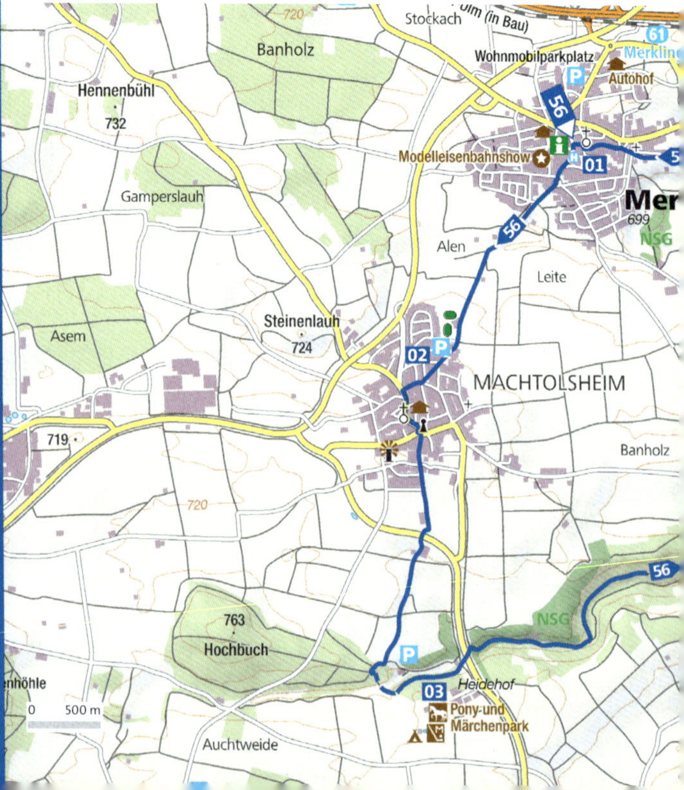

Pony- und Märchenpark bei Machtolsheim.

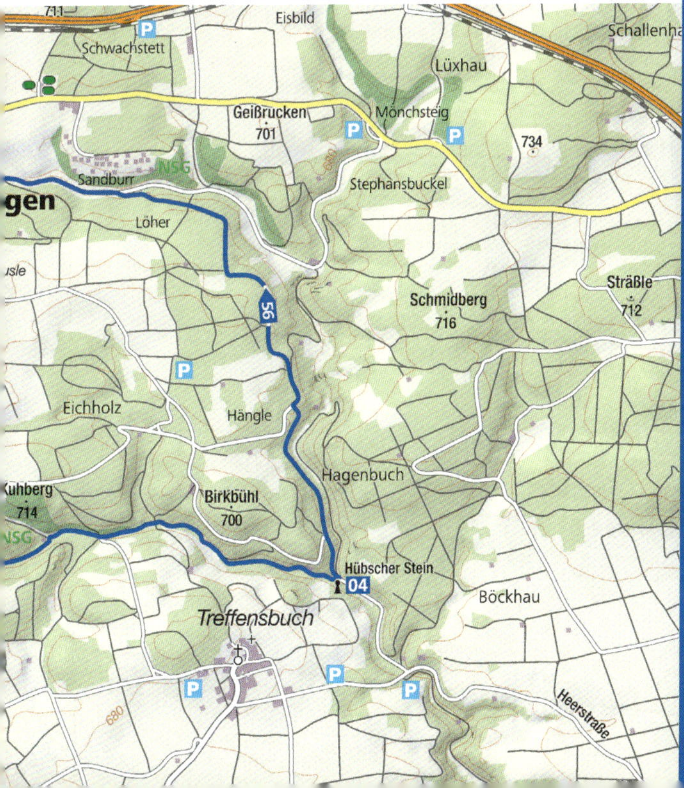

LONSEE – LUIZHAUSEN

Bummelei über dem oberen Lonetal

12 km | 3:00 h | 115 hm | 115 hm

START | Lonsee, Bahnhaltestelle (Parkplatz), 580 m.
[GPS: UTM Zone 32 x: 567.710 m y: 5.377.260 m]
CHARAKTER | Einfache Steigungen. Zum Teil bezeichnete Wirtschaftswege und Pfade, kurze Wanderwege und Pfadspuren sowie verkehrsfreie Sträßchen.

Als Ausgangspunkt für unsere gemächliche Runde zwischen der Stubersheimer und der Ulmer Alb wählen wir den Bahnhalt in **Lonsee** **01**. Auf die Kirche zugehend, zeigt der Wanderwegweiser „Scharenstetten" den mit gelber Raute bezeichneten Kurs durchs Dorf, wobei die Lone gequert wird.

Am letzten Haus beginnt ein Pfad, der kurz von einem Waldweg unterbrochen wird. Über eine kleine geschützte Wacholderheide mit beachtlicher Baumvielfalt ansteigend, genießen wir einen schönen Ausblick zu einem stattlichen Heidehang auf der anderen Talseite.

Der Wassererlebnisbereich Lonesee.

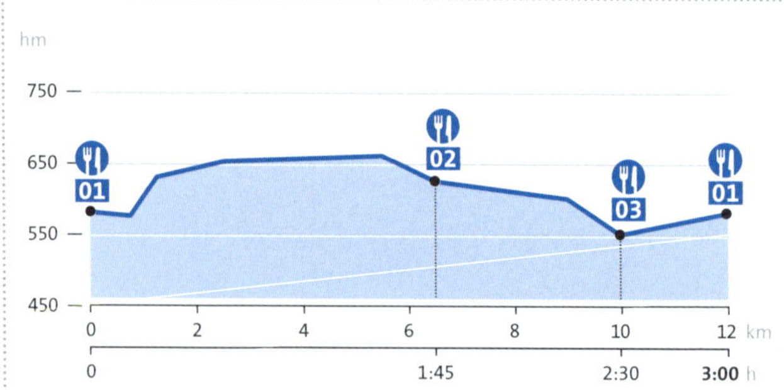

01 Lonsee, 580 m; **02** Luizhausen, 624 m; **03** Halzhausen, 550 m

611
Geislinger
Spitalwald
Lichsfeld
Lange Lache
Ettlenschieß
10
Hochberg
640
Salach
Stürzel
Urspring
Guckele
680
600
Römisches Kastell
Banholz
Haldenstein-höhle
634
Hägelesberg
57
01
NSG
Lonsee
564
Gländ
Breites Reis
Hörnle
03
Lone
Krautgarten-hau
Bühl
Hätteteich
02
Luizhausen
Hinterdenkental
Lauberhau
Neudenkental
Wacholderberg
Mauerhof
0 500 m

Anschließend erreichen wir das Ackerhochland. Ein spärlich markierter Wiesenpfad begleitet nun den Waldrand.

Daraufhin führt ein Wirtschaftssträßchen an der B 10 entlang und quert diese bei einer weiteren unter Naturschutz stehenden Baum- und Gebüschgruppe. Wir folgen jetzt einem Flurweg und zwischendurch einer Fahrspur unter einer Hochspannungsleitung hindurch, bis der gewohnte Wegweiser auf eine kurze fallende Grasspur lenkt. Ein geteerter Wirtschaftsweg stößt bald danach auf ein Anliegersträßchen.

Dieses bringt uns links bergab an einem Grillplatz vorbei ins Dörfchen **Luizhausen** **02**. Im heutigen Gasthof Löwen des schon früher bedeutenden Verkehrsortes soll sich einst Napoleon eingemietet haben.

Man hält sich gleich zur Kirche und dort zum Brunnenplatz. Am südlichen Ortsende passiert die Weststetter Straße das kürzeste Bahngelände der Alb mit einem Überbleibsel der einstigen Zugverbindung. Ein Wirtschaftsweg berührt nochmals einen schmalen Streifen Naturschutzgebiet. Dann geht's auf einem fallenden verkehrsfreien Sträßchen an einer letzten Wacholderheide (Naturdenkmal) mit Feuerstelle vorbei nach **Halzhausen** **03**. Nach der Lonebrücke begeben wir uns auf den Radweg und schlendern zuletzt auf einem Wanderweg an einem Stausee mit Insel und der Lone entlang nach **Lonsee** **01**.

Das Rathaus in Halzhausen.

GALGENBERG • 714 m
SOMMERBERG • 725 m

Dürrentalrunde mit Besuch einer Steinjungfer

14 km | 4:30 h | 390 hm | 390 hm

START | Deggingen, Bushaltestelle am Friedhof (Parkplatz), 492 m. [GPS: UTM Zone 32 x: 552.590 m y: 5.382.880 m]
CHARAKTER | Mäßig steiler Aufstieg zum Galgenberg. Meist gut bezeichnete Pfade, Wander-, Wirtschafts- und Feldwege, kurzes Sträßchen und ganz kleines wegloses Stück.

Vom Friedhof am Ausgang des Dürrentals in **Deggingen** 01 nehmen wir kurz den Dürrentalweg und schwenken auf den Galgenbergweg ab. Auf dem mit roter Raute markierten Sträßchen geht's hinauf zum Dorfrand. Wir folgen dem Richtung Auendorf ausgeschilderten Feldweg, bis uns die Raute auf einen Pfad weist. Anfangs durch eine Wacholderheide, später durch Wald, überwinden wir ohne große Anstrengung den steilen Berghang. Bei einer Ruhe-

Die Steinerne Jungfer.

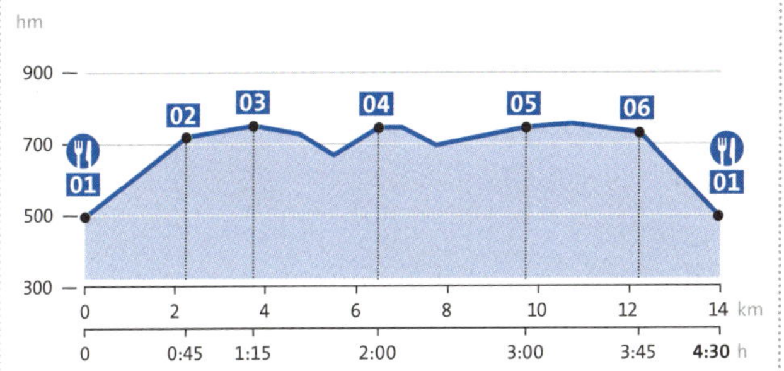

01 Deggingen, 492 m; 02 Galgenberg, 714 m; 03 Sickenbühl, 745 m; 04 Schlageter-Denkmal, 740 m; 05 Steinerne Jungfer, 740 m; 06 Sommerberg, 725 m

Mähdlesberg
Fuchseckhof
Hasenbühl
Haldenberg
Wanderheim Wasserberghaus
Fuchseck
762
Wasserberg
752
Gairenhütte
Gairen
Hochberg
573
Fischweiher
Häsleshau
749
04
58
Wachholderburren
Wanne
Steinerne Jungfer
747
05
Auendorf
665
753
Reichenbach
Nordalb
Sandburren
Barmenberg
NSG
Krettenbach
Ebnet
Hardtmühle
Sickenbühl
06
725
Sommerberg
03
ehemalige Burg Leimberg
705
Unterer Leimberg
02
736
Galgenberg
58
01
Deggingen
493
466
714
Leimberg
747
Bad Ditzenbach
509
ehem. Burg
Oberbergfels
Schonterhöhe
Schlossberg
Ruine Hiltenburg
717
Heiligenbühl
764
Gosbach
Tierstein
772
Königsbühl
Deggingen-Berne
Ofen
Hirscheck
Schafhaus
Krähenstein
0 500 m

bank wählen wir rechts die Abkürzung. Im Zickzack gewinnt man den **Galgenberg** 02. Ringsum eine fesselnde Vielgestaltigkeit.

Die Auendorfer Route begeistert jetzt an der Traufkante der so genannten Hochalb mit Ausblicken von kecken Felsnasen. In einem Wäldchen schwenkt der Kurs rechts ab. Der Pfad Richtung Fuchseck mündet in einen Wirtschaftsweg. Über Wiesen und Äcker wird der **Sickenbühl** 03 überschritten, dann kürzen wir auf dem Barmenberg eine Schleife des im weiteren Verlauf asphaltierten Wegs ab und wandern bergab zur Einsenkung oberhalb Auendorf. Ein Sträßchen führt nun bergan über den Waldhang der Wanne. Auf dem Häsleshau zweigen wir links auf einen Feldweg ab und legen den kleinen Abstecher zum **Schlageter-Denkmal** 04 ein, einer stattlichen Steinpyramide und Aussichtswarte.

Über Lichtungen geht's danach auf einem Fahrweg Richtung Nordalb. Ein Pfad senkt sich bald zu einem Waldsattel, von dem ein Sträßchen zum Wacholderburren ansteigt. Kurz vor einem Parkplatz leitet rechts ein Waldwegabzweiger zum nahen Trauf, wo es nur noch ein paar weglose Meter zu einem versteckten, mitunter überhängenden Felszahn sind, der sich **Steinerne Jungfer** 05 nennt.

Von der Bildungsstätte Nordalb bringt uns ein Wirtschaftsweg über den Sandburren zum Schafhaus und eine Wiesenspur zum vorspringenden **Sommerberg** 06. Zurück an der Naturschutztafel geht's auf einem Wanderweg durch eine Wacholderheide hinunter nach **Deggingen** 07.

Blick zum Oberbergfels.

FUCHSECK • 762 m
WASSERBERG • 751 m

Höhenwandern in der Voralb

10,75 km | 3:30 h | 513 hm | 513 hm

START | Schlat, Bushaltestelle am Rathaus (Parkplatz), 410 m. [GPS: UTM Zone 32 x: 551.930 m y: 5.389.120 m]
CHARAKTER | Längere mittelsteile Aufstiege. Bestens bezeichnete Wirtschafts-, Wanderwege und Pfade.

Die Hauptstraße bringt uns vom Rathaus in **Schlat** 01 zum Gasthof Lamm. Dort folgen wir der Reichenbacher Straße, bis die Bachstraße abzweigt. In der ersten Kurve spaziert man in die Fuchseckstraße. Ein Wirtschaftssträßchen steigt dann sanft bergan über Streuobstwiesen auf die Ausliegerberge der Göppinger Voralb zu.

Nach kleiner Wiesenquerung auf einer Pfadspur wollen auf dem mit blauem Dreieck markierten Wanderweg die Waldhänge des Mähdlesbergs überwunden werden. Zuletzt gelangt man auf einem geteerten Weg zum abgelegenen **Fuchseckhof** 02.

Die Tafel „Fuchseck" weist nun über Wiesen zum mächtig beeindruckenden ersten Bergziel. Von einem kurzen Feldweg aus überwältigt schlagartig die traumhafte Schau über das Filstal zu den Kaiserbergen. Im Osten erhebt sich der Wasserberg. Kraftsparende Serpentinen überlisten die grimmige Flanke zum Aussichtspunkt **Fuchseck** 03 mit erhebendem Talblick.

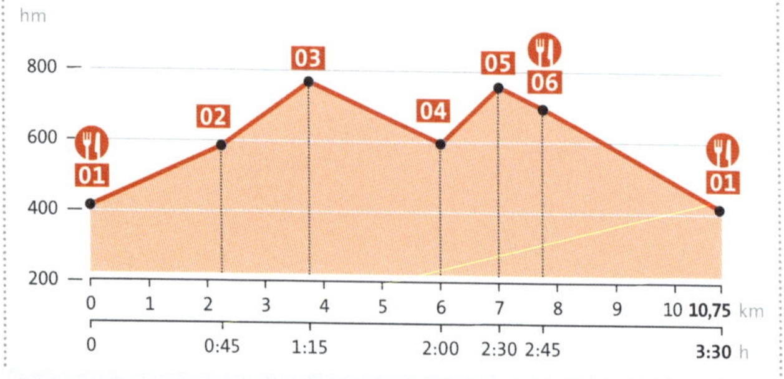

01 Schlat, 410 m; 02 Fuchseckhof, 580 m; 03 Fuchseck, 762 m; 04 Gairenhof, 590 m; 05 Wasserberg, 751 m; 06 Wasserberghaus, 690 m

Vom Aussichtspunkt wieder kurz zurück wandernd, setzt an einer Verzweigung Richtung Gairenhof ein kleiner Gegenanstieg an. Danach beginnt dann der mit rotem Dreieck bezeichnete Nordrandweg HW 1 leicht zu fallen. An einer Gabelung benützen wir den unteren Pfad. Auf dem zum Wasserberg beschilderten Forstweg treffen wir beim **Gairenhof** 04 ein.

Man quert die Landstraße von Schlat und folgt zunächst einem geteerten Wanderweg, später einem Pfad empor über den Nordhang unseres zweiten Tagesziels. Vom Steigungsende ist es auf einem kleinen Abstecher nicht mehr weit zum höchsten Punkt auf dem **Wasserberg** 05 mit der privaten Gairenhütte.

Ab dem nahen **Wasserberghaus** 06 des Albvereins folgen wir den talwärts führenden Wanderwegwindungen, halten uns an einer Wegteilung Richtung Süßen und schlendern auf einem Wirtschaftssträßchen zurück nach **Schlat** 01.

Wasserberg von Westen (Göppinger Alb).

Ein wahrlich atemberaubender Ausblick.

HOHENSTAUFEN • 684 m

Schneller Zugang zur Stammburg der Staufer

5,5 km 2:00 h 262 hm 262 hm

START | Maitis (Stadtbezirk Göppingen), Wanderparkplatz an der K1405. [GPS: UTM Zone 32 x: 552.840 m y: 5.400.560 m]
CHARAKTER | Wanderwege durch Wiesen und Wald, kurze Asphaltstücke, der kurze Direktanstieg durch den Wald im letzten Abschnitt ist steil und kehrenreich.

Die ehemalige Stammburg des Königs- und Kaisergeschlechts der Staufer ist ein fantastischer Aussichtsberg, der Geschichtsatmosphäre und landschaftliche Schönheit miteinander verbindet und die Einkehr in der Berggaststätte zu einem Erlebnis macht.

Vom kleinen Wanderparkplatz kurz vor dem Ortsschild von **Maitis** 01 gehen wir in den Ort hinein und folgen der ersten Abzweigung, dem **Stauferweg** 02, rechts hoch. Zunächst asphaltiert steigen wir Richtung Wald auf, überqueren zwei Mal die Autostraße und erreichen zum Schluss auf dem Gehweg neben der Fahrstraße den Ort **Hohenstaufen** 03. Nach der Jugendherberge halten wir uns rechts und es geht über Wiesen hoch zum Waldrand und zu einer **Verzweigung** 04. Wer es gemütlicher mag, wählt den Rundweg, wer schneller ans Ziel kommen will, nimmt geradeaus den steileren und kehrenreichen Direktanstieg. Beide Varianten treffen kurz vor Erreichen der Burgruinen wieder zusammen. Rechts taucht dann auch die aussichtsreiche Terrasse der Berggaststätte „Himmel und Erde“ auf. Die große Gipfelfläche des **Hohen-**

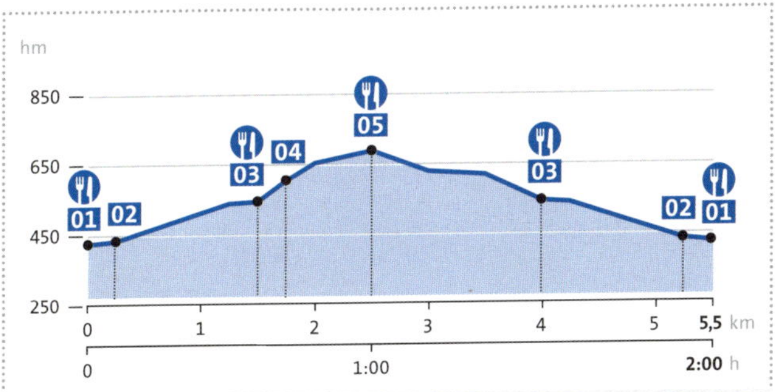

01 Maitis, 422 m; 02 Stauferweg, 430 m; 03 Hohenstaufen-Ort, 540 m; 04 Verzw. Rundweg, 600 m; 05 Hohenstaufen, 684 m

Fernsicht von der Gipfelfläche des Hohenstaufen.

staufen 05 ist mit Ruinen und Infotafeln bestückt, rechts geht es noch ein paar Meter hoch zu einem herrlichen Aussichtspunkt, mit einer Säule, die an die frühen Stauferherrscher erinnert, einer Orientierungstafel, Aussichtsbänken und einer Grillstelle. Für den Abstieg wählen wir dann den breiten Kiesweg, der als Rundweg zurück zur Verzweigung am Waldrand führt, der weitere Abstieg nach Maitis verläuft dann auf dem Anstiegsweg.

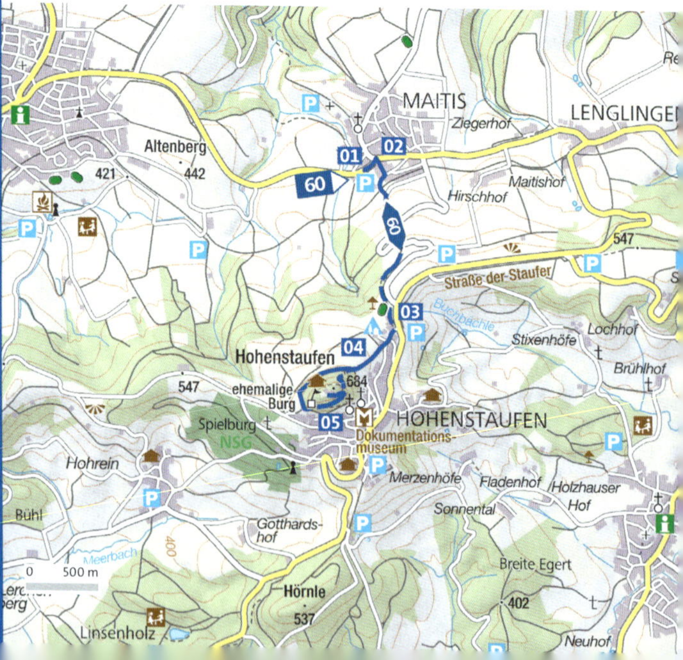

STUIFEN • 757 m

Wo zeugenartig die Kaiserberge stehen

5,75 km 2:15 h 222 hm 222 hm

START | Waldstetten/Wißgoldingen, Bushaltestelle an der Kirche (Parkplatz), 545 m.
[GPS: UTM Zone 32 x: 559.760 m y: 5.397.930 m]
CHARAKTER | Längerer deutlicher Aufstieg zum Stuifen. Gut bezeichnete Forst- und Wirtschaftswege, Pfade.

Die geschichtsträchtigen Kaiserberge, einst mit stolzen Stammburgen der Staufer und Helfensteiner Grafen geschmückt, verkörpern typische Zeugenberge, die durch die Erosion fließender Wasser schon vor Urzeiten von der Schwäbischen Alb abgetrennt wurden. Sie erzählen von einem Ur-Albtrauf, der einst bis in den Stuttgarter Raum reichte.

Wir halten uns an der Kirche von **Wißgoldingen** 01 Richtung Rechberg und wandern ab dem Ortsende über das Wiesenland bergan, im weiteren Verlauf auf einem Wirtschaftssträßchen Richtung Stuifen. Ansprechend gestaltet sich der Rückblick zu dem landschaftlich begünstigt auf einem Höhenzug gelegenen Dorf. Schon zeigen sich die beiden benachbarten Waldschöpfe Rechberg und Hohenstaufen, die zusammen mit unserem Ausflugsziel das Berg-Kleeblatt der Kaiserberge bilden.

Bei einer Verzweigung dirigiert das rote Kreuz auf einen Waldpfad, der bald in einen deutlicher steigenden Forstweg wechselt. In einer Schleife geht's empor zu einem Felsaufschluss und gleich darauf zu einem prächtigen **Aussichtspunkt** 02 mit Unterstand

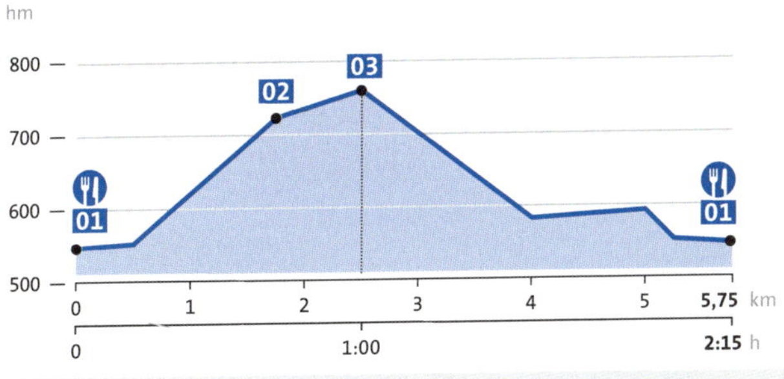

01 Wißgoldingen, 545 m; 02 Aussichtspunkt, 720 m; 03 Stuifen, 757 m

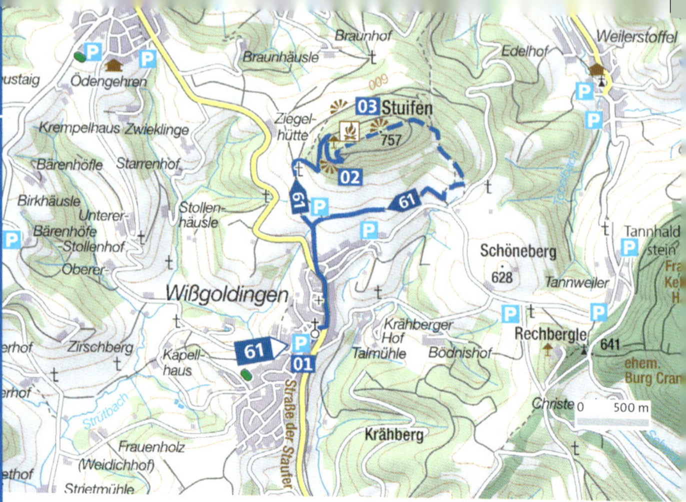

und Feuerstelle. Wie in einem gut getroffenen Gemälde breitet sich das freundliche Hügelland des Rehgebirges zum Filstal hin. Man nennt es auch das „Allgäu des Kreises Göppingen". Dahinter blaut der trutzige Wall des Albtraufs. Wieder auf einem Pfad mühen wir uns im Zickzack vollends bergauf zu dem aus Weißjura gebauten **Stuifen** **03**. Zuletzt bummelt man auf dem gemütlichen Kamm dem höchsten Punkt entgegen. Leider gibt der Wald nur nach Norden hin, wo ein kleines „Fenster" ausgeholzt wurde, den Blick frei.

Auf anfangs steilem Pfad, ebenfalls mit dem roten Kreuz markiert, steigen wir nun Richtung Reiterleskapelle hinunter zum Bergfuß. Der Wald ist in diesem Bereich mit Wacholdern durchmischt. Ein flacher Wirtschaftsweg führt uns dann an einem kleinen Biotop vorbei zurück nach **Wißgoldingen** **01**.

Am Aufstieg zum Stuifen (Kaiserberge).

MESSELSTEIN • 745 m

Sportlicher Bergaufstieg in der Göppinger Alb

7,75 km | 2:30 h | 338 hm | 338 hm

START | Donzdorf, Bushaltestelle an der Stadthalle (Parkplatz) in der Stadtmitte, 407 m.
[GPS: UTM Zone 32 x: 559.460 m y: 5.392.920 m]
CHARAKTER | Langer mittelsteiler Aufstieg zum Messelstein. Ausreichend bezeichnete Pfade und Pfadspuren, kurze Wander- und Fußgängerwege.

Wenn man vom kitzlig abstürzenden Naturdenkmal Messelstein sein Auge über das weite Häusermeer des Städtchens Donzdorf schweifen lässt, kann man durchaus ein bisschen stolz auf die vollbrachte Leistung sein. Stolz überragen auch die Kaiserberge die verstreuten, in Wiesenmulden eingebetteten Dorfflecken. Ein Genießerplätzchen vom Feinsten.

▶ Der sportliche Bergaufstieg startet an der Stadthalle in **Donzdorf** 01. Wir gehen auf der Hauptstraße an der Kreissparkasse vorbei und achten nach dem Gasthof Stern auf den Wegweiser „Messelstein". Das blaue Dreieck lenkt in die Schillerstraße.

An der Hausnummer 41 zweigt ein schmales Sträßchen ab, das gleich danach in eine wadenschindende Wiesenspur wechselt. Diese ist wieder Richtung Messelstein beschildert. An einer Pferdekoppel hält man sich kurz rechts zu einer

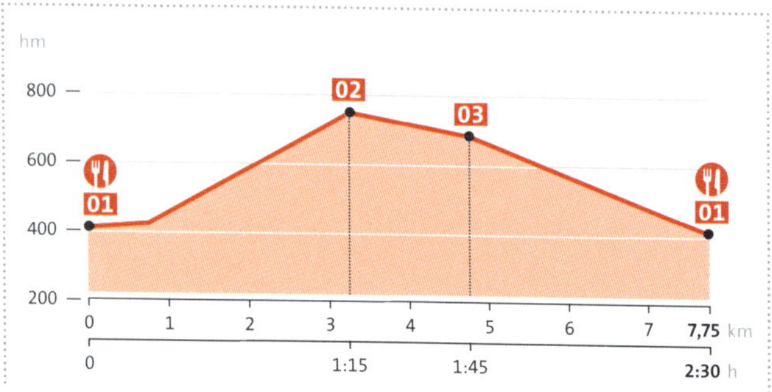

01 Donzdorf, 407 m; 02 Messelstein, 745 m; 03 Umwelthütte, 680 m

kleinen Hütte und ab dieser, eine Wiese querend, gerade bergauf.Im Wald stößt man auf einen Pfad, der zu einem Wanderparkplatz führt. Dort beginnt als flacher Forstweg ein Walderlebnispfad. Wenig später müht man sich auf einem Pfad über Steinstufen bergauf und kreuzt bei der Schillerhöhe links der nach Schnittlingen steigenden Kreisstraße einen Waldweg. In zahlreichen Serpentinen wird nun kraftsparend der steile Traufhang überwunden zum Kolpingskreuz mit Antennenanlage auf der Albhöhe. Kurz darauf ist der ersehnte Aussichtsfelsen **Messelstein** 02 erreicht.

Wir spazieren zurück bis zur letzten Routenverzweigung und folgen dem vergnüglichen Nordrandweg Richtung Kuchalb, weiter mit dem Dachs-Symbol des Erlebnispfades ausgewiesen. Wo wir bei der **Umwelthütte** 03 abermals die Kreisstraße queren, wird auf einer Schautafel sogar noch die Erdgeschichte des Albtraufs bei Donzdorf erklärt. Nun geht's auf einem bequemen Waldwanderweg talwärts. Wir halten uns dabei stets geradeaus, bis wir noch einmal auf die Straße stoßen. Dort leitet ein Fußgängerweg zurück nach **Donzdorf** 01.

Manche Abschnitte der Albwanderwege verlangen ein bisschen Pfadfinderei.

EYBACH – STEINENKIRCH

In der Nordecke der Stubersheimer Alb

13,25 km | 3:45 h | 277 hm | 277 hm

START | Geislingen/Eybach, Bushaltestelle beim Brunnen in der Ortsmitte, 464 m; Parkplatz am nahen Rathaus.
[GPS: UTM Zone 32 x: 564.470 m y: 5.387.590 m]
CHARAKTER | Längerer mäßig steiler Aufstieg nach Steinenkirch. Mitunter dürftig bezeichnete Wald-, Wirtschafts- und Feldwege, Pfade und Pfadspuren.

Hinter dem Rathaus von **Eybach** 01, nahe dem schmucken Dorfbrunnen unter dem auffallenden Himmelfels, orientieren wir uns am Wegweiser „Roggental". Der rote Dreiblock leitet durchs Dorf. Am Ortsende folgen wir ein kleines Stück der nach Waldhausen steigenden Landstraße und zweigen in der scharfen Kurve auf einen Waldweg ab. In leichtem Auf und Ab, zwischendurch kurz auf einem Pfad, geht's oberhalb der Eyb taleinwärts. Im Ortsteil **Untere Roggenmühle** 02 benützen wir unter kleinen Felsen nochmals ganz kurz eine Landstraße, bis die rote Raute am Eingang ins Magentäle auf den Pfad Richtung Steinenkirch weist. Wo der Aufstieg über einen steilen, unter Naturschutz stehenden Waldhang bei einem kleinen Felsspitz in ein Seitentälchen einschwenkt, verstummen die letzten Zivilisationsgeräusche. Auf der Albhöhe nehmen wir den linken Feldweg. Ein Wirtschaftsweg bringt uns nach **Steinenkirch** 03.

An der Kirche hält man sich Richtung Gussenstadt, achtet beim

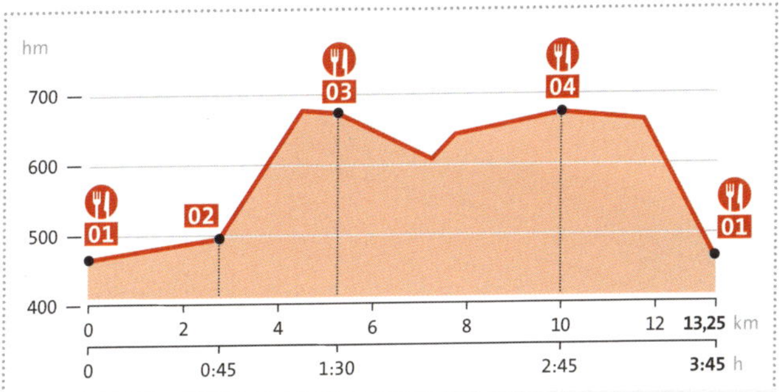

01 Eybach, 464 m; 02 Untere Roggenmühle, 493 m; 03 Steinenkirch, 671 m; 04 Waldhausen, 671 m

Ortsende auf den Dreiblock und geht an zwei Wegverzweigungen jeweils links. Nach einem sanft fallenden Feldweg ist im oberen Magentäle eine Wiesenspur wieder spärlich markiert. Bald quert man mittels eines Pfades Richtung Waldhausen einen Waldweg. Dann geht's bergan durch ein Waldstück. Erneut auf einer Wiesenspur überwindet man eine Kuppe. Gleich dahinter biegt man links auf einen Pfad ab. Ein anfangs geteerter Wirtschaftsweg führt schließlich, die Museumsbahn kreuzend, über Albäcker nach **Waldhausen** **04**. Dort nehmen wir ein Stück mit der ruhigen Straße Richtung Eybach Vorlieb. Wo diese zu fallen beginnt, biegen wir auf einen Forstweg ab. Ein Waldweg bringt uns talwärts nach **Eybach** **01**.

Die urige Öffnung des Magentäles.

FOHLENHAUS • 506 m

Pfadfinderei auf der Niederen Alb

13 km 3:45 h 127 hm 127 hm

START | Neenstetten, Bushaltestelle hinter dem Rathaus (Parkplatz), 579 m. [GPS: UTM Zone 32 x: 575.370 m y: 5.377.380 m]
CHARAKTER | Leichte Steigungen. Überwiegend unbezeichnete Forst- und Wirtschaftswege, mitunter undeutliche Pfadspuren und kurze Wanderwege. Orientierungssinn erforderlich.

Ein Fußgängerweg führt in **Neenstetten** 01 neben der Ulmer Straße dorfauswärts zum Sportplatz. Dort queren wir die Straße und entdecken an der denkmalgeschützten Linde vor dem Tennisplatz das Schild Richtung Langenau. Am Ende eines fallenden Feldwegs erkennt man mit etwas Spürsinn durchs Trutteltal bergab eine undeutliche Pfadspur. Wenn in dem schmalen Wiesental das Gras hoch steht, kann man leicht ins Zweifeln geraten. Am Ende der langgezogenen Lichtung versichert uns das gelbe Dreieck, dass wir uns noch auf der offiziellen Wanderroute befinden. Nach kleinem Waldwegabschnitt schaltet sich nochmals ein ganz kurzes Wiesenstück ein. Dann folgt ein betonierter Forstweg. Im weiteren Verlauf bringt uns eine Naturfahrbahn ins Lonetal. Am Beginn einer neuerlichen Lichtung haben wir uns am rechten Waldrand abermals mit einer Wiesenspur abzufinden. Am Waldeck weist die Tafel „Langenau" über einen betagten **Lonesteg** 02. Dann wandern wir in dem unverfälschten Flusstal nach einem kleinen Gegenanstieg über eine Kuppe. Auf einem Wanderweg

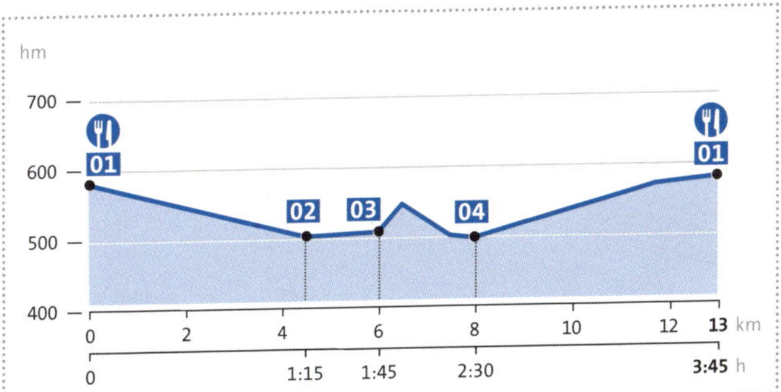

01 Neenstetten, 579 m; 02 Lonesteg, 501 m; 03 Fohlenhaus, 506 m; 04 Lonebrücke, 496 m

Die Lone

Die Lone entspringt dem 6 m tiefen Lonetopf in Urspring (Gemeinde Lonsee). Von dort aus fließt sie zuerst in südöstlicher, dann in nordöstlicher Richtung durch Lonsee, Westerstetten, Breitingen in die Stadtteile Hürben und Burgberg. Nach gut 37 km mündet die Lone in Giengen a. d. Brenz in die erst 2 km lange Hürbe.

ist es jetzt nicht mehr weit flussaufwärts zum Höhlenpaar **Fohlenhaus** 03 unter einem kühnen, 45 Meter hohen Felsturm mit Grillplatz.

Nun wählen wir den leicht steigenden Forstweg. An der nächsten Verzweigung auf einer Kuppe schreiten wir auf dem Nürnberger Weg talwärts und folgen ab einer Kreuzung der Radroute weiter bergab. Zurück im Wiesental der Lone nimmt uns ein geteerter Wirtschaftsweg auf. Nach einer **Flussbrücke** 04 entscheiden wir uns für den nach Neenstetten beschilderten Forstweg. An einem Rinnsal bummeln wir sanft bergan durch das lange spannende Eschental. Man kommt dabei noch an ein paar Felsabbrüchen mit kleinen Aushöhlungen vorbei. Vor einer Kläranlage zweigt ein geteerter Wirtschaftsweg ab, der zuletzt mit einer spürbar steigenden Schleife aufwartet. An einer Ruhebank hält man sich links und spaziert übers Ackerland nach **Neenstetten** 01.

Die Lone markiert den Südrand der Niederen Alb.

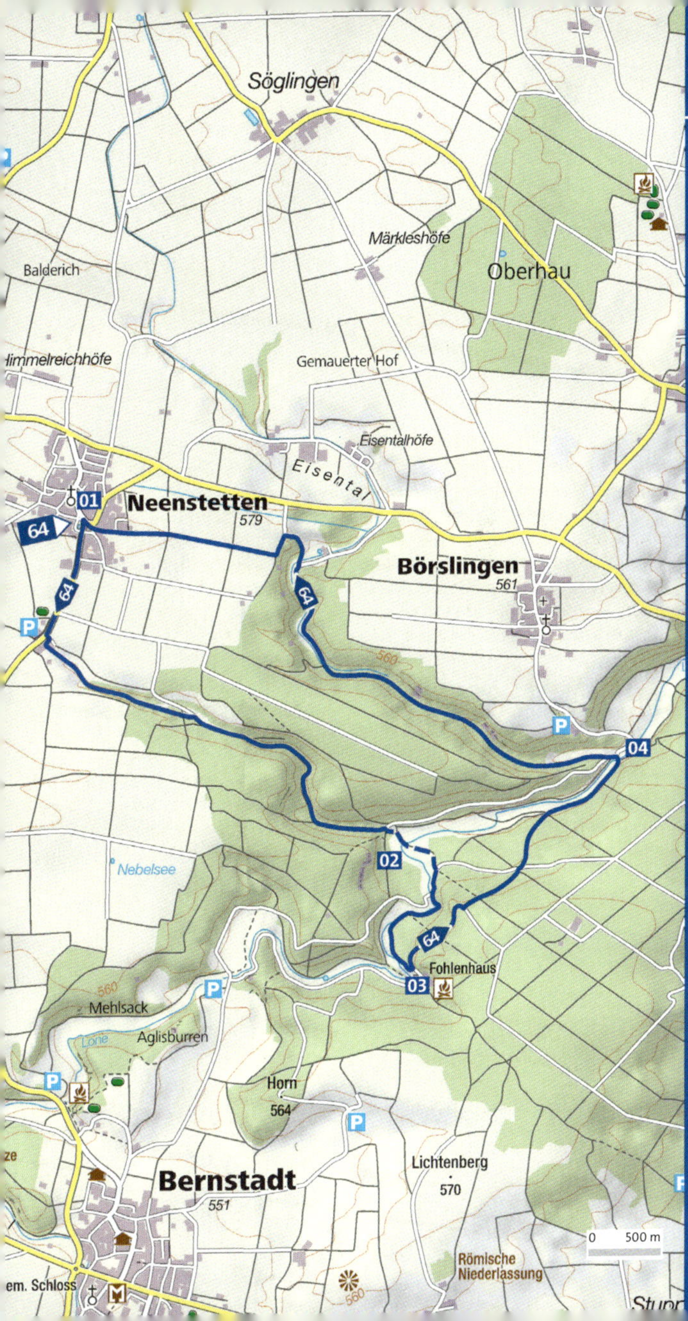
Söglingen
Märkleshöfe
Oberhau
Balderich
Himmelreichhöfe
Gemauerter Hof
Eisentalhöfe
Eisental
01
Neenstetten
579
64
Börslingen
561
560
P
04
02
Nebelsee
64
Fohlenhaus
03
560
Mehlsack
Lone
Aglisburren
Horn
564
Lichtenberg
570
Bernstadt
551
0
500 m
Römische
Niederlassung
em. Schloss
560

HUNGERBRUNNENTAL

Der Weg ist das Ziel

9,75 km | 2:30 h | 73 hm | 73 hm

START | Gerstetten/Heuchlingen, Bushaltestelle am Gasthaus Hirsch, 577 m; Parkplatz am Friedhof in der Kirchhofstraße. [GPS: UTM Zone 32 x: 581.560 m y: 5.382.500 m]
CHARAKTER | Kaum nennenswerte Steigung. Meist bezeichnete Wirtschafts- und Feldwege, Fahr- und Pfadspuren.

Für Freunde verträumter Talwanderungen beginnt beim Gasthaus Hirsch in **Heuchlingen** 01 eine heitere Runde durch die südliche Heidenheimer Alb. Eine Tour ohne wirklich bedeutende Stationen, nur weites Grünland in seinen verschiedensten Formen und Ausprägungen. Ein besonderer und eigenwilliger Reiz, der vor allem unsere Gefühle anspricht.

Wir begeben uns in den Degerlocher Weg, einen asphaltierten Wirtschaftsweg, und wandern ab der Kreuzung bei einem Hochspannungsmast rechts über die Äcker. Nach den beiden Schrebergartenanlagen geht's jeweils links. Dann schreiten wir auf die zwei auffallend ausgehöhlten und betagten **Weiherlinden** 02 zu. Dahinter versteckt sich eine sehenswerte Hülbe.

Nun halten wir uns bergab auf eine prächtige Wacholderheide zu. Im **Hungerbrunnental** 03 schwenken wir, bevor der Weg zu steigen beginnt, rechts auf den Dettinger Jubiläumsweg ab. Eine Fahrspur und zwischendurch ein deutlicher Feldweg leiten an einem trockenen Graben über Wiesen. An einem

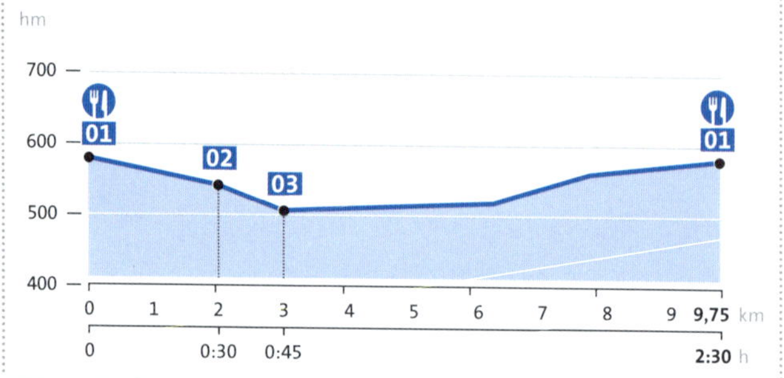

01 Heuchlingen, 577 m; 02 Weiherlinden, 540 m;
03 Hungerbrunnental, 504 m

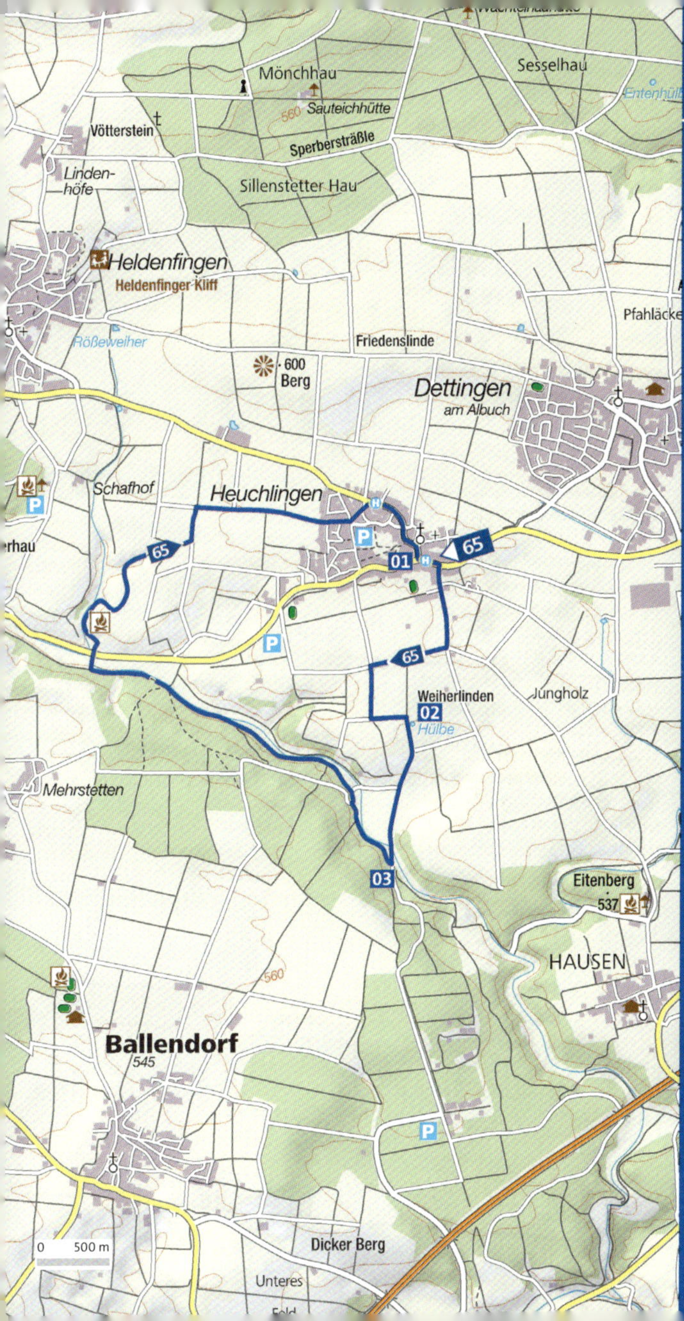
Mönchhau
Sesselhau
Sauteichhütte
560
Vötterstein
Sperbersträßle
Linden-
höfe
Sillenstetter Hau
Heldenfingen
Heldenfinger Kliff
Pfahläcke
Rößeweiher
Friedenslinde
600
Berg
Dettingen
am Albuch
Schafhof
Heuchlingen
65
01
65
65
Weiherlinden
02
Hülbe
Jungholz
Mehrstetten
03
Eitenberg
537
HAUSEN
560
Ballendorf
545
Dicker Berg
Unteres
0 500 m

Hülbe hinter den Weiherlinden.

reizvollen Kieferngürtel entlang kann man mit etwas Geduld die Spechte „morsen“ hören.

Wo wir auf die Kreisstraße nach Altheim stoßen, benützen wir, nun auf der anderen Talseite, weiterhin den bezeichneten Schleichweg. Des Weiteren begleitet uns ein schöner Heidehang. Bald dirigiert die gewohnte Beschilderung über die Straße. Ein Stück taleinwärts bietet sich der Hungerbrunnen zu einem kleinen Abstecher an.

Pfadspuren leiten jetzt am Rand eines Seitentälchens sanft bergauf, wobei der Wegweiser empor zu einem nahen idyllischen Grillplatz lenkt. Das Wiesental verengt sich danach. Im weiteren Verlauf erfreuen uns gleich zu beiden Seiten die unterschiedlichsten Wuchsformen des Wacholders, zwischen denen mitunter ein paar kleine Felsköpfe hervorschauen. Bei einer abgedichteten Hülbe erreichen wir wieder die Hochfläche. Ein Wirtschaftsweg bringt uns zurück nach **Heuchlingen 01**.

Hungerbrunnen

Der Hungerbrunnen in der Nähe von Heuchlingen ist eine Karstquelle, die aber nur in sehr nassen Jahren Wasser liefert. Meist ist der Lauf des Baches im Hungerbrunnental trocken. Wegen dieses Phänomens galt der Hungerbrunnen (auch an anderen Orten der Schwäbischen Alb) in früheren Zeiten als Kultplatz und als Menetekel für Missernten und Hungersnöte. Selbst wenn die Quelle Wasser liefert, versickert der Bachlauf meist nach wenigen Kilometern. Der Heldenfinger Brezgamarkt soll sich auf dem Gelände um den Hungerbrunnen aus einem alten Brauchtum entwickelt haben.

BETTELMANNSGRAB • 510 m

Wo die Ostalb zum Donaumoos hin abfällt

8,5 km | 2:30 h | ↗ 90 hm | ↘ 90 hm

START | Niederstotzingen, Bushaltestelle am Rathaus (Parkplatz), 473 m. [GPS: UTM Zone 32 x: 591.070 m y: 5.377.180 m]
CHARAKTER | Keine nennenswerten Steigungen. Mitunter dürftig bezeichnete Feld- und Wirtschaftswege, Wald- und Forstwege, verkehrsfreie Sträßchen und kurze, zum Teil undeutliche Pfade.

▶ In **Niederstotzingen** 01 weist an der katholischen Kirche das blaue Dreieck in die Schönstetterstraße. Auf einem Sträßchen bummeln wir am Tennisplatz vorbei stadtauswärts. Bei der Verzweigung nach den letzten Höfen lenkt eine Markierungsstange auf einen Feldweg, der erst leicht steigt und geradeaus einen Aufschwung parat hat. Nach kurzer Pfadspur gewinnt man von den Sandäckern einen weiten Ausblick über die Niederung des Donaumooses.
Wir unterqueren eine Hochspannungsleitung, dann geht's auf einem Waldweg weiter. Stets der Nase nach spazierend, treffen wir

Am Niederstotzinger Rathaus.

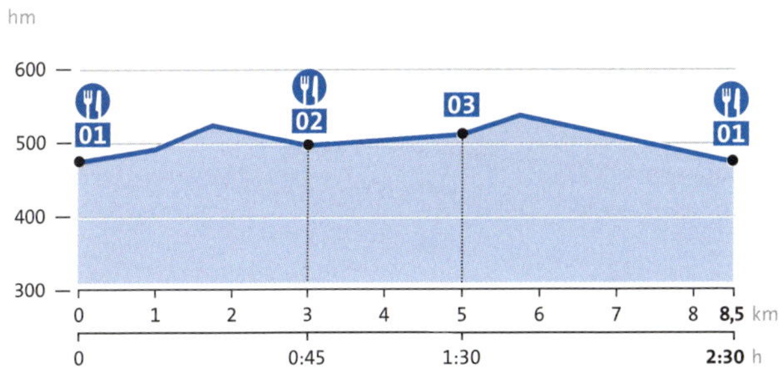

01 Niederstotzingen, 473 m; 02 Stetten, 495 m; 03 Bettelmannsgrab, 510 m

bald darauf in **Stetten** **02** ein. Die Oberdorfstraße leitet bergab zum schmucken Häuser-Ensemble: Schloss, Wallfahrtskirche, Landgasthaus Adler und alte Lonetalschmiede. Wir begeben uns ostwärts zum Dorfende und orientieren uns dort am roten Dreiblock. Am letzten Haus führt rechts ein geteerter Wirtschaftsweg in Richtung „Kaltenburg“ nochmals unter der Stromleitung hindurch.

Schon tauchen wir im Sparenwald unter. Ein flacher Forstweg ist jetzt auch als Pilgerweg bezeichnet. An der Abzweigung bei der Forstabteilung Triangl – links befindet sich eine Doline – wählen wir rechts den unmarkierten Pfad an einem alten Brunnen vorbei. Dort wird man besonders an schwülen Tagen gerne das erquickende Quellwasser hochpumpen. Ab einem Hochstand entpuppt sich die Schleichwegroute etwas überwachsen. Später erkennt man am **Bettelmannsgrab** **03** mit Gedichtzeilen, wo ein unbekannter armer Greis den Kältetod starb, dass man sich noch auf dem richtigen Weg befindet. Man schwenkt nun rechts in den mit blauem Dreiblock markierten, sanft steigenden Forstweg ein.

200 Meter abseits des höchsten Wegpunktes versteckt sich eine Keltenschanze. Auf einem stillen Sträßchen passiert man nach dem Waldende die eingewachsene Säulach (Naturdenkmal) und findet sich bald wieder in **Niederstotzingen** **01** ein.

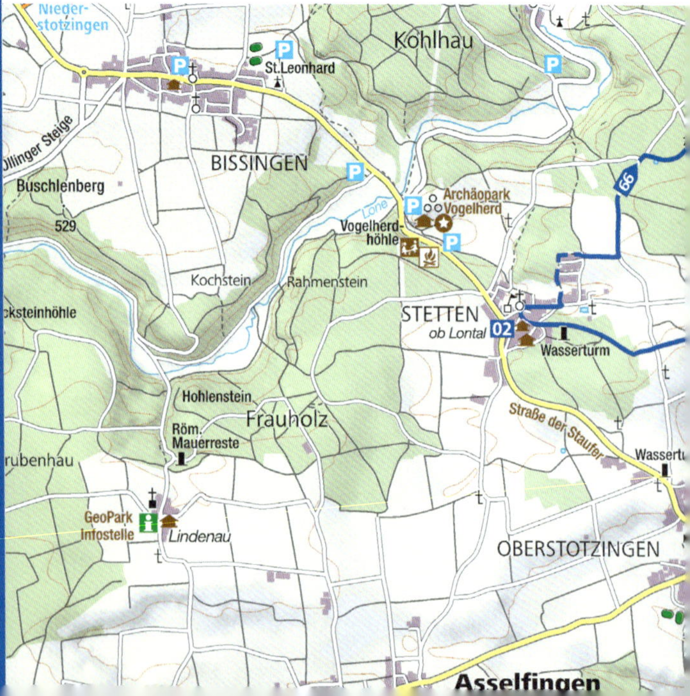

Mit sportlichem Einsatz ist kurz vor dem Bettelmannsgrab das erfrischende Quellwasser zu gewinnen.

HÜRBETAL UND CHARLOTTENHÖHLE • 475 m

Auf den Spuren der Ur-Brenz

16,5 km | 4:15 h | 130 hm | 130 hm

START | Hermaringen, Bahnhof (Parkplatz), 452 m.
[GPS: UTM Zone 32 x: 592.840 m y: 5.383.130 m]
CHARAKTER | Leichte Steigungen. Meist bezeichnete Wirtschafts- und Feldwege, stille Sträßchen, Pfade und Pfadspuren.

Vom Bahnhof in **Hermaringen** 01 geht's an den Bahngleisen entlang in südlicher Richtung. Ab dem Ortsende wandern wir auf einem Asphaltweg zur Fußgängerbrücke, die uns über die Hürbe bringt, ganz in der Nähe, wo sie in die Brenz mündet.

Danach zweigt nach rechts eine mit der Markierung „R 1" bezeichnete Pfadspur ab, die am Waldrand eines Bergschopfs und an der Hürbe entlang zu einem stillen Sträßchen führt. Dieses leitet rechts nach **Burgberg** 02. Geschaffen hat den riesigen Talbogen von der Güssenburg über Hürben und Burgberg nach Hermaringen die Ur-Brenz. Sie umspülte den so genannten Umlaufblock, als der Benzenberg noch mit dem Schlossberg zusammenhing. Ein Fußgängerweg führt an der Abzweigung der Schlosssteige über die Hürbe und kurz an dieser entlang. Wir nehmen links die Hauptverkehrsstraße, bis das Schild zur Grotte weist.

Ab dieser wandern wir dann auf einem asphaltierten Wirtschafts-

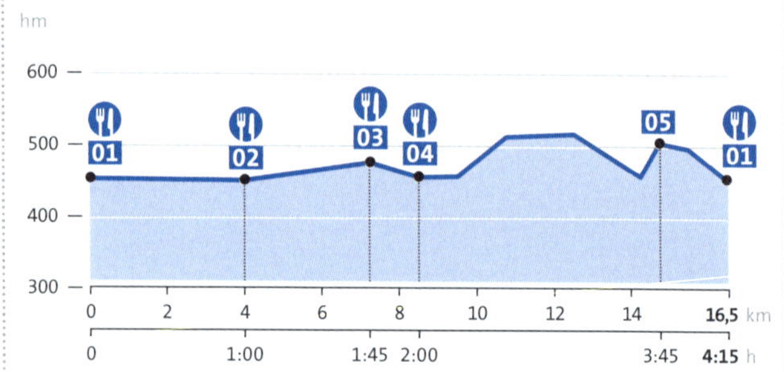

01 Hermaringen, 452 m; 02 Burgberg, 450 m; 03 Charlottenhöhle, 475 m; 04 Hürben, 455 m; 05 Ruine Güssenburg, 503 m

Charlottenhöhle

Mit einer Ganglänge von 587 Metern ist die Charlottenhöhle eine der längsten süddeutschen Schauhöhlen. Entdeckt wurde das durch die Kraft des Wassers modellierte Tropfsteinparadies mit einer ganzen Reihe hoher Hallen 1893. Die Erlebniswelt in einem eigenen Höhlenhaus, das multimedial über die spannenden Unterwelten des Lone- und Hürbetals informiert, führt dem Besucher die abenteuerliche Welt der Mammuts, des Höhlenbären und Höhlenlöwen vor Augen.

Giengen an der Brenz, Tel. 07322/952292, Öffnungszeiten täglich von April bis Oktober 9.00–16.30 Uhr, werktags 11.30–13.30 geschlossen.

weg an einem Steppenheidehang entlang. Anschließend verläuft ein Feldweg am überhängenden Kagstein vorbei zur **Charlottenhöhle** 03.

Die Burgberger Mariengrotte.

Die Markierung rotes Dreieck lenkt uns, zuletzt wieder einen Pfad benützend, nach **Hürben** 04. Dort visieren wir den Kirchberg an und nehmen rechts die Durchgangsstraße zum Hürbe-Quelltopf.

In Richtung Hürbetalhalle finden wir die Wanderroute wieder und kommen auf einem Wiesenpfad zu einer Straßenquerung. Ein Sträßchen führt leicht bergauf zu einem Reiterhof. Auf einem Wirtschaftssträßchen schwenken wir an der Kreuzung bei den Schrebergärten rechts ab.

Nach einem Schweinemastbetrieb wählen wir wieder rechts den mit einem roten Dreiblock markierten Feldweg. Ein geteerter Abstieg leitet zur Querung der Bundesstraße B 492. Auf einer Wiesenspur und später auf einem Waldpfad wollen wir noch die **Ruine Güssenburg** 05 besuchen. Dann führen ein Fahrweg zum Dorfrand von **Hermaringen** 01 und die erste Straße bergab zum Bahnhof.

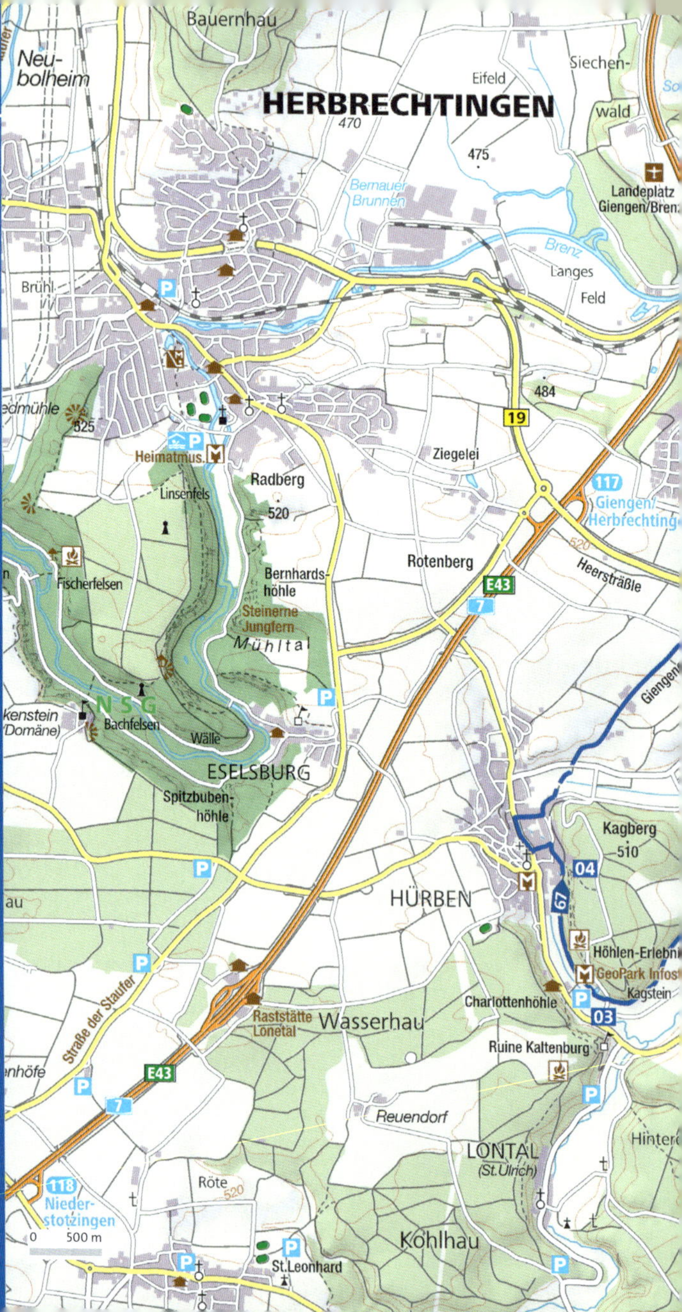
HERBRECHTINGEN
Neu-
bolheim
Bauernhau
Eifeld
Siechen-
wald
470
475
Bernauer
Brunnen
Landeplatz
Giengen/Brenz
Brenz
Langes
Feld
Brühl
edmühle
525
Heimatmus.
Linsenfels
Radberg
520
484
19
Ziegelei
117
Giengen/
Herbrechtingen
Rotenberg
Heersträßle
E43
7
Fischerfelsen
Bernhards-
höhle
Steinerne
Jungfern
Mühltal
NSG
Bachfelsen
kenstein
(Domäne)
Wälle
ESELSBURG
Spitzbuben-
höhle
Kagberg
510
04
67
HÜRBEN
Höhlen-Erlebni
GeoPark Infos
Kagstein
Charlottenhöhle
03
Straße der Staufer
Raststätte
Lonetal
Wasserhau
Ruine Kaltenburg
nhöfe
E43
7
Reuendorf
LONTAL
(St.Ulrich)
118
Nieder-
stotzingen
Röte
520
0 500 m
Kohlhau
St.Leonhard

Längenfeld
561
Weinstraße
Steige
Rechberg
Läutenberg
Scheuenberg
553
Höhe
Ächseles-
berg
494
Bergbad
lhöhle
HOHEN
MEMMIN
P
Wohnmobil-
parkplatz
Satteläcker
Steiff Museum
Schelmenberg
GIENGEN
a.d. Brenz
454
rturm
Beim Hölz
SACH
Fuchsberg
488
67
Handfeld
Gerschweiler
Kappersberg
500
Allewind
Benzenberg
498
Weißer Berg
Bleichbrunnen
Ruine Güssenburg
Schlossberg
05
502
P
67
01
Hermaringen
452
67
Stettberg
482
Hirschberg
ehemalige
Ravensburg
Straße der Staufer
Osterried
BURGBERG
NSG
Hürbe
02
Hürbenhau
Alte Mühle
Bergenweiler
480
ehemaliges
Schloss
Brenz
525
Sontheimer
Wanne
Rückholz
Sparen-

HOCHBERG • 647 m UND UGENTAL

Auf der Heidenheimer Alb die Welt vergessen

15 km | 4:00 h | 152 hm | 152 hm

START | Heidenheim, Bushaltestelle an der AOK in der Wilhelmstraße, Richtung Göppingen, 495 m; Parkplatz in der Teckstraße. [GPS: UTM Zone 32 x: 583.520 m y: 5.392.480 m]
CHARAKTER | Längere mäßig steile Steigung auf den Hochberg. Gut bezeichnete Forstwege und Pfade, kurz weglos.

Eine zum Teil außergewöhnlich einsame Tour führt vom Brenztal zum Hochberg auf der Heidenheimer Alb und durch unvergessliche Waldeswinkel ins Ugental.

▶ Wir achten in **Heidenheim** 01 bei der AOK in der Wilhelmstraße auf den Wanderwegweiser „Küpfendorf". Das gelbe Dreieck weist am Stadtrand auf eine steigende Forstwegschleife. Ab einer Forsthütte mit stillem Rastplatz auf der Ostschulter des Hochbergs setzt ein unbeschwertes Höhenwandern durch eine lange anhaltende Waldeinsamkeit an. In einer Kurve nach dem höchsten Punkt auf dem **Hochberg** 02 dirigiert das Zeichen des Albvereins auf einen Pfad. Dieser bringt uns nach **Küpfendorf** 03 auf der Heidenheimer Alb, einem blitzsauberen, weltabgeschiedenen Dörfchen.

Weiter geht's Richtung Bolheim. Der gelbe Dreiblock gibt den Kurs an. Am Ortsende stoßen wir auf eine seltene Dorfhülbe (Naturdenkmal). Anschließend ist auf die Abzweigung eines Feldwegs zu achten, der bald von einem

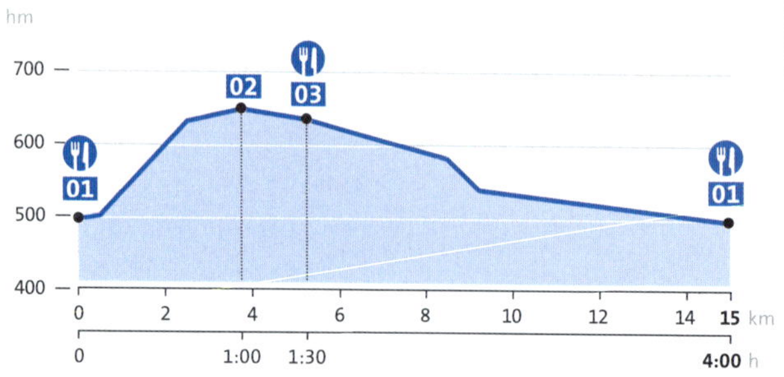

01 Heidenheim, 495 m; 02 Hochberg, 647 m; 03 Küpfendorf, 633 m

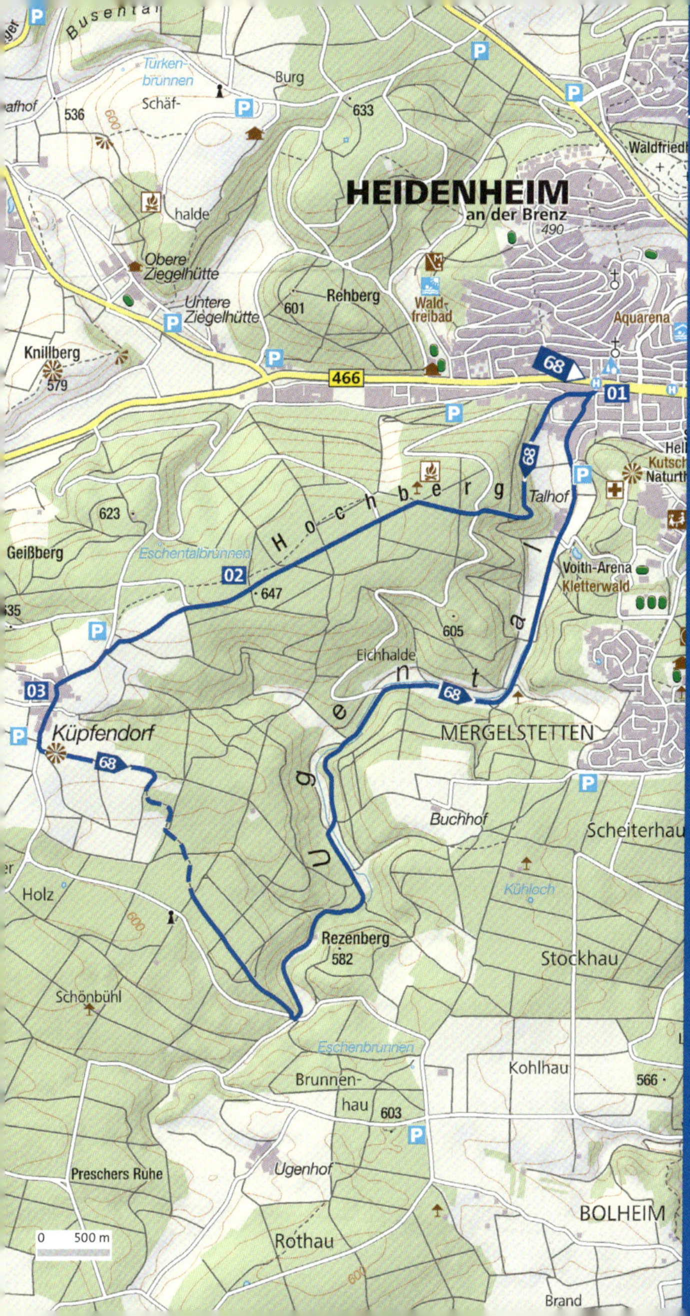
HEIDENHEIM
an der Brenz
490
Burg
633
Türken-
brunnen
Schäf-
halde
536
Obere
Ziegelhütte
Untere
Ziegelhütte
Rehberg
601
Wald-
freibad
Aquarena
Waldfried
Knillberg
579
466
68
01
Hochberg
Talhof
623
Geißberg
Eschentalbrunnen
02
647
Voith-Arena
Kletterwald
605
Eichhalde
03
Küpfendorf
Ugental
MERGELSTETTEN
Buchhof
Scheiterhau
Kühloch
Holz
Rezenberg
582
Stockhau
Schönbühl
Eschenbrunnen
Brunnen-
hau
603
Kohlhau
566
Ugenhof
Preschers Ruhe
BOLHEIM
Rothau
Brand
0
500 m

Waldweg abgelöst wird. Nach einer kleinen weglosen Lichtung lenkt der Richtungszeiger sogleich wieder in den Wald hinein.

Ein recht amüsanter Pfad mit einer besonderen Ausstrahlung quert in der Folge drei Forstwege und leitet daraufhin bergab zu einer Hauptkreuzung im oberen Ugental.

Auf einem später geteerten Forstweg bummeln wir zufrieden stets der Nase nach über Wiesen durch das lange stille Trockental auswärts, nach **Heidenheim** 01.

Küpfendorfer Eselweide.

Schloss Hellenstein (© Stadt Heidenheim).

FALKENHÖHLE • 715 m

Steigungsfreie Runde auf dem Albuch

13,25 km 3:15 h 79 hm 79 hm

START | Bartholomä, Bushaltestelle am Gasthof zum schwarzen Adler (Parkplatz), 641 m.
[GPS: UTM Zone 32 x: 572.700 m y: 5.400.450 m]
CHARAKTER | Unbedeutende Steigungen. Überwiegend bezeichnete Wirtschafts- und Forstwege, verkehrsfreie Sträßchen.

Diese einfache, wenn auch etwas ausgedehnte Albuch-Wanderung beginnt am Gasthof zum schwarzen Adler in **Bartholomä** **01**. In der Ortsmitte weist ein Schild zum Sportplatz.
Ein Sträßchen führt anschließend am beachtlichen Steinbruch unter dem Wirtsberg vorbei. An dessen Ende schwenken wir rechts ab, wählen an einer Kreuzung den Wirtschaftsweg geradeaus und wandern an der folgenden Verzweigung rechts übers flache Grünland nach **Rötenbach** **02**, wo ein länglicher Weiher überrascht.

Steinbruch bei Bartholomä.

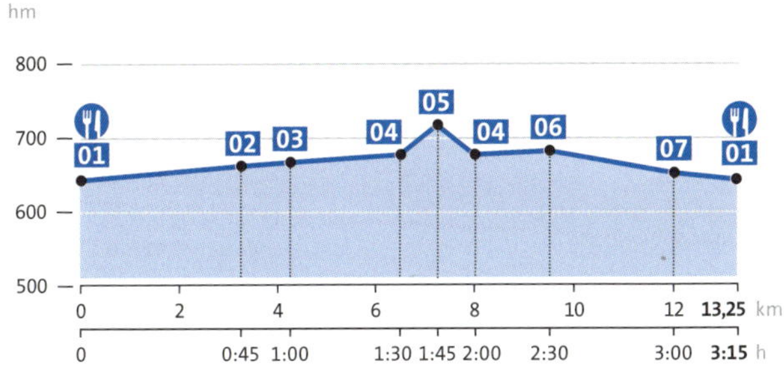

01 Bartholomä, 641 m; **02** Rötenbach, 660 m; **03** Raue Wiese, 665 m; **04** „Drei Linden", 675 m; **05** Falkenhöhle, 715 m; **06** Innerer Kitzinghof, 680 m; **07** Möhnhof, 650 m

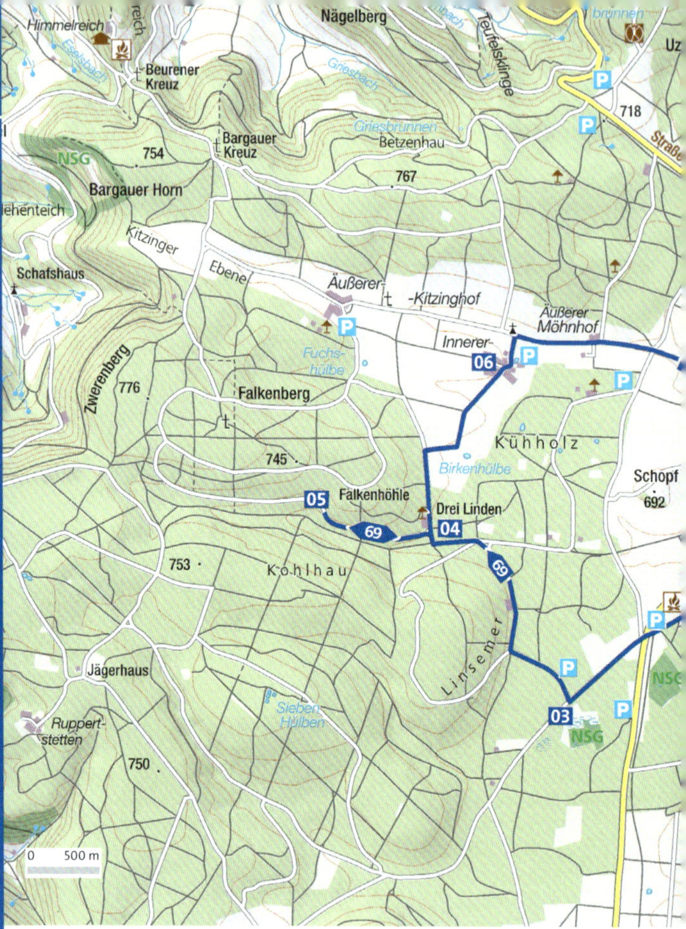

Daraufhin passieren wir ein kleines Naturschutzgebiet mit Borstgrasrasen und nehmen nach Queren der Richtung Böhmenkirch verlaufenden Landstraße das mit demselben Radwegweiser gekennzeichnete Wirtschaftssträßchen.

Wo im Wald an einem Sperrschild rechts ein Forstweg abzweigt, lockt linkerhand in einer Karstsenke das Naturschutzgebiet **Raue Wiese** **03** zu einem schnellen Seitblick. Um aber das weglose Niedermoor mit einer früheren Streuwiese und Tümpeln, malerischen Birken und Gebüschgruppen zu schonen, sollte man auf ein Betreten verzichten.

Wir folgen nun der Naturfahrbahn an einem Wanderparkplatz vorbei und schwenken bald darauf rechts in den mit gelber Raute bezeichneten Querweg ein. An einer Wegspinne lenkt der gelbe Dreiblock

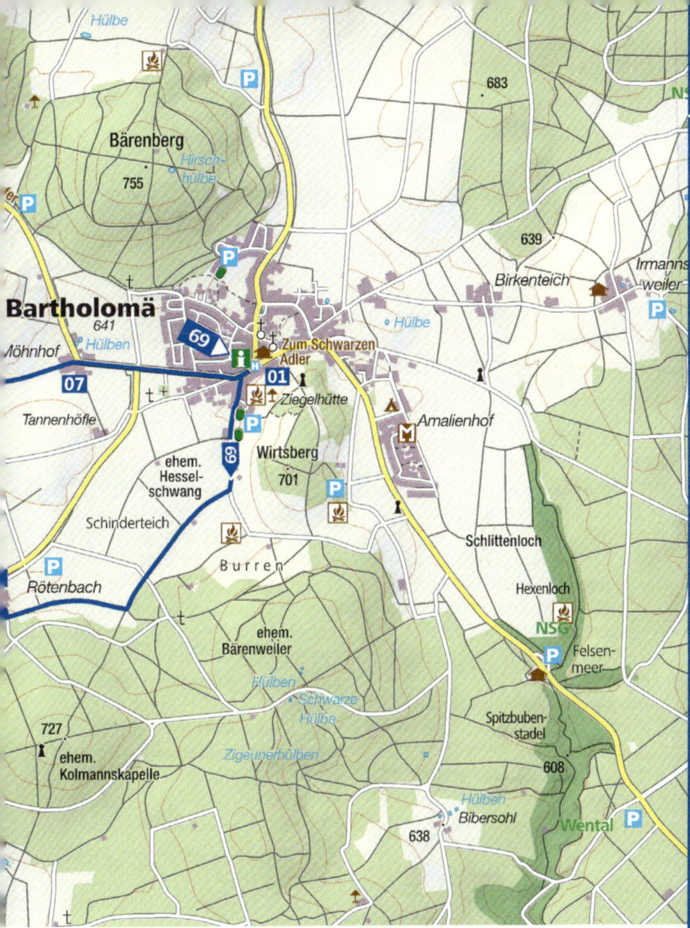

kaum spürbar bergan zu den **„Drei Linden“** 04 mit Hütte. Dort ist es nicht mehr weit zur **Falkenhöhle** 05.

Vom zwei Meter breiten Einstiegsloch leitet eine kurze, etwas rutschige Holzleiter bergab in eine fast kreisrunde Halle mit ungefähr 15 Metern Durchmesser und zwei bis drei Meter hohem Gewölbe. Zurück zu den **„Drei Linden“** 04 hält man sich Richtung Heubach. Bald darauf berührt ein Wirtschaftsweg die Birkenhülbe. Ein paar gedrungene Weidebuchen passierend, erreicht man schließlich die Hofgemeinschaft **Innerer Kitzinghof** 06.

Auf einem stillen und flachen Sträßchen geht es nun rechts weiter zum Weiler **Möhnhof** 07 und in Kürze auf einem Fußgängerweg wieder zurück zum Ausgangspunkt nach **Bartholomä** 01.

WEIHERWIESEN • 670 m

Die leuchtenden Augen der Schwäbischen Alb

12,5 km | 3:30 h | 197 hm | 197 hm

START | Essingen, Bushaltestelle am Gasthaus zum Ritter (Parkplatz), bei der Kirche, 508 m.
[GPS: UTM Zone 32 x: 575.550 m y: 5.406.590 m]
CHARAKTER | Kurze mäßig- und mittelsteile Steigungen. Überwiegend bezeichnete Wirtschafts- und Forstwege, Pfade.

Das Gasthaus zum Ritter in **Essingen** 01 dient als Ausgangspunkt für einen Albaufstieg, der als Ziel zwei für diese Region völlig ungewöhnliche, skandinavisch anmutende Seeaugen hat. Die Kirchstraße führt bergab zur Hirschwirtschaft. Dort folgen wir der so genannten Steige Richtung Köpfle.

Vom Ortsende bietet das mit blauem Dreieck markierte Wirtschaftssträßchen einen ansprechenden Tiefblick aufs Dorf und die Kerbe der jungen Rems. Unter einem Waldhang kommen wir zum Spielplatz Köpfle mit einzelnen Wacholdern. Über Wiesenhänge steigt unsere Route nur noch sanft an. Ab dem Überbleibsel der **Großen Buche** 02 auf dem Ackerhochland verflacht sich der Weg.

Bald darauf schlagen wir auf einem Forstweg Kurs Tauchenweiler ein. Durch den Talzug Hohlgasse – Wolfertstal spülten einst die Fluten des heute Rems genannten Quellbachs zur Ur-Brenz. Eine Schleife leitet uns vollends empor zur bewaldeten Albhöhe. Der rote Dreiblock und später das rote Dreieck lenken zur Gaststätte **Tauchenweiler** 03.

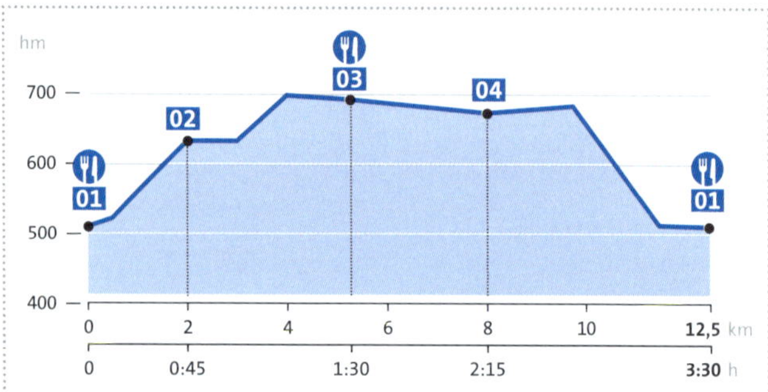

01 Essingen, 508 m; 02 Große Buche, 630 m; 03 Tauchenweiler, 689 m; 04 Weiherwiesen, 670 m

Wir setzen die Höhenbummelei wieder auf einem Forstweg fort und passieren eine Hülbe sowie eine Doline. Ab der Kreuzung beim Waldbeginn halten wir uns rechts über den Eichburren und zweigen nach einem kleinen Gefälle auf einer Trockental-Lichtung mit weiterem Erdfall links ab. Wo der Weg zu fallen beginnt, bringt uns ein mit einem gelben Dreieck bezeichneter Pfad zum Naturschutzgebiet **Weiherwiesen** 04 mit den auf stauenden Feuersteinlehmschichten schimmernden Hochlandseelein.

Zwischen den beiden Wasserspiegeln hindurch spazierend, stößt man im Bereich ehemaliger Erzgru-

Seenromantik Weiherwiesen – eine für die Alb recht ungewöhnliche Erscheinung.

ben auf einen querlaufenden Forstweg. In diesen biegt man rechts ein und hält sich an der nächsten Abzweigung links. Wir folgen dann im weiteren Verlauf ebenfalls links dem mit einem blauen Dreieck markierten Waldweg zur Lichtung Silberwang. Zum Schluss bringt uns ein steiler Pfad talwärts und zurück nach **Essingen** **01**.

Blick vom Helenengraben auf Essingen.

AALBÄUMLE • 681 m

Am Nordabfall der Ostalb

8,5 km | 2:45 h | 256 hm | 256 hm

START | Aalen, Bushaltestelle „VW Wagenblast“ (Parkplatz), im Industriegebiet-West, an der Abzweigung nach Schwäbisch-Hall von der Stuttgarter Route, 445 m.
[GPS: UTM Zone 32 x: 579.100 m y: 5.408.890 m]
CHARAKTER | Angenehme Steigungen. Meist bezeichnete Forst- und Wanderwege, Fußgänger- und Radwege. Orientierungssinn vorteilhaft.

Wo der Albuch bei Aalen zum Kocher hin abfällt, verlockt der Langert-Höhenzug mit dem Aussichtsturm bei der nur auf Wanderwegen zugänglichen Waldwirtschaft Aalbäumle zu einem kleinen Ausflug am Stadtrand.

▶ Die Robert-Bosch-Straße leitet uns von der Bushaltestelle „VW Wagenblast“ am Westrand von **Aalen** 01 durch die Unterführung der B 19. Dahinter nehmen wir den bergan auf den Albtrauf zuhaltenden Fußgängerweg. Bei den **Limes-Thermen** 02 bietet sich ein schöner Stadttiefblick dar. Wir folgen dann kurz einem Anliegersträßchen und wählen im Wald den mit „Walking-Kurs Nr. 1“ be-

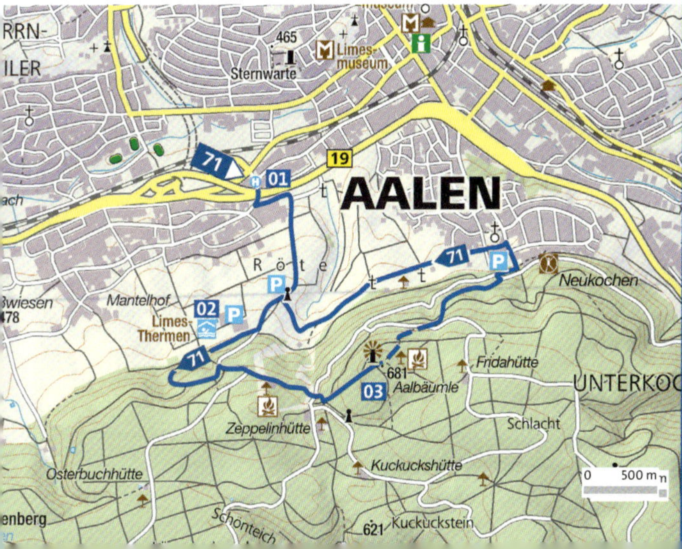

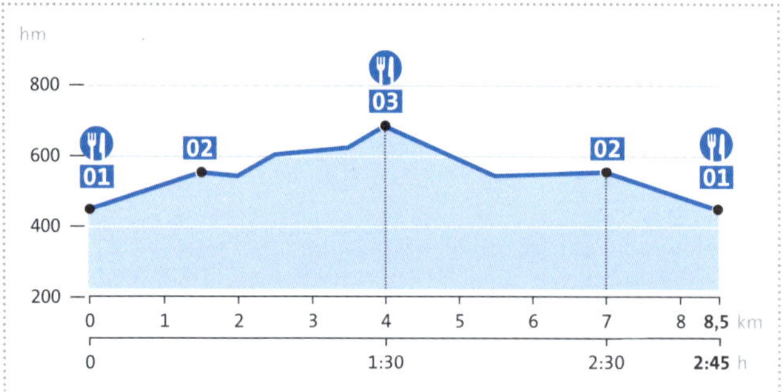

01 Aalen, 445 m; 02 Limes-Thermen, 550 m; 03 Aalbäumle, 681 m

zeichneten, flachen Forstweg. Ab der nächsten Verzweigung steigt die Route abermals an.

An der Gabelung nach einer Schleife gehen wir geradeaus. Nun verflacht sich der Weg wieder. Wenig später stößt man nochmals auf das Bergsträßchen, das gleich darauf nach einem Skilift in den Forstweg Richtung Aalbäumle wechselt. Anschließend lockt in einer romantischen Felsbucht eine Feuerstelle zur Rast. An einer Kreuzung folgen wir dem dort beginnenden Wanderweg und wählen unmittelbar danach den rechten Wegast an einem alten Grenzstein vorbei zu einer weiteren Kreuzung. Dort setzt links der mit rotem Dreieck markierte Schlussaufstieg auf einem geologischen Lehrpfad zur Waldwirtschaft **Aalbäumle** 03 an.

Neben dem Spielplatz warten jetzt „nur“ noch die über 100 Stufen des Langertturms, einer offenen Stahlkonstruktion mit Holzpfeilern, auf unseren Endspurt. Die sportliche Aktion entschädigt mit einer herrlichen Aussicht über die Höhen der Ostalb und auf das weit ausgebreitete Vorland.

Der Wegweiser „Fussweg zur Stadt“ lenkt uns nun auf einen mit blauem Dreieck markierten, fallenden Wanderweg. Stets der Nase nach spazierend, werden mehrere Forstwege gequert. Bei den ersten Häusern der Stadt nehmen wir die Mährenstraße und im weiteren Verlauf den flachen Radweg über das Wiesenland am Albfuß zu den Limes-Thermen. Dann geht's endgültig wie bekannt hinunter nach **Aalen** 01.

Über bunten Wipfeln: Auf dem Langertturm neben der Waldwirtschaft Aalbäumle.

BRENZTAL

Route der Karstquellen

8,25 km | 2:30 h | 56 hm | 56 hm

START | Königsbronn, Bahnhaltestelle, 505 m; Parkplatz jenseits des Bahngeländes.
[GPS: UTM Zone 32 x: 582.130 m y: 5.399.080 m]
CHARAKTER | Leichte Steigungen. Ausreichend bezeichnete Wald- und Wirtschaftswege, ruhige Sträßchen, kurzer Pfad.

Für Liebhaber komfortabler Wanderbahnen bietet sich diese Karsttour im Tal der Brenz an, die auch um den Itzelberger See erweitert werden kann.

▶ Bei der Bahnhaltestelle in **Königsbronn** 01 lenkt auf der anderen Straßenseite der Wanderwegweiser am Eisenhüttenwerk vorbei zur nahen Pfefferquelle. Es handelt sich hierbei um eine typische Topfquelle des „Tiefen Karstes“. Der Karstquellenweg führt nun zur Leerausquelle, einem nur gelegentlich wasserführenden Hungerbrunnen, der oftmals „leer ausgeht“.

Danach schlagen wir einen Haken in die Scheffelstraße. Am Dorfrand weist die Tafel der Quellenroute auf einen steigenden Waldweg. Nach leichtem Auf und Ab fällt von einer Kurve ein undeutlicher Pfad ins Brenztal, das in diesem Bereich

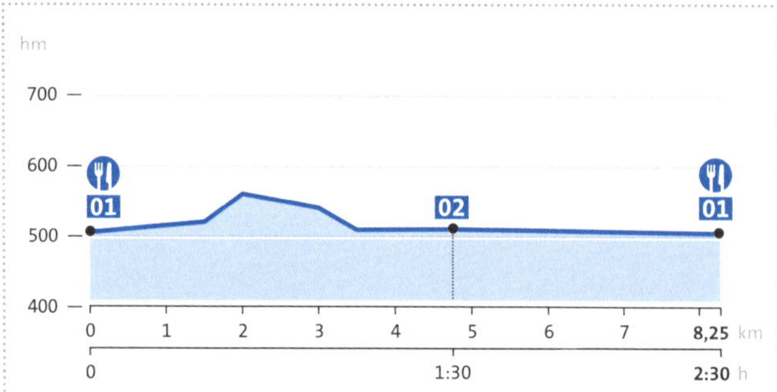

01 Königsbronn, 505 m; **02** Ziegelhütte, 510 m

nur vom unbedeutenden Ziegelbach entwässert wird. Ursprünglich reichte das Einzugsgebiet der Ur-Brenz bis nach Crailsheim. Wir queren die B 19 und nehmen die Zufahrt zum Seegartenhof auf der Europäischen Wasserscheide. Dort müssen wir noch um das ansehnliche Gestüt herumspazieren, dann erreichen wir auf einem geteerten Wirtschaftsweg durch das Wiesental die Waldschenke **Ziegelhütte 02** mit kleinem Spielplatz. Hier tritt aus einer Felsspalte die Ziegelbachquelle aus. Wir stoßen jetzt auch wieder auf das Schild des Karstquellenwegs.

Ein schmales Sträßchen bringt uns zurück nach Königsbronn. Beim Bahnübergang in der Ortsmitte wollen wir rechts noch den Abstecher zum Brenztopf anhängen. Die Albwasser brodeln hier in überquellender Lebensfreude aus einer schummerigen Felsenbucht. Über einem Brunnen öffnet sich ein kleines, als Naturdenkmal ausgewiesenes Höhlenloch mit Seitenfenster, zu dem etwas abenteuerliche Felsstufen hochleiten. Der Fischerei-Lehrpfad führt dann über drei Bachbrücken zurück zur **Bahnhaltestelle 01**.

Die Königsbronner Pfefferquelle im Brenztal.

KRÄTZENTAL

Stilles Härtsfeld

12,75 km | 3:15 h | 132 hm | 132 hm

START | Heidenheim/Großkuchen, Bushaltestelle im Lupinenweg am südöstlichen Ortsrand (Parkplatz), 560 m.
[GPS: UTM Zone 32 x: 590.830 m y: 5.400.527 m]
CHARAKTER | Unerhebliche Steigungen. Überwiegend bezeichnete Feld-, Forst- und Wirtschaftswege.

Unsere beschauliche Härtsfeld-Wanderung beginnt im Lupinenweg in **Großkuchen** 01. Wir spazieren bergan zur Kirche und nehmen vor dieser die Mettenleiterstraße talwärts. Von der Alois-Seibold-Straße lenkt der rote Dreiblock in den Krätzentalweg.

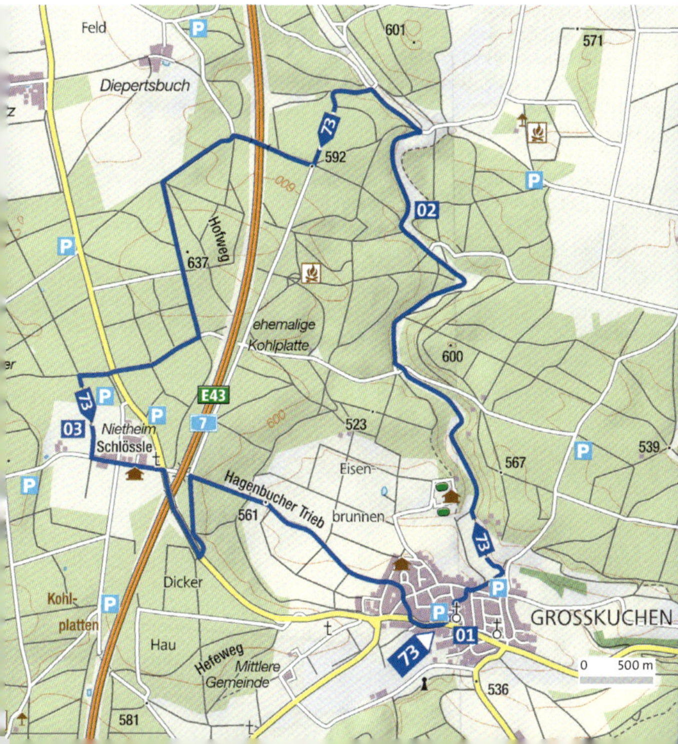

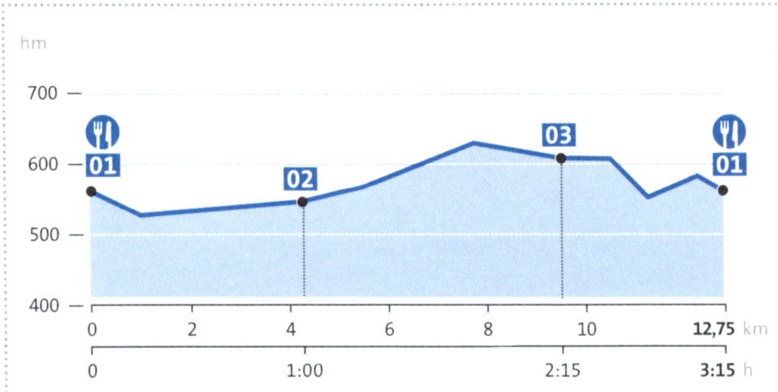

01 Großkuchen, 560 m; 02 Hohler Stein, 544 m; 03 Nietheim, 606 m

Ein Wirtschaftssträßchen leitet zum Beginn eines Wiesentals, wo es von einem Feldweg abgelöst wird. Wir haben nun unmerklich taleinwärts ein höchst einsames Wandervergnügen vor uns liegen zu einem kleinen Felsen, der sich wie manch anderer in der Schwäbischen Alb **Hohler Stein** 02 nennt. Die bescheidene Aushöhlung, umrahmt von zahlreichen Löchern, verdient unsere Aufmerksamkeit. Kaum zu glauben, dass sich im Mittelalter darin die Räuber versteckt haben sollen. Zudem hauste der Sage nach auch noch das kleine „Herrle“ darin, das für die Hirten der Umgebung stets einen guten Rat wusste.

Gleich hinter Großkuchen beginnt der Wald.

An einer Forstwegverzweigung mit Radbeschilderung halten wir uns links und an der folgenden Verzweigung, die rote Raute beachtend, leicht bergan. Anschließend führt der „Grüne Pfad“ unter der A 7 hindurch. Danach richten wir uns nach der Tafel „Nietheim“ und setzen unseren weiter mit der Raute ausgewiesenen Erholungskurs fort. Nach Queren der Kreisstraße von Ebnat ist es nicht mehr weit nach **Nietheim** 03.

Die Beschilderung „Großkuchen“ zeigt am Wirtshaus mit einer mächtigen Linde vorbei. Wieder auf der Kreisstraße, weist der rote Dreiblock über die Autobahn. Unmittelbar nach der Brücke geht's auf einer Steintreppe bergab zu einem Waldpfad, der wenig später links in ein Sträßchen mündet. Erneut vor der A 7 begibt man sich auf einen fallenden Waldweg. Ein geteertes Wirtschaftssträßchen leitet schließlich über die Felder zurück nach **Großkuchen** 01.

EGAUTAL

Auf Umwegen zum Härtsfeldsee

12 km 3:00 h 146 hm 146 hm

START | Dischingen, Bushaltestelle an der Alten Post, 462 m; Parkplatz bei der Sparkasse.
[GPS: UTM Zone 32 x: 600.170 m y: 5.394.610 m]
CHARAKTER | Leichte Steigungen. Gut bezeichnete Wirtschafts-, Feld- und Forstwege, Anliegersträßchen.

Die Alte Post in **Dischingen** 01 ist der Ausgangspunkt für diese unterhaltsame Egautaltour. Das Radschild „Nattheim" lenkt über die Egaubrücke. Danach bringt uns ein Fußweg mit nochmaliger Bachquerung zur Kirche, wo die Kirchgasse zum Beginn des Geologischen Pfades an der dritten Egaubrücke leitet.

Ein Holztäfelchen mit Fossilsymbol weist den Kurs. Am Ortsende, wo ein Naturdenkmalschild auf ein paar Gesteinsbrocken aufmerksam macht, wechselt die Steigungsstrecke in einen asphaltierten Wirtschaftsweg. Auf diesem kommt man im Uferbereich des ehemaligen Molassemeers zur Anhöhe Wasserberg.

Vor uns breitet sich eine typische, durch ihre Vielfalt geprägte Härtsfeld-Landschaft aus mit dem früher weglosen, von Hochwassern heimgesuchten Sumpfgelände des Egautals. Wo sich der Lehrpfad bei einer kleinen Heide (Naturdenkmal) teilt, halten wir uns Richtung Neresheim. Gleich darauf haben wir mit einem nochmaligen Anstieg den Südhang am **Erzberg** 02 erreicht.

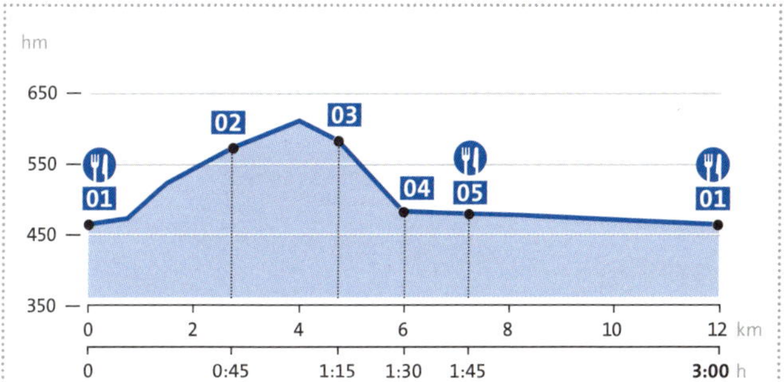

01 Dischingen, 462 m; 02 Erzberg, 570 m; 03 Hochstatter Hof, 580 m; 04 Iggenhausen, 477 m; 05 Härtsfeldsee, 475 m

Ausflugsziel Härtsfeldsee.

Im rostfarbenen Boden sind hier schalige Erzkörner beinhaltet, Brauneisenerz und kugel- oder bohnenförmiges Bohnerz. Nach dem Forstweg-Schlussaufstieg geht es dann vom höchsten Punkt der Runde zum nahen Golfplatz **Hochstatter Hof** 03. Ein Anliegersträßchen verläuft jetzt talwärts zum Weiler Sägmühle mit der Endstation der Härtsfeldbahn.

Der Feldweg Richtung Dischingen begleitet danach die Egau durch ein Wiesental nach **Iggenhausen** 04. Dann bringt uns ein Wirtschaftssträßchen zum **Härtsfeldsee** 05; kurz zuvor wird wieder mal das Bachufer gewechselt. Nach Umrundung des einladenden, inselgeschmückten Badegewässers auf dem Damm-Wanderweg führt ein geteerter Wirtschaftsweg, als Radroute ausgewiesen, über flache Äcker an der Egau nach **Dischingen** 01.

IPF • 668 m

Glatzkopf im Nördlinger Ries

7 km | 2:30 h | 228 hm (Aufstieg) | 228 hm (Abstieg)

START | Bopfingen, Bahnhof (Parkplatz), 480 m.
[GPS: UTM Zone 32 x: 599.100 m y: 5.412.290 m]
CHARAKTER | Längerer steiler Aufstieg zum Ipf. Überwiegend bezeichnete Fußgänger-, Wirtschafts- und Wanderwege, Pfade.

▶ Der Fußgängerweg vom Bahnhof in **Bopfingen** 01 zur Stadtmitte hält auf das Weißjura-Bergtrapez des Ipf zu. Abtragungskräfte, die Eger und die Schneidheimer Sechta sowie tektonische Störungen haben ihn vom Muttergebirge gelöst. Mit einem früheren Vulkan hat der Zeugenberg trotz seiner Ähnlichkeit nichts zu tun.

An der Evangelischen Stadtkirche vorbei lassen wir uns vom roten Dreiblock leiten. Nach dem Marktplatz passiert man das einstige Agneskloster. Man schlägt die Bachgasse ein und hält sich später Richtung Aalen. Hinter der Friedhofskirche nimmt uns der mit ro-

Tiefblick vom Ipf nach Osten – ins Bayerische hinein.

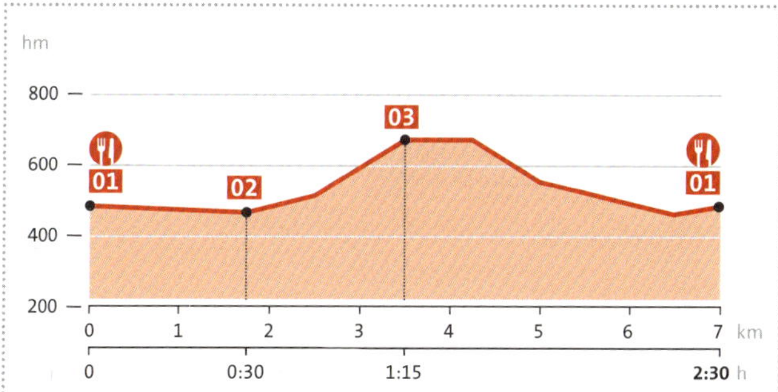

01 Bopfingen, 480 m; 02 Oberdorf, 462 m; 03 Ipf, 668 m

ter Raute bezeichnete Mühlenweg auf. Ein Fußgängerweg begleitet die junge Eger nach **Oberdorf** 02.

An der Schillerlinde wechseln wir in die an der Synagoge vorbeiführende Lange Straße. Nach der Kirche leitet die Ipfstraße in nordöstlicher Richtung über die Schneidheimer Sechta. An einer Verzweigung fällt die Entscheidung auf den rechten der beiden ansteigenden Wirtschaftswege. Am Beginn eines Hang-Fichtenwäldchens betritt man das den gesamten Berg umschließende Naturschutzgebiet. Man schwenkt hier gleich auf einen Pfad ab, der in gelegentlichem Zickzack steile Steppenheidehän-

ge überlistet, denen im oberen Bereich kleine Felsköpfe aufgesetzt sind. Etwa 1000 Schafe sorgen als natürliche Rasenmäher dreimal im Jahr für eine gewünschte Biotoppflege. Vom **Ipf** 03 ergibt sich eine begeisternde Rundschau und ein vorzüglicher Tiefblick auf die Riesstadt. Wenig unterhalb der Plateau-Buckelwiesen umschließt ein doppelter Ringwall mit Graben den gesamten Bergkegel. Nach einem beglückenden Gipfelrundgang führt ein mit rotem Dreiblock markierter Lindenallee-Wanderweg östlich talwärts. Am Ipf-Pavillon mündet dieser in ein Wirtschaftssträßchen, das uns übers Wiesenland nach **Bopfingen** 01 bringt.

Der Ipf aus der Vogelperspektive.

MEINE TIPPS FÜR ...

> schlechtes Wetter

BURG HOHENZOLLERN
Die über der Zollernalb aufragende neogotische Burg ist die Stammburg der Hohenzollern, aus denen preußische Könige und deutsche Kaiser hervorgegangen sind.
Die prachtvolle Innenausstattung zeigt das adelige Leben des 19. Jh. Besichtigung der Innenräume nur innerhalb einer Führung möglich (ca. 45 Min.) Außenanlage, Burg-Kapellen und Kasematten sind ohne Führungen zu besichtigen. Schöner Biergarten und Café. Pendlerbus fährt regelmäßig vom Parkplatz (Abfahrt neben Burgladen P1) zum Burgeingang. März bis Oktober täglich von 10–17.30 Uhr, November bis März 10–16.30 Uhr; 72379 Burg Hohenzollern, Besucher-Tel. +49 (0) 7471/2428, www.burg-hohenzollern.com

KLOSTER BLAUBEUREN
Wunderschönes und gut erhaltenes Benediktinerkloster mit Heimatmuseum und Literaturmuseum „Schubartstube". Kloster täglich geöffnet März – November 10–18 Uhr und November bis Februar Montag – Freitag 14–16 Uhr und Sa/So/feiertags 11–16 Uhr; Heimatmuseum (Badhaus der Mönche) Ende März bis Ende Oktober Dienstag – Freitag 10–16 Uhr, Sa/So 10–17 Uhr; Klosterhof 2, 89143 Blaubeuren, Tel. +49 (0) 7344/962625

RÖMISCHES FREILICHTMUSEUM HECHINGEN-STEIN
Nachgebaute römische Wohnräume mit Wandmalereien, antik-römischen Möbeln und Originalfunde. Geöffnet April – Mai und Oktober – November, Dienstag – Sonntag 10–17 Uhr, Juni – September täglich 10–17 Uhr, im Winter geschlossen; 72379 Hechingen-Stein, Tel. +49 (0) 7471 6400, www.villa-rustica.de

ALB THERMEN BAD URACH
Erholung und Entspannung in sechs unterschiedlichen Badebecken mit reinstem Thermal-Mineralwasser und 4.000 möglichen Farbabstimmungen vom mediterranen Sonnenuntergang bis zu spektakulären Lichtspielen. Geöffnet Mo–Do 8.30–22 Uhr, Fr/Sa 8.30–23 Uhr, So/Feiertag 8.30–21 Uhr. Bei den Thermen 2, 72574 Bad Urach, Tel. +49 (0) 7125/94360, www.albthermen.de

Alb Thermen Bad Urach.

PANORAMATHERME BEUREN
Das Heilbad wartet mit einer 1.000 m² großen Beckenlandschaft, mit Dampfbädern und Thermengrotten auf, dazu einer 12.000 m² großen Gartenfläche. Am Thermalbad 5, 72660 Beuren, Tel. +49 (0) 7025/910500, www.beuren.de

BIOSPHÄRENZENTRUM SCHWÄBISCHE ALB
Auf 450 m² erfahren Sie in einer interaktiven Ausstellung mehr über das von der UNESCO ausgezeichnete

Im Freizeitpark Traumland.

einzige Biosphärengebiet in Baden-Württemberg. Täglich (außer dienstags) November bis März 11–17 Uhr, April bis Oktober 10–18 Uhr geöffnet. Von der Osten Straße 4–6 (für das Navigationsgerät: Hauptstraße 318), 72525 Münsingen-Auingen, Tel. +49 (0) 7381/932938-31, www.biosphaerengebiet-alb.de

> Familien / Kinder

FREIZEITPARK TRAUMLAND
Ein abenteuerlicher Märchenwald, jede Menge Fahrgeschäfte mit spaßigen Attraktionen und ein Streichelzoo bringen Kinderaugen zum Strahlen. Für die ganz Kleinen steht ein Babyspielplatz zur Verfügung. Täglich geöffnet von Ende März bis Mitte September (9.30–18.00 Uhr) und Mitte September bis Mitte November (9.30–17 Uhr), in den Wintermonaten geschlossen. Auf der Bärenhöhle, 72820 Sonnenbühl, Tel. +49 (0) 7128/2158, www.freizeitpark-traumland.de

ALBAQUARIUM
Piranhas, Zitteraale, Korallen und weitere unzählige Fische und Wassertiere können in über 40 Aquarien besichtigt werden. In Terrarien sind Chamäleons, Reptilien und Riesenschlangen zu bestaunen. Geöffnet Januar bis Dezember von Montag bis Samstag (14–17 Uhr) und Sonntag (10–12, 13–17 Uhr). Grüngrabenstraße 20, 72458 Albstadt, Tel. + 49 (0) 74314930, www.albaquarium.de

FREILICHTMUSEUM BEUREN
Museumsdorf mit bis zu 500 Jahre alten Originalhäusern, die eindrucksvoll die ländliche Kultur der Schwäbischen Alb dokumentieren. Viele Mitmachaktionen, vom Brotbacken übers Filzen bis zu Tierfütterungen, sorgen für ein nachhaltiges Erlebnis und interessante Erfahrungen. In den Herbstwiesen, 72660

Beuren, Tel. +49 (0) 7025/911900, www.freilichtmuseum-beuren.de

HIRSCH-ERLEBNISWALD
Ein Waldseilpark mit 7 Parcours, eine Märchen(mini)golfanlage und die Kirchbühlhütte mit einem Ausblick bis in die Schweizer Alpen zum Säntis versprechen Spannung, Spaß und erholsame Stunden.
Am Kirchbühl, 278601 Mahlstetten, Tel. +49 (0) 7429/743, www.hirsch-erlebniswald.de

Im Hirsch-Erlebniswald.

TIEFENHÖHLE LAICHINGEN
Die einzige begehbare Schachthöhle Deutschlands ist gleichzeitig auch die tiefste begehbare Schauhöhle Deutschlands (86 m tief und 1.348 m lang). Besucher können über mehrere Eisentreppen auf einer Weglänge von 330 m bis zu 55 m Tiefe absteigen. Täglich von 9–18 Uhr. Höhlenweg 220, 89150 Laichingen, Tel. +49 (0) 7333/5586, www.tiefenhoehle.de

URWELTMUSEUM HAUFF
Das größte deutsche private Naturkundemuseum zeigt gut erhaltene 180 Mio. Jahre alte Fossilien, darunter Krokodile, Flugsaurier und einen ca. 4 m langen weiblichen Ichthyosaurier mit 5 Embryonen. Ganzjährig geöffnet von Dienstag bis Sonntag, 9–17 Uhr.

Aichelberger Str. 90, 73271 Holzmaden, Tel. +49 (0) 7023/2873, www.urweltmuseum.de

Urweltmuseum Hauff – im Dinopark.

€ unter 30 EUR €€ 30 - 60 EUR €€€ über 60 EUR
(pro Pers/DZ/incl. Frühstück)

Aalen .... Plz 73432, Tel. +49 (0) 7367
Adler €€, Deutschordenstr. 8, Tel. 9500, www.adler-aalen.de
Gasthof Weißes Rössle €€, Ettenbergstr. 21, Tel. 921390, www.weisses-roessle.de
Hotel Alte Linde €€, Albstr. 121, Tel. 2001, www.hotel-altelinde.de
Landgasthof Läuterhäusle €€, Waldhäuserstr. 109, Tel. 98890, www.laeuterhaeusle.de
Gasthof Kellerhaus €€, Nördlingerstr. 1, Tel. 74150, www.kellerhaus-oberalfingen.de

Albstadt .... Plz 72461, Tel. +49 (0) 7432
Villa im Park €€, Leimenhäulestr. 50, Tel. 3399, www.villaimpark-albstadt.de
Hotel Blume Post €€, Gerhardstr. 10, Tel. 907490, www.hotel-blumepost.com
Hotel Alt Ebingen €€, Langwatte 51, Tel. 93900, www.hotel-altebingen.de
Hofgut Süßer Grund €€, Bitzer Berg 1, Tel. 13660, www.hotel-suessergrund.de
Hotel-Landgasthof Schalksburg €€, Balingerstr. 96, Tel. 89189, www.albhotel-schalksburg.de

Bad Urach .... Plz 72574, Tel. +49 (0) 7125
Hotel Quellenhof garni €€, Bei den Thermen 16 - 18, Tel. 15050, www.quellenhof-badurach.de
Hotel Quellenhof €€, Bei den Thermen 16, Tel. 15050, www.thermalkurhotel-quellenhof.de
Gästehaus Walter €€, Vogelwiesenstr. 6, Tel. 7200, www.gaestehauswalter.de
Restaurant Ratstube €€, Kirchstr. 7, Tel. 946350, www.hotel-ratstube.de
Biosphärenhotel Graf Eberhard €€ - €€€, Bei den Thermen 2, Tel. 1480, www.hotel-graf-eberhard.de

Blaubeuren .... Plz 89143, Tel. +49 (0) 7344
Hotel Restaurant Ochsen €€, Marktstr. 4, Tel. 969890, www.ochsen-blaubeuren.de
Hotel Forellenfischer €€, Achtalstr. 5, Tel. 5024, www.hotel-forellenfischer.de
Hotel Zum Löwen €€, Marktstr. 1, Tel. 928050, www.hotelcafeloewen.de
DJH Jugendherberge Blaubeuren €, Auf dem Rucken 69, Tel. 6444, www.jugendherberge-bw.de

Beuron .... Plz 88631, Tel. +49 (0) 7466
Maria Trost Gäste-und Tagungshaus €€, Edith-Stein-Weg 1, Tel. 483, www.mariatrost.de
Pelikan €€, Abteistr. 12, Tel. 406, www.pelikan-beuron.de
Gästehaus Schönwälder €€, Donaustr. 5, Tel. 1294, www.gästehaus-schönwälder.de
Gasthof Bahnhof €€, Bahnhof 2, Tel. 565, www.gasthof-bahnhof.de
Neumühle €€, Neumühle 1, Tel. 9590, www.neumuehle.de

Ehingen .... Plz 89584, Tel. +49 (0) 7391
Gasthof zum Ochsen €€, Schulgasse 3, Tel. 770530, www.hotel-zum-ochsen-ehingen.de
Hotel Restaurant EhingerRose €€, Hauptstr. 10, Tel. 2737, www.ehingerrose.de
Hotel-Gasthof Zum Hirsch €€, Osterstr. 3, Tel. 95010, www.hotel-hirsch-ehingen.de

ÜBERNACHTUNGSVERZEICHNIS

Hotel Ehinger Hof €€, Lindenstr. 28, Tel. 77070, www.ehingerhof.de
BEST WESTERN BierKulturHotel Schwanen €€, Schwanengasse 18-20, Tel. 770850, www.bierkulturhotel.de

Gammertingen .... Plz 72501, Tel. +49 (0) 7574
Gästehaus Adler €, Albstr. 25, Tel. 2174, www.adler-bronnen.de
Gästehaus Stelle garni €€, Sigmaringenstr. 13, Tel. 935905, www.gaestehaus-stelle.de
Hotel & Restaurant Kreuz Gammertingen €€, Marktstr. 6, Tel. 93290, www.albstadt-net.de

Heidenheim .... Plz 89522, Tel. +49 (0) 7321
BEST WESTERN PREMIER Schlosshotel €€, Hugo-Rupf-Platz 2, Tel. 30530, www.pcheidenheim.consul-hotels.com
Hotel-Restaurant-Bäuchle €€, Friedenstr. 14, Tel. 23091, www.hotel-baeuchle.de
Hotel-Restaurant Linde €€ - €€€, St. Pöltener Str. 53, Tel. 95920, www.linde-heidenheim.de
Hotel Hirsch €€, Buchhofsteige 3, Tel. 9540, www.hotel-hirsch-heidenheim.de
Landgasthof Traube €€, Oggenhauserhauptstr. 27, Tel. 97870, www.traube-oggenhausen.de
Naturfreundehaus am Hahnenschnabel €, Am Waldfriedhof 27, Tel. 44660, www.naturfreundehaus-heidenheim.de

Mössingen .... Plz 72116, Tel. +49 (0) 7473
Gasthof Ochsen €€, Falltorstr. 73, Tel. 6248, www.ochsen-moessingen.de
Landhotel Mühlberg €€, Mühlberg 35, Tel. 924110, www.landhotel-muehlberg.de
Hotel Garni Brauhaus Fischer €€, Auf der Lehr 30, Tel. 95440, www.hotel-garni-moessingen.de

Sigmaringen .... Plz 72488, Tel. +49 (0) 7571
Hotel Gästehaus Pfefferle €€, Leopoldstr. 22, Tel. 2448, www.gaestehaus-pfefferle.de
Hotel Bären €€, Burgstr. 2, Tel. 12862, www.baeren-sigmaringen.de
Jägerhof €€, Wentelstr. 4, Tel. 2021, www.jaegerhof-sigmaringen.de
Hotel Gasthof Traube €€, Fürst-Wilhelm-Str. 19, Tel. 64510, www.hotel-traube-sigmaringen.de
Gästehaus am Brunnenberg €€, Brunnenbergstr. 26, Tel. 2734, www.gaestehaus-am-brunnenberg.de

Schelklingen .... Plz 89601, Tel. +49 (0) 7394
Albgarten €€, Langengasse 25, Tel. 93190, www.albgarten.de
Gasthof Sonne €, Marktstr. 9, Tel. 933375, www.gasthof-sonne-schelklingen.de

Tuttlingen .... Plz 78532, Tel. +49 (0) 7461
Hotel Cafe Schlack €€, Bahnhofstr. 53-59, Tel. 9440, www.hotelschlack.de
Hotel Rössle €€, Honbergstr. 8, Tel. 2913, www.hotelroessle.eu
Légère Hotel Tuttlingen €€, Königstr. 25, Tel. 96160, www.legere-hotels-online.com
Ritter €€, Königstr. 12, Tel. 966330, www.hotel-restaurant-ritter.com
Rest. & Pension Classica €€, Grünbergstr. 31, Tel. 4248, www.pension-classica.de
Hotel Stadt Tuttlingen €€€, Donaustr. 30, Tel. 9300, www.hotelstadttuttlingen.de
Hotel Garni Rosengarten €€, Königstr. 17, Tel. 96270, www.rosengarten-tuttlingen.com

Aalen
Touristinformation
Reichsstädter Str. 1
73430 Aalen
Tel. 07361/522358
www.aalen.de

Albstadt
Touristinformation
Marktstr. 35
72458 Albstadt
Tel. 07431/1601204
www.albstadt-tourismus.de

Bad Urach
Kurverwaltung
Bei den Thermen 4
72574 Bad Urach
Tel. 07125/94320
www.urach.de

Beuren
Gemeindeverwaltung
Linsenhofer Str. 2
72660 Beuren
Tel. 07025/910300
www.beuren.de

Beuron
Fremdenverkehrsamt
Kirchstr. 18
88631 Beuron
Tel. 07579/921025
www.beuron.de

Blaubeuren
Tourist-Info
Kirchplatz 10
89143 Blaubeuren
Tel. 07344/966990
www.blaubeuren.de

Burladingen
Stadtverwaltung
Hauptstr. 49
72393 Burladingen
Tel. 07475/892156
www.burladingen.de

Ehingen
Tourist-Info
Marktplatz 1
89584 Ehingen (Donau)
Tel. 07391/503216
www.ehingen.de

Geislingen a.d.Steige
Stadtverwaltung
Hauptstr. 1
73312 Geislingen a.d.Steige
Tel. 07331/240
www.geislingen.de

Fachwerkhäuser in Trochtelfingen.

Giengen a.d.Brenz
Tourist-Info
Marktstr. 11
89537 Giengen an der Brenz
Tel. 07322/9520
www.giengen.de

Göppingen
ipunkt im Rathaus
Hauptstr. 1
73033 Göppingen
Tel. 07161/650292
www.goeppingen.de

Heidenheim a.d.Brenz
Tourist-Info
Hauptstr. 34
89522 Heidenheim a.d.Brenz
Tel. 07321/3274910
www.heidenheim.de

Herbrechtingen
Stadtverwaltung
Lange Str. 58
89542 Herbrechtingen
Tel. 07324/9550
www.herbrechtingen.de

Merklingen
Touristik-Information
Hauptstr. 31
89188 Merklingen
Tel. 07337/962011
www.merklingen.de

Mössingen
Tourist-Info Mössingen
Freiherr-von-Stein-Straße 42
72116 Mössingen
Telefon 07473-370120
www.moessingen.de

Münsingen
Touristik Information
Hauptstr. 13
72525 Münsingen
Tel. 07381/182145
www.muensingen.de

ORTE / TOURISMUSBÜROS

Blick über Schelklingen vom Hohlen Fels.

Nördlingen
Touristen Information
Marktpl. 2
86720 Nördlingen
Tel. 09081/84116
www.noerdlingen.de

Pfullingen
Tourist-Info
Griesstraße 8
72793 Pfullingen
Tel. 07121/70300
www.pfullingen.de

Reutlingen
Touristinformation
Marktpl. 2
72764 Reutlingen
Tel. 07121/93935353
www.reutlingen.de

Rottweil
Touristinformation
Hauptstraße 21
78628 Rottweil
Tel. 0741/494280
www.rottweil.de

Schelklingen
Stadtverwaltung
Marktstr. 15
89601 Schelklingen
Tel. 07394/2480
www.schelklingen.de

Sigmaringen
Tourist-Info
Leopoldplatz 4
72488 Sigmaringen
Tel. 07571/106224
www.sigmaringen.de

Sonnenbühl
Rathaus Undingen
Hauptstr. 2
72820 Sonnenbühl
Tel. 07128/92518
www.sonnenbuehl.de

Spaichingen
Fremdenverkehrsamt
Marktplatz 19
78549 Spaichingen
Tel. 07424/95710
www.spaichingen.de

Trochtelfingen
Tourist-Info
Rathausplatz 9
72818 Trochtelfingen
Tel. 07124/4820 oder 4821
www.trochtelfingen.de

Tuttlingen
Tourist-Info im Rathaus
Rathausstraße 1
78532 Tuttlingen
Tel. 07461/99340
www.tuttlingen.de

Weilheim a.d.Teck
Tourist-Info
Marktplatz 6
73235 Weilheim a.d.Teck
Tel. 07023/1060
www.weilheim-teck.de

Zwiefalten
Gemeindeverwaltung
Marktplatz 3
88529 Zwiefalten
Tel. 07373/2050
www.zwiefalten.de

Überregionale Webadressen:

www.schwaebischealb.de
www.tourismus.alb-donau-kreis.de
www.tourismus-bw.de
www.mythos-schwaebische-alb.de
www.geopark-alb.de
www.albverein.net

REGISTER

IMPRESSUM

Wanderführer mit 75 Touren
Schwäbische Alb

Covergestaltung: Britta Wilken
Gesamtherstellung: EDITIONNOVA GmbH, Rheinbreitbach
Text: Walter Theil
Fotos (soweit nicht anders angegeben): Walter Theil, Archiv KOMPASS-Karten GmbH
Bild S. 26: Blick auf die Groß Bruck Tuttlingen (© DH/pixelio.de); Bild S. 138: An der Großen Lauter bei Gomadingen (Albrecht E. Arnold/pixelio.de); Bild S. 152: Jusiberg, der Hausberg von Kohlberg (© Klaus Roller); Bild S. 154: Blick auf Burg Teck bei Owen (© Albrecht E. Arnold/pixelio.de); Bild S. 158: Grabenstetten (© bobby metzger/pixelio.de); Bild S. 168: Blick über Sondernach ins Schmiechtal (© Angelika Wolter/pixelio.de); Bild S. 185: Blick zum Oberbergfels (© Marwel/pixelio.de); Bild S. 188: Ausblick (© Stadt Göppingen, Autor: Frank Dehmer); Bild S. 212: Schloss Hellenstein (© Stadt Heidenheim); Bild S. 229: Der Ipf aus der Vogelperspektive (© Stadtarchiv Bopfingen); Bild S. 230: Alb Thermen Bad Urach (© Alb Thermen); Bild S. 231: Im Freizeitpark Traumland (© Freizeitpark Traumland); Bild S. 232: Im Hirsch Erlebniswald (© Hirsch Erlebniswald), unten: Urweltmuseum Hauff – im Dinopark (© Urweltmuseum Hauff).
Umschlagvorderseite: Blick auf Burg Hohenzollern in der Schwäbischen Alb (Foto: iStockphoto/rpeters86); Wanderlogo (Foto: iStockphoto/Victor)

Kartengrundlage für Gebietsübersichtskarte S. 12-13, U4:
© MairDumont, D-73751 Ostfildern 4